ANNUAL REPORT ON CHINA'S STRATEGIC COMMODITY DEVELOPMENT (2023)

中国战略性大宗商品发展报告

2023

主编 仰炬 孙静

中国金融出版社

责任编辑：张　铁
责任校对：孙　蕊
责任印制：陈晓川

图书在版编目（CIP）数据

中国战略性大宗商品发展报告．2023/仰炬，孙静主编．—北京：中国金融出版社，2023.10
ISBN 978-7-5220-2124-9

Ⅰ.①中…　Ⅱ.①仰…②孙…　Ⅲ.①商品市场—研究报告—中国—2023　Ⅳ.①F723.8

中国国家版本馆CIP数据核字（2023）第142901号

中国战略性大宗商品发展报告（2023）
ZHONGGUO ZHANLÜEXING DAZONG SHANGPIN FAZHAN BAOGAO（2023）
出版
发行　中国金融出版社
社址　北京市丰台区益泽路2号
市场开发部　(010)66024766，63805472，63439533（传真）
网上书店　www.cfph.cn
　　(010)66024766，63372837（传真）
读者服务部　(010)66070833，62568380
邮编　100071
经销　新华书店
印刷　北京九州迅驰传媒文化有限公司
尺寸　185毫米×260毫米
印张　14.75
字数　276千
版次　2023年10月第1版
印次　2024年5月第2次印刷
定价　98.00元
ISBN 978-7-5220-2124-9

中国战略性大宗商品发展报告（2023）

编委会

序 言

大宗商品是人类社会存在和发展不可或缺的必需品，关系国家经济命脉和国防安全。

我国是一个人口总量超过先期工业化国家人口总和、拥有14亿人口的处于工业化进程重要时期的发展中大国，对战略性大宗商品需求的强度和广度前所未有。近年来包括原油、粮食、基础金属等在内的国家战略性大宗商品问题已经成为党和国家领导人最关注的核心问题之一，战略性大宗商品安全日益成为国家经济安全的重要组成部分。

党的十九大以来，习近平总书记多次指出，“当今世界正经历百年未有之大变局”。

与大宗商品定价密切相关的美元定价体系正经历类似20世纪80年代前后美联储前主席沃尔克“壮士割腕”式升息抗通胀及全球货币多级化挑战。

自1971年8月15日晚，尼克松通过电视向全美发表了题为“新经济政策：和平的挑战”的讲话，宣布一揽子经济刺激政策同时停止美元和黄金的兑换之后，美国寻求与当时世界最大产油国沙特阿拉伯达成协议，确定把美元作为石油计价货币，并得到了OPEC其他成员国的支持。由此“石油美元”成为全球外汇储备货币、支撑美元全球大循环的重要支柱。

随着美国疯狂印钞，20世纪80年代前后美国CPI达到15%。货币大量涌向商品是对美国印钞公信力的严重质疑。在此背景下，时任美联储主席沃尔克为捍卫美元地位，持续加息，美国联邦利率一度达到19.85%。虽然因此导致1980—1982年经济衰退、股市下跌、失业率飙升，但随着通胀退却，美元的地位得到了捍卫。

但失去黄金锚定的美元在取得并强化全球核心货币地位后，货币超发、美国政府债务不断突破上限愈演愈烈。依靠主权国家货币来充当国际清偿能力的货币体系必然会陷入“特里芬难题”而走向崩溃。因此，正如欧洲央行行长拉加德2023年4月在接受美国外交关系委员会采访时所指出的，全球正进入新的贸易模式，美元或欧元的国际货币地位不应再被视为理所当然。

埃隆·马斯克最近指出：“如果将一种货币‘武器化’的次数足够多，其他国家就会停止使用它。”美国近年来推行的贸易保护主义和逆全球化，包括冻结别国美元储备或将别国排除在环球银行金融电信协会（SWIFT）支付系统之外，客观上推动着世界货币多极化。

由此，由于定价货币多极化，大宗商品价格波动影响因素更趋复杂、多变，此其一。基于大宗商品及其产成品商品贸易的世界经贸格局也会呈现多样化、区域化等变化，此其二。而基于上述经贸格局之上的世界经济、金融格局、货币体系也必然出现更多新的复杂的变化，此其三。比如，欧洲金融市场在欧洲能源价格大幅飙升、通货膨胀、货币政策加息紧缩等大背景下，英国、法国、德国、丹麦等国股市居然还创了历史新高。可能就是上述三个层面影响世界经济、金融格局变化的表象之一，具体而言，可能原先参与美元全球大循环的欧洲资金（没有回流美国）更多地以欧元（或英镑）结算后，继续留在欧洲（资本市场）。这也可以解释（到目前为止）美国银行危机比欧洲更严重。美国加息缩表抗通胀客观上大幅减缓了印钞速度，全球货币多级化又大幅减少了全球资金回流美国的数量，因此，美国银行业在大幅升息背景下出现流动性危机就是逻辑必然了。

在“当今世界正经历百年未有之大变局”的时代大背景下，国际政治经济形势愈发复杂，相应地，战略性大宗商品的生产、进出口、储备提前布局、未雨绸缪就显得尤为重要。同样地，与大宗商品现货供需和交易量相关的期货、期权等金融资产在全球金融领域所占份额不断提升，如何利用好大宗商品金融衍生品管理供应和价格风险亦是极其重要的问题。

《中国战略性大宗商品发展报告》从2015年开始编写并出版，至今已经九年了，在前期陆续奉上系列相关研究成果后，近年来我要求各位编委及行业精英作者翔实地记录国内外大宗商品重要事件和年度数据，以期为大宗商品产业、行业做一些基础工作，成为年鉴性质的行业参考书。

本书市场篇依然分别针对粮食及大宗农产品、能源类大宗商品、基本金属类大宗商品、工业类大宗商品进行分析和梳理；理论篇探讨碳中和、碳达峰与大宗商品。

本书是孙海鸣教授主持的国家社科基金重大项目“全球大宗商品定价机制演进与国际经贸格局变迁研究”（项目编号：15ZDA058）及仰炬教授主持的国家自然基金面上项目“基于GERT网络的我国战略性矿产资源政府管制策略研究”（项目编号：71173145）的阶段性成果，在此对国家社科基金和国家自然基金表示衷心的感谢。

仰炬

2023年5月

目 录

市场篇

理论篇

市 场 篇

第一章　粮食及大宗农产品

第一节　稻　米

一、全球大米产销区分布及贸易格局

全球大米生产区域主要集中在亚洲，产量排名位居前列的国家主要有中国、印度、越南、泰国、巴基斯坦等国，其中中国和印度两个国家大米产量均超过1.2亿吨。全球大米消费区域与生产区域大体重叠，也基本集中在亚洲，世界稻米主要消费国有中国、印度、印度尼西亚、越南、菲律宾、泰国、缅甸等。印度、泰国、越南、巴基斯坦等国由于大米产量大于国内消费量，是全球主要大米出口国，近10年来印度大米出口量呈持续增加趋势，且远高于其他国家。美国农业部估计，2021/2022年度印度出口大米2202万吨，泰国790万吨，越南720万吨，巴基斯坦480万吨，上述四国出口合计超过全球大米出口量的70%。相比出口国集中的特点，全球大米进口国家相对分散。全球主要大米进口国家和地区有中国、菲律宾、尼日利亚、欧盟等，全球排名前五的进口国家和地区，其进口量之和不到全球大米进口总量的三分之一。中国国内稻谷供大于求，但由于国内外大米价差长期存在，近年来进口量持续处于高位；其余进口国家和地区大多是因为其产量不能完全满足消费，需要从其他国家和地区进口大米以满足消费。

二、2022年以来我国稻米市场形势

2022年受国内粮食品种间种植结构调整及南方高温干旱的影响，我国稻谷面积、单产、总产均同比减少，尤其是南方新季中晚籼稻生长期间遭遇罕见旱情，品质也有所下降。分品种看，新季早稻生长形势较好，而中晚籼稻生长期间遭遇罕见旱情，品

质有所下降；江苏粳稻受旱情影响较小，黑龙江粳稻生产条件较好，粳稻生产总体稳定。随着部分不适宜食用稻谷投放到饲料、工业领域，我国稻谷消费延续增长趋势。由于我国大米进口创历史新高，加上稻谷库存充裕，国内稻谷供应仍较为充裕。

2022 年上半年国内稻谷价格整体弱势平稳，下半年南方籼稻在成本增加、减产预期双重支撑下价格走高，国内稻谷价格整体表现为“籼强粳弱、副产品上涨”。品种上，中晚籼稻价格上涨粳稻价格下降，同时，因饲料消费需求较好叠加豆粕油脂价格上涨，稻谷副产品价格大幅上涨。

（一）部分品种遭遇旱灾，单产品质下降，国内稻谷供给稳中略减

根据国家统计局数据，受内部种植结构调整及南方高温干旱影响，2022 年我国稻谷面积和单产双减，播种面积 4.42 亿亩，比上年减少 706.6 万亩，下降 1.6%；单产 472 公斤/亩，比上年减少 2.3 公斤/亩，下降 0.5%。2022 年稻谷总产量 4169.9 亿斤，比上年减少 87 亿斤，下降 2.1%。具体看，国内早稻产情正常，但新季中晚籼稻生长遭遇罕见旱情，单产品质有所下降。2022 年 6—8 月，我国南方农区遭遇 1961 年有完整气象观测记录以来，综合强度最强的高温干旱天气，高温持续时间长、发生范围广，且与多地一季稻抽穗扬花期碰头，导致部分稻谷干瘪。南方多产区反映新季中晚籼稻单产品质下降。其中，湖北省中晚籼稻质量调查结果显示，2022 年湖北省中晚籼稻总体质量较上年有所下降，出糙率平均值为 76.8%，较上年下降 0.8 个百分点，整精米率平均值为 55.1%，较上年下降 1.8 个百分点，整精米率达到中等以上的样品比例为 92.5%，较上年下降 3.4 个百分点；湖南省中晚籼稻质量调查结果显示，出糙率平均值为 77.1%，较上年下降 0.6 个百分点，整精米率平均值为 51.4%，较上年下降 1.6 个百分点；安徽省中籼稻调查结果显示，中籼稻穗粒不饱满，结实率普遍降低，秄粒瘪谷相对多发，中籼稻亩均产量为 475.76 公斤，比上年的 562.06 公斤减少了 86.3 公斤，减幅为 15.35%。新季稻谷产量虽减少，但 2022 年我国进口大米 619 万吨，同比增加 122 万吨，增幅为 24.5%，加上国内稻谷多年产需过剩，库存充足，国内稻谷供应仍较充裕。

（二）饲用消费需求较好，稻谷总消费延续增长趋势

国内稻谷消费包括食用、饲用、工业和种子用粮等。稻谷食用消费较为平稳，2022 年仍有相当规模的定向稻谷销售给饲料企业，稻谷饲用消费需求较好。根据国家粮油信息中心估计，2021/2022 年度我国稻谷总消费 2.23 亿吨，比上年度增加 600 万吨，其中食用消费 1.6 亿吨，约占总消费的 71.7%。近年来，随着居民饮食结构升级，肉蛋奶消费增加，我国人均口粮消费总体呈下降趋势，但由于短期内我国人口保持净增长，稻谷食用消费基本保持稳定。2019 年以来，由于玉米产需缺口扩大，为补充饲

料用粮需求，部分不适宜食用的超期存储稻谷和部分进口低价大米（含碎米）流向饲料及工业消费领域，非食用消费需求占比有所扩大。2021/2022 年度稻谷饲用消费和工业消费为 6280 万吨，比上年度增加 600 万吨，占总消费的 28%。从营养角度看，由于蛋白质含量差异，稻谷利用率相对较低，稻谷虽可以作为饲料原料，但与玉米、小麦等品种相比，即便以同样价格用作饲料也没有成本优势。长期看，随着超期稻谷存量持续减少，稻谷在饲料和工业消费中将会下降。总体看，2021/2022 年度国内总消费大于供应量，年度缺口为 396 万吨。稻谷是我国粮食大类中供大于求的品种，往年库存多处于高位。近年在我国粮食宏观调控政策的主动引导下，稻谷去库存力度加大，供需出现缺口。

（三）稻谷价格“籼强粳弱”，副产品价格大幅上涨

受旱情影响，中晚籼稻品质下降，尤其是早期上市的中籼稻品质相对更差，新季中籼稻低开上市。为切实保护种粮农民的利益，2022 年 10 月中旬至 11 月初，江苏、安徽、河南、湖北、黑龙江 5 省相继启动中晚稻最低收购价预案，其中，中晚籼稻启动时间均早于上年。随着后上市的中籼稻及晚籼稻品质的改善，叠加市场对中晚籼稻供给的担忧，中晚籼稻价格上涨。与此同时，江苏高温时段粳稻主要处于拔节孕穗期，不是需水敏感期，极端天气对江苏粳稻影响较小，黑龙江粳稻生产期间天气良好，新季粳稻质量较好，出米率普遍高于上年，加上粳稻库存充裕，粳稻价格回落。国家粮油信息中心监测，2022 年 12 月 30 日，主产区中晚籼稻收购价为 2640～2840 元/吨，比同年 1 月初上涨 70～200 元/吨；黑龙江佳木斯圆粒粳稻收购价为 2620 元/吨左右，比同年 1 月初回落 20 元/吨，江苏粳稻收购价为 2780 元/吨，比同年 1 月初回落 40 元/吨左右。2022 年稻谷加工副产品价格大幅上涨，2022 年 12 月 30 日，主产区油糠价格为 2800～3100 元/吨，比同年 1 月初上涨340～600 元/吨，碎米价格为 2450～3040 元/吨，比同年 1 月初上涨 140～250 元/吨。国内玉米、小麦价格大幅上涨，豆粕和植物油价格处于高位，碎米和油糠的替代消费需求增强，叠加国内大米加工企业开工率较低，副产品产出有限，米价整体较弱，米企对副产品挺价心态较强。

三、2022 年以来国际大米市场形势

2022 年全球大米产量创历史新高，但因国际小麦价格大幅上涨，替代消费需求增加，同时，部分国家加大进口增加库存以保障各自国内大米供给，全球大米需求旺盛。叠加 9 月上旬全球最大出口国印度对大米实施短期出口限制，市场恐慌情绪加剧，提振了购买需求，国际市场大米价格上涨。

（一）全球大米供需同频增加，需求更为旺盛

美国农业部数据显示，2021/2022 年度全球大米产量为 5.14 亿吨，同比增加 487 万吨，为历史最高；全球消费总量达到历史新高的 5.16 亿吨，同比增加 1779 万吨；消费增量远超产量增加，全球大米期末库存 1.82 亿吨，减少 482 万吨。监测显示，主要出口国泰国和越南大米出口量同比大幅增长，2022 年 1—10 月泰国出口大米 620 万吨，同比增长 33%，2022 年 1—11 月越南出口大米 668 万吨，同比增长 16%。

（二）多重因素更迭影响，2022 年以来全球大米价格整体上涨

2022 年 1 月至 6 月初，受国际市场小麦价格大幅上涨带动，主要进口国替代需求增加，全球大米价格上涨；但随着小麦价格大幅回落，6—9 月全球大米价格回归供需基本面，主要出口国在全球市场竞争，报价高位回落；9 月上旬印度对大米出口采取限制措施，加剧了市场恐慌情绪，提振大米贸易，主要出口国大米报价纷纷上调，9 月以来全球大米价格上涨。国家粮油信息中心监测，12 月 30 日，泰国、越南、印度 5% 破碎率大米 FOB 报价分别为 477 美元/吨、460 美元/吨和 390 美元/吨，比同年 1 月初分别上涨 80 美元/吨、60 美元/吨和 50 美元/吨，其中，越南和印度大米价格上涨至 2022 年的高位。

（三）主要出口国大米出口政策频繁调整，扰动市场预期

2022 年，相对于玉米、小麦，全球大米市场较为平稳，但仍不时出现影响市场预期且频繁更迭的政策。2022 年上半年因国际市场大豆、玉米、小麦等品种价格大幅上涨，同时，化肥等生产资料成本增加，5 月下旬泰国建议越南联手提高大米议价能力，帮助缓解不断上涨的生产成本。9 月下旬泰国政府再次表示，与越南正在讨论生产成本上升和供应问题。虽然越南没有与泰国达成共同提高大米价格的协议，仍对市场有短暂的影响。更为重要的是，全球最大的大米出口国印度（2021 年出口量占全球贸易量的 40% 左右）9 月上旬宣布禁止碎米出口，并对除巴斯马蒂大米和蒸谷米之外的其他大米出口征收 20% 的关税，引发了市场较大恐慌，短期内主要出口国全面上调大米出口报价。考虑到已经签订尚未运出的碎米出口合同，印度政府先后三次延长碎米出口期限至 10 月 15 日，并于 11 月 29 日宣布取消 9 月对碎米等部分大米采取的出口限制措施。

四、2023 年国内、国际稻米市场展望

（一）2023 年我国稻谷供给持续稳定，供需缺口较上年缩小

2023 年我国稻谷市场供给将维持多年稳定趋势，库存仍较充裕，食用消费保持稳

定，由于国内稻谷仍存在“去库存”需求，而国内小麦饲用替代大幅减弱甚至多数时间内不具备替代优势，能量饲料供给仍需要其他饲料粮对玉米有效补充，超期储存稻谷饲用替代仍将保持一定水平，但总量上预计较上年降低。国家粮油信息中心预计，2022/2023 年度国内稻谷总消费为 2.13 亿吨，较上年度减少 950 万吨，减幅为 4%。其中，全国食用消费为 15950 万吨，较上年度略减 50 万吨，减幅为 0.3%；饲料、种用及工业消费（非食用消费）为 5382 万吨，较上年度减少 900 万吨，减幅为 14%。预计 2022/2023 年度全国稻谷缺口 83 万吨，较上年度缩小 314 万吨。

表 1－1　　中国稻谷市场供需平衡分析　　单位：千吨

年度[1]	2020/2021	2021/2022	2022/2023[3]
生产量	211860	212842	208495
进口量[2]	6929	9193	7000
年度新增供给	218789	222035	215495
食用消费	160000	160000	159500
其中：大米	110400	110400	110055
其中：糠麸	49600	49600	49445
饲用、种用及工业消费	56820	62820	53820
年度国内消费	216820	222820	213320
出口量	3257	3178	3000
年度总消费量	220077	225998	216320
年度节余量[4]	－1288	－3963	－825

注：1. 稻米市场年度为当年 10 月至次年 9 月，除进出口以外，其他数据均来自国家粮油信息中心；

2. 表中进出口数据引自国家海关总署，并将大米除以 70% 折合稻谷；

3. 2022/2023 年度数据为预测数；

4. 结余量为当年新增供给量与年度需求总量的差额，不包括上年库存。

（二）成本上涨将推动 2023 年国内稻米价格底部上升

由于稻谷市场供需形势稳定，近年来稻米价格波动幅度总体不大。2022 年以来国内化肥、农药等农资产品价格上涨，且受旱情影响，南方稻田用水用电增加，新季稻谷种植成本上涨，农户价格预期上调，2022 年新粮上市后部分品种价格已高于上年同期；再加上局部地区新产中晚籼稻和南方粳稻出米率有所下降，质量较好稻米价格存在上涨动力。另外，国内小麦、玉米价格走势也较为强势，提振稻谷市场预期，预计 2023 年国内稻米价格走势仍以稳为主，但底部将较上年抬升。

（三）全球大米供需形势较上年收紧，价格保持区间震荡偏强运行

因印度和巴基斯坦遭遇不利天气，供给能力将较上年下降，而全球大米需求保持相对刚性，库存预计下降至近年低位。根据美国农业部的数据，预计2022/2023年度全球大米产量将比上年度创纪录水平大幅减少1178万吨，降至5.03亿吨，而全球消费量保持高位，仅将减少387万吨至5.17亿吨，全球大米需求仍将保持相对强势，全球大米期末库存将降至1.69亿吨，为近5年来最低。考虑到全球大米库存消费比仍高达33%，其他主要出口国泰国、越南、缅甸、柬埔寨等国产量稳中有增，2022年11月底印度又取消了大米出口限制，若主要出口国生产和政策不发生变更，预计2023年国际市场大米价格将保持区间震荡偏强运行。

（撰稿人：国家粮油信息中心　周　惠）

第二节　小　麦

一、小麦概况

小麦是全球最重要的粮食作物之一，是世界上大多数国家和地区的基本粮食作物，是保证全球粮食安全的基础。小麦营养丰富、经济价值较高，其籽粒中含有丰富的淀粉、较多的蛋白质、少量的脂肪，还有多种矿质元素和维生素B。我们平时生活中经常吃的馒头、面包、面条等食物就是小麦磨成面粉后制作而成的。全球小麦的主要产地集中在亚洲、北美洲和欧洲，主产国家和地区有中国、印度、俄罗斯、美国、加拿大、巴基斯坦、澳大利亚、乌克兰及欧盟等。近年来，排名前十位的主产国家和地区小麦产量占全球总产量的比重基本在70%以上。从单产水平看，欧洲国家的小麦单产明显高于其他国家。

我国是全球最大的小麦生产国。为保障农户种植收益，提高粮食安全水平，自2006年起，我国开始实施小麦最低收购价政策，小麦产量稳定在1亿吨以上，并呈增加趋势，2015年以来保持在1.3亿吨以上。2022年我国小麦产量达到1.38亿吨，比排名第二位的印度高出3472万吨，占全球小麦产量的比重为17.6%。

我国小麦种植区域遍及全国。根据小麦的不同特点，可以将其分为不同的类别。

按播种季节划分，可以分为冬小麦和春小麦两类。冬小麦是指当年秋冬季播种，次年夏季收获的小麦。冬小麦在生长过程中抗寒能力极强，播种区域较为广泛，生育

期长，且区域间差异较大，为230～280天。春小麦主要是在冬季温度较低的区域种植，因为冬季温度低，所以播种期在开春后进行，一般在2月底至5月初由南向北依次播种，成熟期在7月中旬至9月上旬，生育期大约为100天。

按小麦皮色划分，可以分为白小麦和红小麦。白小麦呈黄色或乳白色，皮薄，胚乳含量多，出粉率较高。红小麦呈深红色或红褐色，皮较厚，胚乳含量少，出粉率较低。北方冬小麦以白麦居多，南方冬小麦以红麦为主。

按小麦籽粒胚乳结构呈角质或粉质的多少划分，可以分别硬质小麦和软质小麦。硬质小麦是指角质率不低于70%的小麦，胚乳结构紧致，为半透明状的角质。硬质小麦蛋白质含量较高，容量较大，出粉率较高，面粉面筋含量较多，延伸性和弹性较好，适于做馒头、面包等发酵食品。软质小麦是指粉质率不低于70%的小麦，胚乳结构疏松，为石膏状的粉质，其面粉只适于生产饼干、糕点等食品。

按小麦品质、用途划分，可分为强筋小麦、中筋小麦和弱筋小麦。强筋小麦是指质地较硬，面筋含量高且面筋强度较强的小麦，用于生产较高档次的面包或与其他类型配麦使用，多为硬质小麦。弱筋小麦是指蛋白质和面筋含量较低、面筋强度弱的小麦，适于制作饼干、糕点类食品。我国淮河以南特别是长江中下游地区和西南麦区中此类小麦较多。中筋小麦面筋含量及面筋强度均属于中等水平，适合加工面条和一般的饺子粉。

二、2021/2022年度国际小麦市场回顾

2021/2022年度全球小麦产量和消费量均呈增加趋势，但消费增长幅度更大，库存消费比下降，供需形势趋向于收紧。美国农业部2023年1月份农产品供需报告估计，2021/2022年度全球小麦产量7.79亿吨，同比增加476万吨，其中澳大利亚、欧盟、乌克兰等地产量增加弥补了加拿大、俄罗斯和美国干旱导致的减产。全球小麦总消费量7.92亿吨，同比增加983万吨，人口增长是消费增加的主要原因。全球小麦进口量1.98亿吨，同比增加379万吨；全球小麦出口量2.03亿吨，同比减少78万吨。① 2021/2022年度全球小麦产量低于消费量，期末库存2.77亿吨，同比减少1317万吨；小麦库存消费比为34.9%，比上年度下降2.1个百分点，但仍处于历史较高水平。

2022年全球小麦价格经历了快速上涨、高位震荡和波动回调三个阶段。年初，连续两年拉尼娜现象引发对小麦市场供应偏紧的担忧，对小麦价格形成支撑。2022年2月24日俄乌冲突爆发后，美国芝加哥期货交易所（CBOT）小麦价格进入大幅

① 因统计口径、统计时间和损耗等原因，全球小麦进口和出口数量不一致。

上涨通道，3 月 8 日主力合约最高价达到年内高点，为 1363.5 美分/蒲式耳，同比上涨 106%。3 月中旬至 5 月下旬，受俄乌冲突持续、主产国出口限制措施和印度、法国等主产区干旱的影响，CBOT 小麦价格在 900 ~ 1300 美分/蒲式耳的区间高位震荡。5 月下旬以后，受北半球新麦丰收上市、市场供应增加等因素影响，小麦价格支撑因素减少，同时美国为抑制国内通胀采取加息政策，导致美元走强，市场流动性减少，带动国际粮食价格逐步回落，接近俄乌冲突前的水平。12 月 30 日，CBOT 小麦收盘价为 791 美分/蒲式耳，比上年同期的 780.5 美分/蒲式耳仅上涨 1.3%。

三、2022 年国内小麦市场供需形势及价格走势

（一）2022 年我国小麦面积、单产和总产实现“一稳两增”，质量提高

2022 年，国家高度重视粮食生产，各地区各部门严格落实粮食安全党政同责，持续加大对粮食生产的支持力度，尽全力克服北方罕见秋汛导致冬小麦晚播、局部发生新冠疫情和南方持续高温干旱等不利因素影响，全年粮食实现增产丰收。根据国家统计局数据，2022 年全国粮食总产量 6.87 亿吨，比上年增加 368 万吨，增长 0.5%，粮食产量连续 8 年稳定在 6.5 亿吨以上。

2022 年小麦播种面积“稳”。我国自 2006 年开始实施小麦最低收购价政策，有效保护了农户种植收益，提振了种植积极性，保障了小麦种植面积。2022 年国家继续在小麦主产区实行最低收购价政策。综合考虑粮食生产成本、市场供求、国内外市场价格和产业发展等因素，经国务院批准，2022 年生产的小麦（三等）最低收购价为每 50 公斤 115 元，比上年提高 2 元。2022 年，全国小麦播种面积 3.53 亿亩，基本稳定。

2022 年小麦单产和总产“增”。虽然北方多地冬小麦因为秋季降水较多导致小麦播种时间推迟，大部分小麦与常年相比发育期偏晚 7 ~ 30 天，但后期北方冬麦区多地天气持续晴好，加上农业部门高度关注冬小麦生产，对冬小麦田间管理高度重视，主产省采取密植、浇水追肥等措施确保冬小麦安全越冬、正常返青和苗情转化，保障小麦生长发育进度，小麦长势“后来居上”，单产总体呈增长态势。根据国家统计局数据，2022 年全国小麦单产 390.4 公斤/亩，每亩产量比上年增加 3 公斤，增长 0.8%。小麦播种面积基本稳定，单产水平提高，全年小麦总产量 13772.5 万吨，比上年增加 78 万吨，增长 0.6%。

2022 年小麦质量较好。国家粮食和物资储备局组织河北、山西、江苏、浙江、安徽、山东、河南、湖北、四川、陕西、甘肃、宁夏、新疆 13 个主产省份开展了新收获

小麦质量安全监测工作。监测结果显示，13 个省份 2022 年新收获小麦中等（三等）以上比例为 96.2%，一等比例达到 63.1%，总体质量较好，其中河南省小麦整体质量为近年来最好。

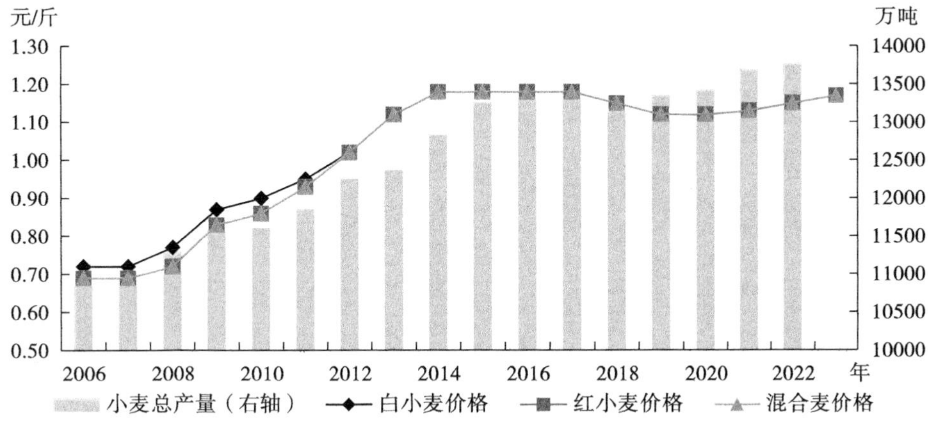

图 1－1 我国小麦最低收购价及产量变化情况

（资料来源：国家发展改革委、国家统计局）

（二）2022 年小麦进口量高位增长，全年到港量 996 万吨

2000 年以来，我国小麦自给率一直保持较高水平，进口量占比较低。2000—2019 年，我国小麦年均进口量为 235 万吨，与同期年均产量的比值为 2.1%。从 2020 年开始，受国内需求增加（尤其是饲用需求强劲）、进口小麦具有成本优势以及中美签署第一阶段经贸协议影响，我国小麦进口量开始大幅增加。2020 年我国进口 815.2 万吨小麦，比上年提高 154%，创 1996 年以来新高，相当于全年配额 963.6 万吨的 85%。2021 年国内小麦与玉米价格倒挂（小麦价格低于玉米价格），小麦饲用优势增强，需求进一步增加，小麦进口量增至 971.8 万吨，较 2020 年的 815.2 万吨增长 19.2%，超出 963.6 万吨的年度关税配额。2022 年小麦进口量继续保持高位增长，全年进口总量为 995.6 万吨，再次超出小麦配额。此前进口小麦主要是优质强筋小麦及弱筋小麦，用于生产专用粉，满足多样化制粉消费需要，2020 年以来我国进口小麦中饲用小麦明显增加，用于补充国内饲料原料需求。

从进口来源地看，2022 年我国进口小麦主要来自澳大利亚，进口量为 572 万吨，占全年进口总量的 57%；其次是加拿大，进口量为 179 万吨，占比为 18%；第三大来源国为法国，进口量为 170 万吨，占比为 17%；第四大来源国为美国，进口量 63 万吨，占比为 6%。从上述四国进口小麦的数量占年度进口总量的 98%。此外，从俄罗斯、哈萨克斯坦等国还有少量小麦进口。

表 1－2　　我国小麦进口量呈现增长态势　　单位：万吨

月份	2018 年	2019 年	2020 年	2021 年	2022 年
1	21.2	57.8	62.0	149.2	218.5
2	6.2	11.6		98.1	
3	29.0	26.4	55.6	43.9	86.5
4	35.7	19.7	33.8	89.5	69.9
5	61.5	19.0	79.5	78.5	67.3
6	28.8	28.2	89.4	75.2	51.9
7	11.4	19.9	91.5	88.2	78.1
8	11.9	9.4	68.6	70.5	52.9
9	26.6	13.8	105.4	63.7	37.0
10	21.1	25.4	61.8	47.8	124.4
11	12.5	42.6	80.1	74.0	101.2
12	21.8	46.6	87.6	93.3	107.9
总计	287.6	320.5	815.2	971.8	995.6

资料来源：海关总署。

（三）2022 年政策性小麦成交量大幅减少

我国小麦实施最低收购价政策以来，多数年份启动了最低收购价预案，国家收购了一定数量的政策性小麦。这些小麦主要通过国家粮食竞价交易平台投放市场，是用粮企业采购粮源的渠道之一。根据国家粮食交易中心公开信息统计，2022 年我国政策性小麦竞价交易累计成交 766 万吨，同比大幅减少 2106 万吨，成交价格大幅上涨至

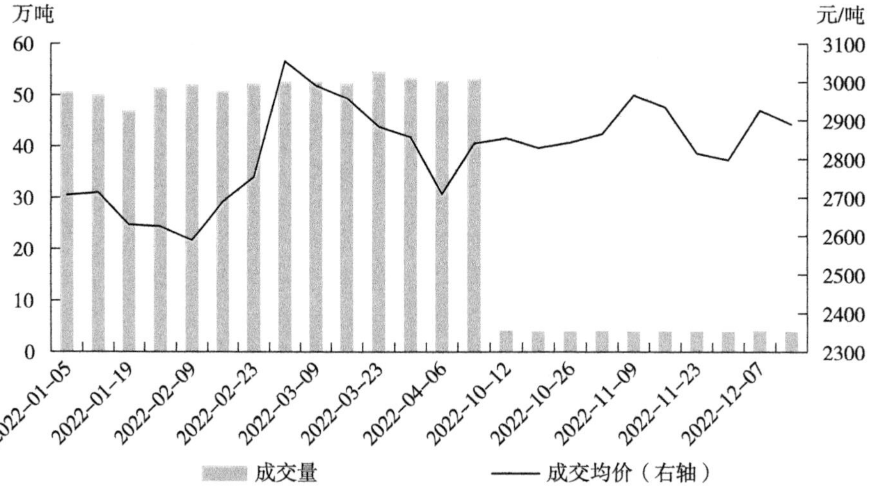

图 1－2　2022 年我国政策性小麦成交情况

（资料来源：国家粮食交易中心）

2600～3050元/吨的高位水平，上年为2300～2500元/吨。2021年，受玉米价格上涨影响，小麦比价优势明显，饲用量增加，饲料企业采购政策性小麦十分积极。2022年国内小麦价格大幅上涨，小麦价格回归到玉米价格上方，小麦饲用优势明显下降。饲料企业减少甚至停止使用小麦，政策性小麦采购主体恢复到以面粉企业为主，竞价交易趋于缓和，成交量大幅下滑。

（四）2021/2022年度我国小麦需求有所下降，主要因为饲用消费减少

小麦主要用作口粮，食用消费占大头；其次是用于饲料生产，为畜禽养殖企业提供饲料原料；再次是工业消费，比如酿酒、酒精、调味品等，还有少部分用作种子及出口。

从小麦各种用途数量及占比情况看，国家粮油信息中心估计，2021/2022年度我国小麦食用消费量为9360万吨，同比增加180万吨，占年度总需求的63.9%，比上年提高1.6个百分点；饲用、种用及工业消费量5284万吨，同比减少263万吨，占年度需求总量的36.1%，比上年度下降1.6个百分点，主要因为饲用消费需求从3800万吨下降至3500万吨。

小麦食用消费需求与人口数量及结构密切相关，在人口状况变化不大时，食用消费需求总体较为稳定。小麦消费总量变化更多来自饲料消费。国内小麦用作饲料原料已有多年历史，此前规模不大，数量相对稳定，多数年份在1000万～1500万吨。随着我国饲料养殖业的发展，国内小麦饲用得到进一步推广，饲用量总体呈增长态势。同时，小麦和玉米作为两大能量原料，市场联动日益密切，频繁的价格变化直接影响两者的替代关系。上一次小麦大量替代玉米用于饲料发生在2011/2012年度，年度饲用消费为2890万吨，主要原因与近两年类似，均为玉米价格大幅上涨，小麦成本优势增强。2022年小麦价格上涨，再次回到玉米价格上方，替代优势削弱，饲料消费开始受到抑制。

2021/2022年度我国小麦产量和进口量均有增加，而消费量有所减少，年度平衡略有盈余，结余量为5.9万吨，比上年度增加265万吨，扭转了负结余态势。

（五）2022年国内小麦价格走势分析

受小麦最低收购价上调、新麦上市前粮源偏紧等因素影响，2022年国内小麦市场价格总体呈上涨态势，并重回玉米价格上方。2022年12月31日，河南郑州普通国标三等小麦到厂价为3150元/吨，同比上涨340元/吨，涨幅为12.1%，比当地玉米价格高出270元/吨；山东济南小麦到厂价为3190元/吨，同比上涨390元/吨，涨幅为13.9%，比当地玉米价格高出240元/吨。年内主产区小麦价格高点超过3300元/吨，创历史新高。

2022 年小麦市场价格运行状况大体可以分为两个阶段：

第一阶段是上半年小麦价格逆市走强。一般情况下，春节之后面粉需求转弱，制粉企业对小麦原粮需求减少，收购意愿不强，加上各级储备轮出，市场粮源供应增加，新麦上市前小麦价格弱势运行。但 2022 年上半年小麦价格不跌反涨，并刷新历史纪录。究其原因，主要是前期小麦进入饲料领域数量较大，年后市场粮源供应偏紧，面粉企业采购原粮困难，政策性小麦和各级储备小麦拍卖成交价越拍越高，进一步提振市场看涨情绪，面粉企业不断上调收购价格，吸引粮源。4 月底新麦上市前夕，市场价格达到年度高点，多数地区超过 3300 元/吨，为历史新高。

第二阶段是下半年小麦价格高位震荡，回调幅度有限。从历年情况看，新麦上市以后，小麦价格通常会出现季节性下跌。新陈小麦价格逐步接轨，小麦旺季收购结束以后，市场价格恢复震荡上涨行情。2022 年新麦上市以后，农民惜售情绪浓厚，季节性下跌幅度有限，新麦开秤价在 3000 元/吨左右。由于新麦价格高位运行，并比玉米价格高出 250~300 元/吨，饲料企业逐渐减少小麦采购，加上 2022 年小麦丰收，产量增加，饲用消费下降后，采购主体主要回归到面粉企业，市场供大于需，小麦价格继续走强动力不足。但下半年玉米价格走强，对小麦价格形成有力支撑，小麦价格下跌空间有限，总体保持高位震荡运行。

此外，值得注意的是，由于 2022 年小麦市场价格基本在 2800 元/吨以上运行，明显高于 2300 元/吨的最低收购价水平，年内主产区均没有启动小麦最低收购价预案。

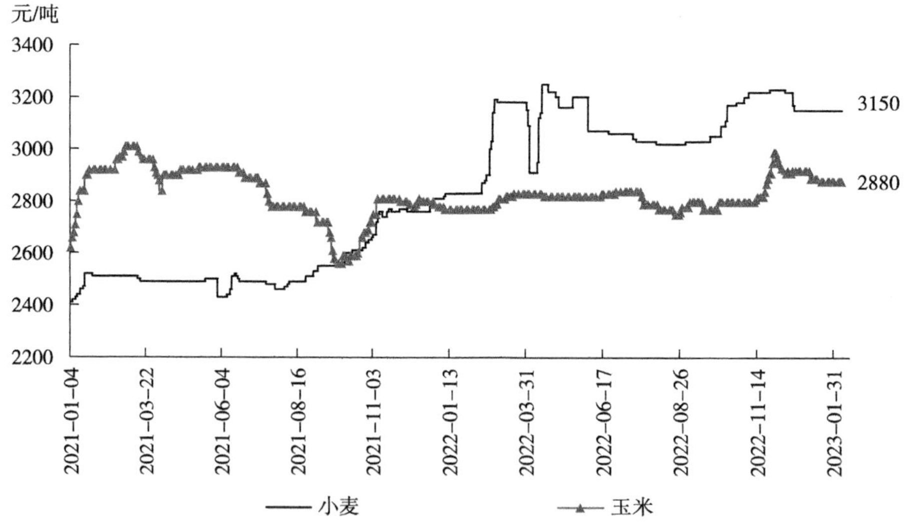

图 1-3　河南郑州普通小麦和玉米价格走势

（资料来源：国家粮油信息中心）

四、后期小麦市场展望

（一）国际市场

受益于2022年小麦价格创新高，种植收益提高，市场普遍预计2022/2023年度全球小麦播种面积和产量将有所增加。不同机构对于增幅的预估存在较大分歧，进而对供需形势及价格的预判也存在分歧。联合国粮农组织预计，2022/2023年度全球小麦产量7.94亿吨，同比增加1570万吨；消费量7.78亿吨，同比增加460万吨；贸易量1.97亿吨，同比增加1600万吨；期末库存3.05亿吨，同比增加1170万吨，供需形势转向宽松。美国农业部认为2022/2023年度全球小麦产量仍低于消费需求，小麦库存水平将继续下降，供需形势继续收紧。美国农业部1月预计，2022/2023年度全球小麦产量7.81亿吨，比上年度增加200万吨；消费需求7.90亿吨，比上年度减少275万吨；产量小于消费，小麦市场继续呈“产不足需”格局，期末库存2.67亿吨，比2021/2022年度减少843万吨，比2020/2021年度减少2160万吨。小麦库存消费比为34%，比上年下降0.9个百分点，但仍远高于18%的安全线水平。

尽管不同机构对小麦市场供需形势预估存在分歧，宏观环境、气候条件等因素不确定性也较强，这些因素均将影响小麦市场实际运行状况，但总体上2023年全球小麦供需形势仍然较好，疫情形势趋于稳定，也有利于小麦价格稳定运行，大概率不会再现2022年大涨大跌行情，预计2023年美国芝加哥交易所小麦期货价格将从上年高位回落，波动区间为600～900美分/蒲式耳，相比之下，上年为735～1364美分/蒲式耳。

（二）国内市场

1. 2023年我国小麦产量丰收仍有较好基础

从种植面积看：一方面是政策支持。2022年9月底，国家发展改革委公开发布，2023年国家继续在小麦主产区实行最低收购价政策。综合考虑粮食生产成本、市场供求、国内外市场价格和产业发展等因素，经国务院批准，2023年生产的小麦（三等）最低收购价为每50公斤117元，比上年增加2元，对未来小麦市场价格形成提振，有利于增强农户种植信心，保障小麦种植面积。另一方面是市场支持。2022年以来小麦市场价格整体走强，农户种植收益显著提高。河南省统计局对全省40个县（市、区）120个乡镇600个农户小麦生产成本收益的调查结果显示：2022年小麦亩均产值1369元，较上年增长22%。扣除亩均生产成本571元，加上亩均补贴61元，亩均生产收益858元，较上年增加209元，增长32%。小麦种植收益提高有效激励农户种植积极性，稳定小麦种植规模。河南省农业农村厅表示，2022年秋季河南小麦播种面积在8500万亩以上，2023 年再夺夏粮丰收有基础。最新农情调度显示，全国冬小麦播种面积预计达 3.3 亿亩以上，与上年基本持平。

从单产情况看，冬小麦播种以来，各主产区气温均较常年同期偏高，主要产区降水量偏多，多数产区日照时数偏多，有利于冬小麦生长发育、安全越冬和萌动返青。据全国农业气象站观测，截至 2023 年 1 月底，西北地区、华北、黄淮大部冬小麦处于越冬期；江淮、江汉和西南地区大部处于分蘖期，西南部分地区进入拔节孕穗期。综合来看，2023 年冬小麦长势好于上年，单位产量有望稳中有增。

综合小麦种植面积和目前生长情况，预计 2023 年我国小麦丰收仍有较好基础。

2. 由于饲用消费减少，预计 2022/2023 年度国内小麦总需求将明显下降

2022 年以来，随着小麦价格上涨，小麦价格从低于玉米价格开始转向高于玉米价格，且价差总体呈扩大之势。2023 年 2 月上旬，小麦玉米价差已经扩大至 300 元/吨以上。一般情况下，当小麦比玉米高出 150 元/吨时，小麦基本没有替代优势。在当前价差下，饲料企业基本没有积极性采购小麦用于饲料原料替代玉米，只剩下部分刚性消费需求。国家粮油信息中心预计，2022/2023 年度小麦饲用消费为 1700 万吨，基本回到正常年份用量，过去两个年度分别为 3800 万吨和 3500 万吨。

从国内小麦需求总量看，国家粮油信息中心预计，2022/2023 年度国内小麦消费总量为 12775 万吨，比上年度减少 1869 万吨，减幅为 13%。其中，食用消费为 9380 万吨，比上年度增加 20 万吨；饲用、种用及工业消费 3395 万吨，同比减少 1889 万吨。结合 2022/2023 年度我国小麦产量 13772 万吨、进口量预估 960 万吨，全国小麦供求结余量为 1957 万吨，比上年度增加 1951 万吨。小麦市场年度供需形势有所向好，加上我国政策性小麦库存较多，小麦市场供应有保障。

3. 预计 2023 年国内小麦价格重心将有望小幅下移

2023 年全国各地继续加大粮食生产扶持力度，鼓励粮食生产，冬小麦抢播及时，能种尽种，2023 年小麦丰产基础较好。同时考虑到小麦和玉米价差较大，饲料企业出于成本考虑，多使用糙米、进口谷物和玉米作为生产原料，小麦饲用需求减少。从基本面看，2023 年小麦市场供应较为宽松，小麦价格重心有望下移。但预计下跌空间有限：一方面是 2022 年小麦没有启动托市收购，粮源多集中在流通环节。由于贸易商收购及存储成本较高，挺价意愿较强，制约小麦价格下降幅度。另一方面饲用替代效应将在很大程度上支撑小麦价格底部。近年国内玉米需求增长较快，产需缺口加大，玉米价格易涨难跌。一旦小麦价格下跌、玉米价格上涨，将使得小麦、玉米价差缩小，小麦饲用优势又将开始显现，饲用需求反弹将对小麦价格形成支撑。

（撰稿人：国家粮油信息中心　胡文忠）

第三节　玉　米

一、2022年度国际玉米市场简介

根据2023年1月美国农业部预测，2021/2022年度全球玉米期初库存为29254万吨，比上年减少1487万吨；全球玉米产量为121488万吨，比上年增加8567万吨，其中，美国增产2445万吨，增幅为6.8%；巴西增产2900万吨，增幅为33.3%；中国增产1188万吨，增幅为4.6%；乌克兰增产1183万吨，增幅为39%。全球玉米进口量为19384万吨，比上年增加977万吨，主要进口国家和地区包括欧盟（1978万吨）、墨西哥（1757万吨）、日本（1500万吨）、韩国（1150万吨）和埃及（976万吨）。消费总量为112920万吨，比上年增加8567万吨，其中，饲料消费74902万吨，比上年增加2504万吨；食用、种用和工业消费43249万吨，比上年增加1016万吨。全球玉米出口量为19384万吨，比上年增加977万吨，主要出口国包括美国（6298万吨）、阿根廷（3885万吨）、巴西（3244万吨）和乌克兰（2698万吨）。全球玉米期末库存为30595万吨，比上年增加1342万吨。美国农业部数据显示，2021/2022年度美国玉米期初库存为3136万吨，比上年减少1740万吨；美国玉米产量为38289万吨，比上年增加2445万吨；进口量为62万吨，与上年持平；国内消费量为31712万吨，比上年增加1043万吨；期末库存为3498万吨，比上年增加362万吨。

2022年国际玉米市场价格剧烈波动。上半年，俄乌冲突导致玉米供应链冲击叠加不利天气威胁美国和欧盟等主产国家和地区的玉米生长，国际玉米价格上涨至2012年以来的新高，4月底CBOT玉米期货主力合约收盘价报收813.3美分/蒲式耳，比年初上涨34.1%。2022下半年，黑海粮食出口协议签订，谷物出口逐渐恢复，供需结构性矛盾明显弱化；同时美联储采取激进的紧缩货币政策以抑制国内高通胀，大宗商品价格普跌，国际玉米期价走弱。7月下旬CBOT玉米主力合约收盘价最低为562.5美分/蒲式耳，自4月底高点下跌30.8%。之后，美国中西部及欧洲产区极端干旱和高温天气影响玉米单产，玉米期价反弹上行，10月中旬CBOT玉米主力合约收盘价最高为691.8美分/蒲式耳，自7月低点反弹127.3美分/蒲式耳。11月份，减产因素影响减弱、俄乌冲突缓和、黑海粮食出口协议续签，玉米价格震荡回落，12月上旬CBOT玉米主力合约收盘价回落至635美分/蒲式耳左右。中下旬，南美遭遇干旱、美国面临低温寒潮天气，推动玉米期价上涨，12月30日反弹至678.5美分/蒲式耳，同比上涨14.5%。

图 1-4　CBOT 玉米主力合约收盘价

（资料来源：CBOT）

二、2022 年国内玉米市场供需形势

（一）2022 年国内玉米供应稳中有增

2022 年玉米新增供应主要来自 2021 年 10 月前后收获的玉米。国家统计局公布的全国粮食生产数据显示，2021 年全国玉米播种面积为 6.50 亿亩，比 2020 年增加 3090 万亩，增长 5.0%。作物生育期间全国主要农区大部分时段光温水匹配良好，气象条件总体有利于粮食作物生长发育和产量形成。全国玉米单产 419 公斤/亩，同比减少 1.7 公斤/亩，下降 0.4%。玉米产量 27255 万吨，比 2020 年增加 1189 万吨，增长 4.6%。

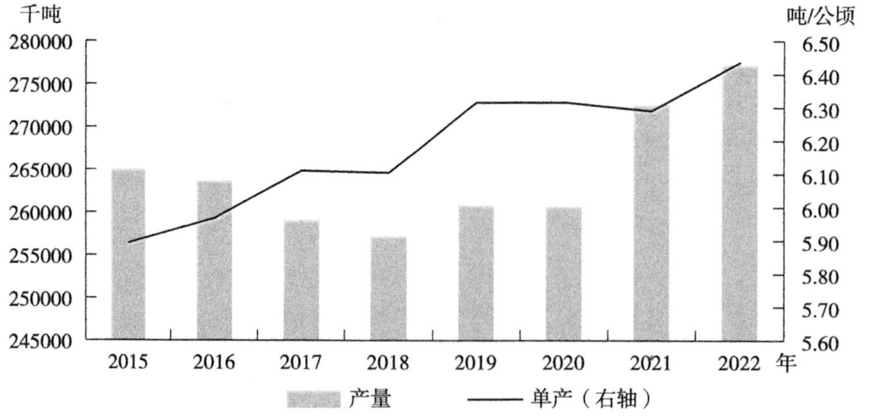

图 1-5　中国历年玉米产量状况

（资料来源：国家统计局）

海关数据显示，2021/2022 年度我国玉米进口量 2189 万吨，同比减少 766 万吨，减幅为 25.9%。年度玉米新增供应量 29444 万吨，同比增加 423 万吨，增幅为 1.5%。

（二）玉米及替代品进口量有所下降

2022 年国际玉米价格处于高位，部分时段价格大幅高于国内，进口利润消失，玉米及其替代品进口有所下降。海关数据显示，2022 年我国进口玉米 2062 万吨，同比下降 27%。从进口国别来看，2021 年我国主要从乌克兰和美国进口玉米，进口量分别为 526 万吨和 1486 万吨，占比分别达到 26% 和 72%，分别比上年下降 3 个百分点和增加 2 个百分点。此外，从俄罗斯、保加利亚、老挝和缅甸等国少量进口玉米。2022 年我国进口高粱 1014 万吨，同比增长 8%。其中，从美国进口 633 万吨，占比为 62%；从阿根廷进口 199 万吨，占比为 20%；从澳大利亚进口 181 万吨，占比为 18%。

我国自 2020 年 5 月 19 日开始对澳大利亚大麦征收反倾销、反补贴税，2021 年以来没有从澳大利亚进口大麦。受俄乌冲突影响，进口乌克兰大麦数量明显减少。2022 年进口大麦总量为 576 万吨，同比减少 54%。2022 年 1 月 11 日，商务部发布年度第 5 号和第 6 号公告，决定对原产于美国的进口干玉米酒糟所适用的反倾销措施和反补贴措施进行期终复审立案调查。2023 年 1 月 11 日，国务院关税税则委员会根据商务部的建议作出决定，对原产于美国的进口干玉米酒糟继续征收反倾销税和反补贴税，反倾销税率和反补贴税率分别为 42.2% ~53.7% 和 11.2% ~12.0%，实施期限自 2023 年 1 月 12 日起 5 年。进口美国玉米干酒糟（DDGS）仍受到反倾销、反补贴措施影响，2022 年我国进口 DDGS 仍然保持较低水平，为 8.7 万吨，同比减少 72%。总体来看，2022 我国饲料谷物进口量有所下降，累计进口玉米、高粱、大麦（未剔除酒用大麦）共 3652 万吨，同比下降 27%。

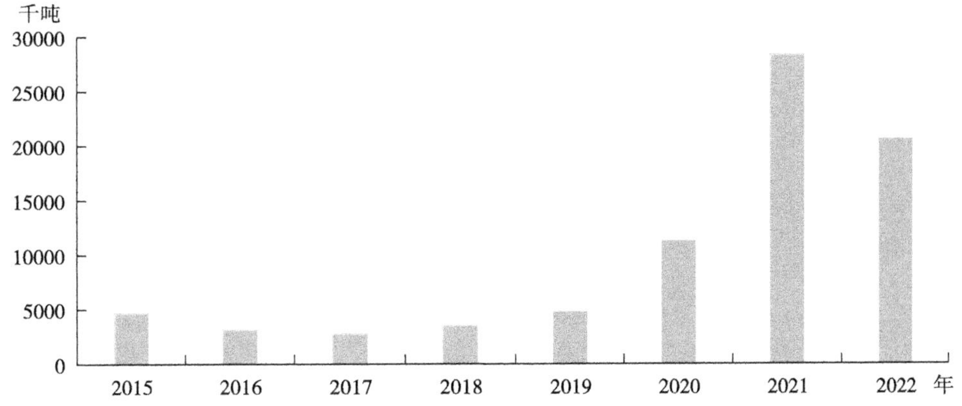

图 1-6　中国历年进口玉米数量

（资料来源：海关总署）

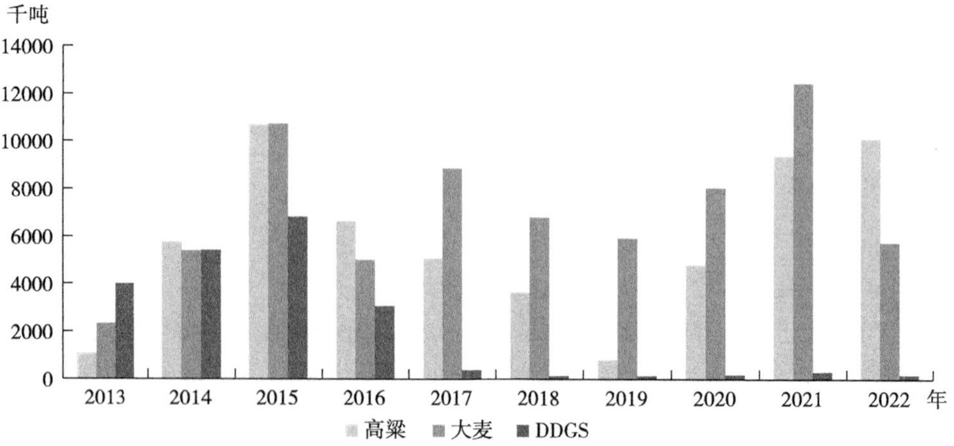

图 1－7 近年玉米相关替代品进口量

（资料来源：海关总署）

（三）工业消费保持稳定，饲料消费增加

1. 玉米工业消费保持稳定

2022 年，超期不宜存稻谷原料替代下降，酒精消耗玉米量结构性回升。此外，玉米价格上涨至历史高位，而受新冠疫情影响，淀粉、淀粉糖等深加工产品消费低迷，企业加工利润降低，开工率同比下降。深加工产能略有增加，部分抵消行业开机率下降的影响，全年度玉米工业消费基本持平。国家粮油信息中心数据显示，2021/2022 年度玉米工业消费 7700 万吨，同比持平。

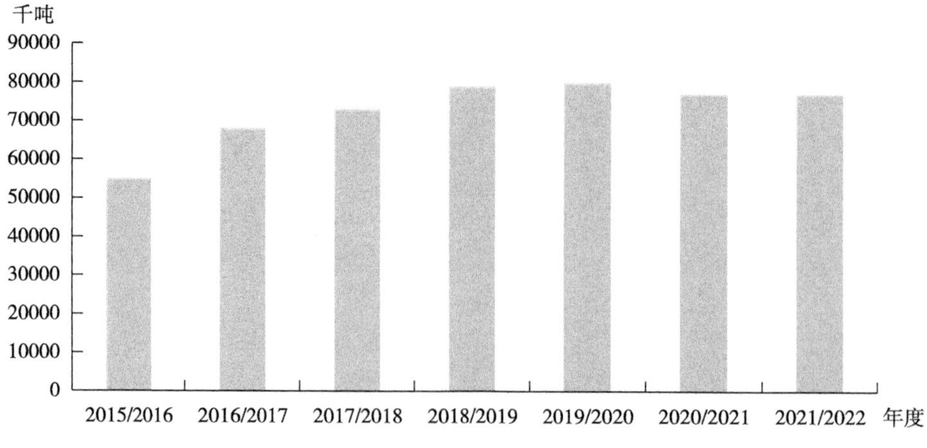

图 1－8 国内玉米工业消费情况

（资料来源：国家粮油信息中心）

2. 替代品消费下降，玉米饲料消费结构性增加

2021 年下半年生猪养殖进入亏损周期，生猪存栏开始环比下降，但整体仍处于较高水平。2022 年上半年国内生猪价格低迷，尤其 2 月下旬至 4 月下旬，国内猪粮比价降至 5∶1 以下，生猪养殖预期悲观，抑制国内生猪补栏积极性，也减少生猪出栏体重，整体饲料需求下降。6 月以来国内生猪价格快速上涨，养殖利润扭亏为盈并持续好转，刺激养殖场户积极补栏。市场普遍认为新一轮“猪周期”已经启动，下半年生猪存栏将持续增长，饲料需求将逐渐恢复。国家统计局数据显示，2022 年末全国生猪存栏 45256 万头，比上年末增加 334 万头，同比增长 0.7%。2022 年，全国生猪出栏 69995 万头，比上年增加 2867 万头，同比增长 4.3%。2022 年全年猪牛羊禽肉产量 9227 万吨，比上年增长 3.8%；其中，猪肉产量 5541 万吨，增长 4.6%；牛肉产量 718 万吨，增长 2.9%；羊肉产量 525 万吨，增长 2.1%；禽肉产量 3456 万吨，增长 1.4%。由于上年度母猪存栏调减造成生猪存栏下降，2021/2022 年度饲料粮需求下降。2022 年，国内小麦价格重新高于玉米，小麦饲用量明显下降。监测显示，2022 年华北玉米平均价格为 3139 元/吨，比小麦平均价格低 327 元/吨，小麦饲用优势下降。与此同时，高粱、大麦等替代谷物进口数量减少，玉米饲用消费结构性增加。国家粮油信息中心 2023 年 1 月份估计，2021/2022 年度玉米饲料消费 18000 万吨，同比增加 200 万吨，增幅为 1.1%。

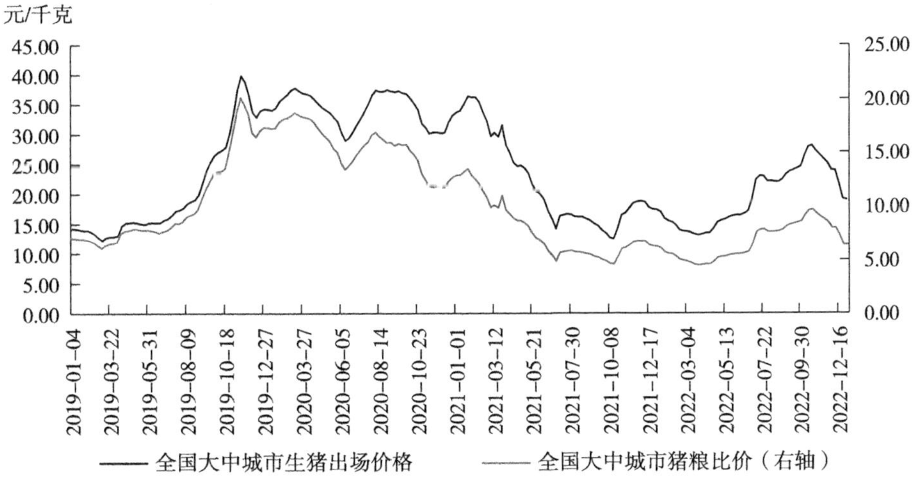

图 1-9　国内生猪出场价格及猪粮比价

（资料来源：国家发展改革委）

（四）玉米市场供需结余量小幅增加

总体来看，2021/2022 年度我国玉米总消费量 27713 万吨，同比增加 210 万吨，增幅为 0.8%；玉米市场年度供需结余 1730 万吨，同比增加 213 万吨。

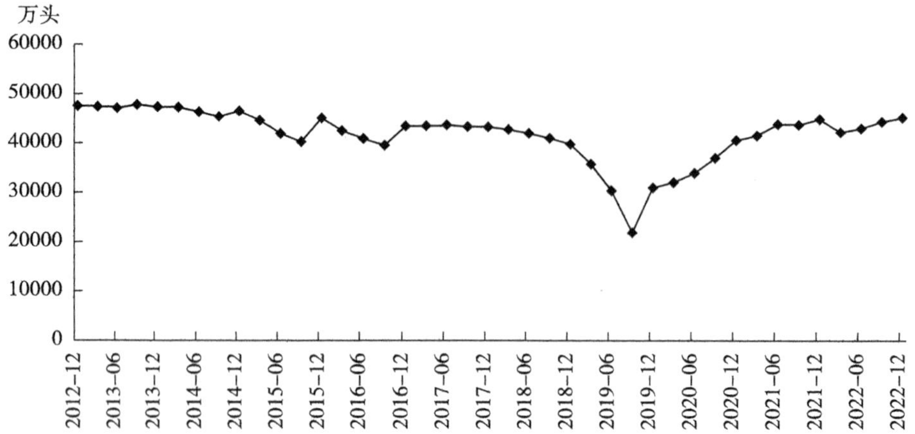

图 1－10　国内生猪存栏变化情况

（资料来源：国家统计局）

三、2022 年玉米市场价格走势

2022 年，全国玉米价格整体呈现高位震荡走势，受国际市场影响较大。2021 年 10 月国内玉米大范围收获上市后，产量形势较好，市场供应充足。用粮企业库存偏低，收购积极性较高，但因雨雪天气影响物流运输，价格呈现震荡走高特征。2022 年 1 月份，东北气温下降，玉米上冻后农户售粮积极性有所提高，基层售粮进入高峰期，玉米上市量明显增加，供应压力下玉米价格小幅走低。春节（2 月 1 日）后，农民手中余粮减少，粮权多向贸易商及企业手中转移，市场供应量有所减少，价格反弹上行。2 月下旬俄乌冲突爆发，严重影响俄乌两国粮食出口，对全球小麦、玉米生产和贸易格局均带来较大影响，国际小麦、玉米价格快速大幅走高，国内期货价格也跟随上涨，带动看涨情绪，3 月、4 月份国内玉米市场价格持续上涨。4 月 29 日国内玉米期货主力合约最高达到 3046 元/吨，创历史新高，比年初上涨 371 元/吨，涨幅为 14%；华北玉米现货平均收购价格为 2834 元/吨，比年初上涨 111 元/吨，涨幅为 4.0%；东北玉米现货平均收购价格为 2692 元/吨，比年初上涨 233 元/吨，涨幅为 9.5%。

从 5 月下旬开始，受美国玉米产区天气改善、黑海粮食出口协议签订、宏观经济衰退预期等因素叠加影响，国际玉米期货价格大幅下跌，国内玉米期货价格跟随走低，现货价格也有所下降。7 月 25 日，国内玉米期货主力合约最低达到 2548 元/吨，创年内最低，比 4 月底下跌 498 元/吨，跌幅为 16.3%；比年初下跌 127 元/吨，跌幅为 4.7%；华北玉米现货平均收购价格为 2806 元/吨，比 4 月底下跌 28 元/吨，比年初上涨 83 元/吨，涨幅为 3%；东北玉米现货平均收购价格为 2639 元/吨，比 4 月底下跌 53

元/吨，比年初上涨 181 元/吨，涨幅为 7.4%。

8 月、9 月份国际市场炒作干旱减产，玉米价格止跌反弹，辽宁、吉林等玉米产区遭遇渍涝灾害，增强市场减产预期，9 月份正处于玉米市场青黄不接时期，推动国内期货、现货价格反弹走高。10 月，国内新产玉米上市，受种植成本大幅提高、局部减产预期和新粮集中上市预计推迟等影响，开秤价格普遍较上一年度提高 200～300 元/吨。11 月份国内部分玉米产区新冠疫情散发多发，部分地区采取较为严格的措施来防止疫情扩散蔓延，对基层农民售粮和物流运输造成一定影响，企业到货数量减少，玉米价格快速上涨，产区玉米价格创历史同期最高。11 月 29 日，国内玉米期货主力合约最高达到 2944 元/吨，比 7 月份低点上涨 396 元/吨，涨幅为 15.5%；比年初上涨 269 元/吨，涨幅为 10%；华北玉米现货平均收购价格为 3004 元/吨，比 7 月份低点上涨 198 元/吨，涨幅为 7%；比年初上涨 281 元/吨，涨幅为 10.3%；东北玉米现货平均收购价格为 2792 元/吨，比 7 月份低点上涨 153 元/吨，涨幅为 5.8%；比年初上涨 334 元/吨，涨幅为 13.6%。12 月份，农户进入传统的售粮高峰，并且随着疫情防控措施优化调整，物流逐步恢复，贸易流通趋于好转，玉米现货价格回落。2022 年 12 月底，国内玉米期货主力合约报收 2824 元/吨，比 11 月份高点下跌 120 元/吨，跌幅为 4%；比年初上涨 152 元/吨，涨幅为 5.7%；华北玉米现货平均收购价格为 2910 元/吨，当月下跌 90 元/吨，跌幅为 3%，比年初上涨 187 元/吨，涨幅为 6.9%；东北玉米现货平均收购价格为 2744 元/吨，当月下跌 52 元/吨，跌幅为 1.9%，比年初上涨 286 元/吨，涨幅为 11.6%。

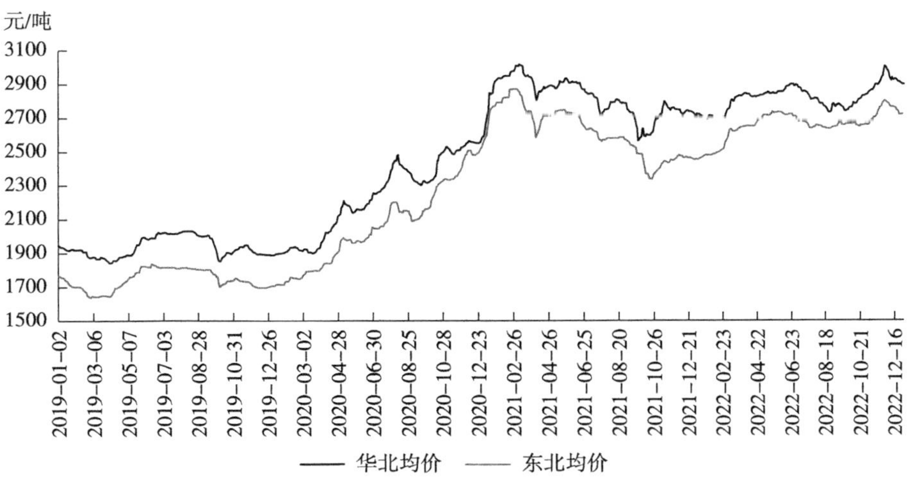

图 1－11　国内主产区玉米深加工企业收购价格

（资料来源：国家粮油信息中心）

四、2022 年玉米价格主要影响因素分析

（一）新冠疫情影响供给节奏

2022 年国内新冠疫情散发多发，在 12 月份疫情防控措施调整优化前，东北、山东等玉米主产区均多次为防控疫情采取“静默”等封控措施，一方面对上游供给节奏带来较大影响，造成短期到货不足，价格大幅上涨，封控解除后到货增加，价格迅速回落。另一方面，疫情封控也影响部分企业开工生产，加之部分主要城市如上海、北京、广东等主销区受疫情影响，下游消费较为疲软，企业开工率处于近年来低位，也影响市场价格。疫情变化情况和防控措施的转变是 2022 年国内玉米价格波动的主要影响因素之一。

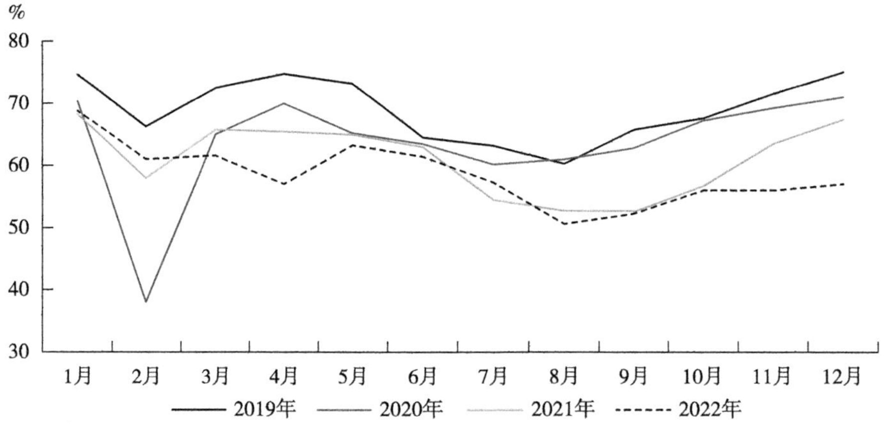

图 1－12　国内玉米淀粉企业开工率

（资料来源：国家粮油信息中心）

（二）国际形势复杂多变，国际粮价大幅波动影响国内市场

2020 年下半年以来，国际市场玉米价格开始持续三年上涨。2022 年上半年，受俄乌冲突影响，同时叠加美国玉米播种偏慢、天气炒作等因素，CBOT 玉米期价最高达到 824. 5 美分/蒲式耳，创近十年新高，接近 829 美分/蒲式耳的历史最高水平，涨幅达 39%。5 月下旬美国玉米产区播种条件改善，春播步伐加快，同时，乌克兰谷物出口有望恢复，导致市场价格大幅回落。国际玉米价格随天气、俄乌局势情况调整，整体维持高位大幅震荡走势。美国是主要的玉米出口国，我国是全球最大的玉米进口国，国际粮价的变动直接影响国内市场价格。

（三）国内开始进口巴西玉米，补充国内市场供应

2022 年 5 月 23 日，商务部发布中国与巴西召开中巴（西）高层协调与合作委员会第六次会议成果清单，其中包括海关总署与巴西农业部签署的《巴西玉米输华植物检疫要求议定书》（修订版）。巴西是玉米主产国和主要出口国。虽然巴西玉米早已在《我国允许进口粮食和植物源性饲料类及输出国家地区名录》中，但受植物检疫要求和转基因等多重因素影响，我国企业极少从巴西进口玉米。美国农业部 2023 年 1 月份供需报告显示，2021/2022 年度，巴西玉米产量 1.16 亿吨，同比增长 33.3%，居世界第三位，占全球玉米产量的 9.5%；巴西玉米出口 3244 万吨，同比增长 18%，占全球玉米出口量的 16.7%。2023 年 1 月 7 日，我国首次散船进口 6.8 万吨巴西玉米在广东麻涌港靠岸停泊，标志着巴西玉米输华走廊正式打通，对加强中巴农业合作、维护全球农业供应链安全稳定等产生积极深远影响。巴西出口商协会预计，2023 年巴西出口我国的玉米总量将达到 500 万吨，将有效补充国内市场供应。

（四）国内外小麦价格处于高位，比价关系影响玉米价格

俄罗斯和乌克兰是主要粮食生产国和出口国，两国合计占全球小麦、大麦、玉米和葵花籽油出口的 29%、30%、19% 和 80%，两国粮食出口对黑海港口依赖程度较大。其中，乌克兰小麦产量 3300 万吨，出口 2400 万吨，占全球的 11.5%；俄罗斯小麦产量 7550 万吨，出口 3500 万吨，占全球的 16.8%，是全球最大的小麦出口国。受俄乌冲突影响，2022 年 3 月 8 日 CBOT 小麦期货主力合约收盘价报收 1363.5 美分/蒲式耳，

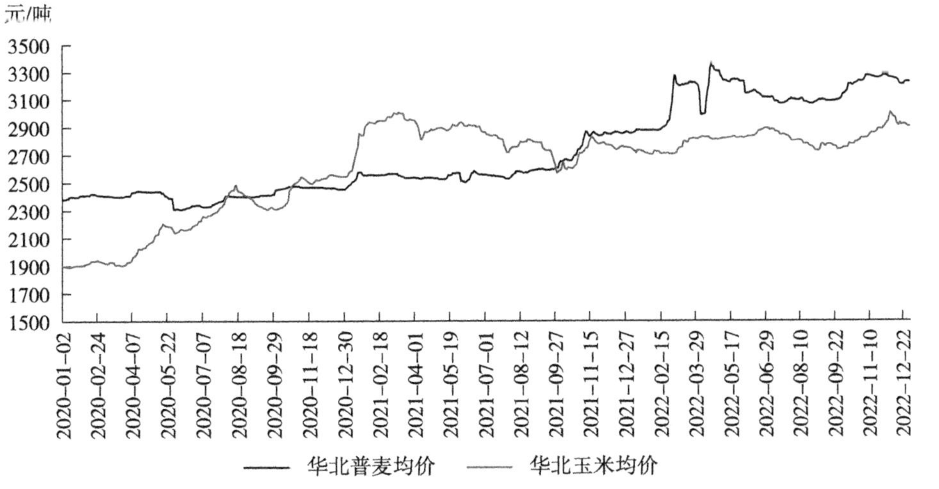

图 1－13 华北地区玉米、小麦平均价格

（资料来源：国家粮油信息中心）

比年初上涨76%，创历史新高。之后随着黑海出口协议签订，乌克兰谷物陆续出口，国际小麦价格有所回落，但全年小麦价格在历史高位波动。在国内，国际小麦价格大幅上涨推升了国内市场看涨预期，叠加市场炒作国内晚播、减产等不利因素，国内小麦价格3月份突破并保持在3000元/吨以上运行，创历史新高。加之受2022年化肥等农资成本上涨影响，小麦种植成本增加，小麦价格大幅上涨也拉高了农户售粮价格的心理预期，主产省新小麦开秤价格同比大幅上涨，波动幅度也明显加大。小麦是玉米的主要饲用替代谷物，小麦价格高于玉米使得玉米价格仍具备一定的上涨空间，而价差缩小时比价关系也直接压制玉米市场价格。

五、2023年玉米市场展望

（一）2023年全球玉米市场展望

美国农业部2023年1月预计，2022/2023年度全球玉米播种面积下降，玉米产量预计达到11.56亿吨，同比减少5894万吨，减幅为4.9%。美国、欧盟和乌克兰等主要出口国家和地区玉米产量均出现不同程度减产，分别减少3414万吨、1678万吨和1513万吨，减幅分别为8.9%、23.6%和35.9%。巴西和阿根廷有所增产，分别增加900万吨、2500万吨，增幅分别为7.8%、5.1%。全球范围内玉米总消费也有所下降，由于产量大幅减少，期末库存同比下降。预计2022/2023年度全球玉米消费量为11.63亿吨，同比减少1877万吨，减幅为1.6%；期末库存为2.96亿吨，同比减少954万吨，减幅为3.1%。2022/2023年度美国玉米产量为3.49亿吨，同比减少3414万吨；消费量为3.05亿吨，同比减少1255万吨；出口量为4890万吨，同比下降1388万吨；期末库存为3154万吨，同比减少344万吨。

（二）2022年国内玉米产量再创历史新高

近两年国内玉米价格高企，种植效益较高，农民种植玉米意愿较强，部分地区玉米播种面积持续增长。2022年，国内启动大豆油料扩种计划，并推广大豆玉米带状复合种植，多地通过统筹大豆玉米生产者补贴、耕地轮作项目补贴，以及大豆玉米带状复合种植补贴等政策，加大大豆油料生产支持力度。国家统计局公布的2022年全国粮食生产数据显示，2022年受内部种植结构调整影响，全国玉米播种面积6.46亿亩，比上年减少381.1万亩，下降0.6%。

6月至8月，我国北方玉米产区出现多次明显降水过程，其中，辽宁中北部和吉林中南部降水过程频繁，雨量显著偏多且落区重叠度高，部分低洼地块土壤水分持续过饱和，渍涝灾害较严重。同时，四川盆地、湖北等长江中下游地区玉米作物在授粉至灌浆期遭受高温干旱叠加影响，降低玉米单产。2022 年，全国主要农区大部分时段光温水匹配良好，病虫害偏轻发生，气象条件总体有利于粮食作物生长发育和产量形成。2022 年玉米单产 429.1 公斤/亩，每亩产量比上年增加 9.7 公斤，增长 2.3%；全国玉米产量 27720.3 万吨，比上年增加 465 万吨，增长 1.7%，再创历史新高。

（三）玉米及替代品进口数量将有所下降

2022/2023 年度国内产量增加，同时需求也有所增长，需要利用两个市场、两种资源来保证我国饲料粮市场供应，玉米及替代品进口数量保持较高水平，有效保障了国内饲料粮市场供应。

从全球玉米出口格局看，由于产量下降，全球玉米出口供应有所减少，预计 2022/2023 年度全球玉米出口量为 1.81 亿吨，同比减少 1282 万吨，减幅为 6.6%。其中，美国出口 5100 万吨，同比减少 1198 万吨，减幅为 19%；阿根廷玉米出口 3700 万吨，同比减少 185 万吨，减幅为 4.8%；乌克兰玉米出口量 2050 万吨，同比减少 648 万吨，减幅为 24%；巴西玉米出口 4850 万吨，同比增加 1606 万吨，增幅为 50%。

从我国进口情况看，2021/2022 年度我国进口玉米 2189 万吨，同比减少 766 万吨；进口高粱 1099 万吨，同比增加 232 万吨；进口大麦 828 万吨，同比减少 376 万吨，合计进口达到 4116 万吨，同比减少 910 万吨。此外，还进口部分小麦、碎米、豌豆、木薯等替代玉米用作饲料。预计 2022/2023 年度我国玉米及替代谷物进口量会继续减少：一是美国、欧洲和乌克兰玉米减产幅度较大，玉米供应偏紧，美国高粱减产 47.3%，我国饲料粮外采难度加大。二是虽然 11 月份黑海粮食出口协议续签 120 天，但我国进口乌克兰玉米仍然存在不确定性。三是国际玉米价格高位波动，进口成本偏高，制约进口需求。国家粮油信息中心 1 月份预计，2022/2023 年度玉米及替代谷物进口量为 3600 万吨，同比减少 12.5%。

（四）2023 年国内玉米需求有所增加

2022 年上半年国内生猪价格低迷，国内猪粮比价降至 5∶1 以下，抑制生猪补栏积极性，也降低生猪出栏体重，整体饲料需求下降。下半年，生猪价格大幅上涨，生猪养殖回暖，据农业农村部监测，全国能繁母猪存栏量、生猪存栏量、新生仔猪量连续 5 个月回升。并且小麦价格处于高位，小麦饲用数量明显下降，玉米饲料消费结构性增长。预计 2022/2023 年度国内玉米饲用消费 1.92 亿吨，同比增加 1200 万吨，增幅为 6.7%。

2022 年玉米价格高位运行，叠加疫情防控等因素影响，玉米深加工企业开工率处于低位。2023 年疫情影响减弱，消费预期复苏，但当前行业处于产能过剩状态，深加工利润下滑，开工率难有明显好转，预计玉米工业消费量保持稳定，预计 2022/2023

年度国内玉米工业消费7700万吨，同比持平，占玉米总消费的比重为26.6%。

（五）2023年国内玉米市场价格高位震荡运行

综合来看，2022/2023年度我国玉米总消费量28917万吨，同比增加1204万吨，增幅为4.3%。玉米市场年度供需结余803万吨，同比减少927万吨。

全年看，综合考虑国内外宏观经济环境、大宗商品价格周期、国际国内玉米供需基本面等情况，2023年国内玉米价格上涨乏力，受国际市场影响较大。一方面，2023年饲料养殖需求向好，国内玉米产需缺口仍存，并且农民种植成本持续攀升，均支撑玉米价格；另一方面，巴西玉米进口有望增加，2023年一季度将陆续到港，有效增加国内市场供应，市场供应有保障，压制玉米价格。另外，当前国内外玉米价格联动性加强，国际市场价格变化对国内玉米价格走势的影响加大，如果国际市场形势发生变化，则将传导至国内，造成价格剧烈波动。

（撰稿人：国家粮油信息中心　齐驰名）

第四节　大　豆

一、大豆概况

大豆通称黄豆，属一年生豆科草本植物，大豆不仅是重要的粮食作物，更是植物蛋白和食用油的主要来源，是世界上产量和贸易量最大的油料作物。大豆起源于中国，有5000多年的种植历史，全国广泛种植，中国大豆生产主要集中在东北、黄淮海和四川等地。19世纪后期大豆从我国传出并呈迅速扩张趋势，20世纪30年代，大豆栽培已遍布世界各国。20世纪90年代以来，由于人口增长，蛋白和植物油需求量不断增加，推动全球油籽产量迅猛增长，而大豆作为最重要的油籽作物，产量大幅增长。目前，全球大豆的种植面积、单产和产量总体仍呈增长态势，巴西、美国和阿根廷是世界上最大的大豆的主产国，在大豆的国际供给中扮演重要的角色。大豆是当前国际大宗农产品贸易中最活跃的商品之一。

1995年前中国一直是国际上最重要的大豆生产国和出口国之一，最高年份的大豆出口量曾超过百万吨。由于对蛋白需求的高速增长以及大豆加工工业的快速发展，1996年中国由大豆净出口国转变为净进口国，其后进口量逐年增长。中国是全球最大的大豆进口国，进口量占全球的60%以上。2021/2022年度南美大豆产量大幅减少，全球大豆供应紧张，加上国内养殖业上半年度养殖利润不佳，饲料中豆粕添加比例下滑，大豆需求减少。2021/2022 年度我国进口大豆降至 9161 万吨，同比减少 8.2%。2022/2023 年度全球大豆恢复性增产，价格自高位回落，国内生猪存栏维持高位，带动豆粕消费需求，但养殖利润不佳限制增幅，预计 2022/2023 年度我国大豆进口量增至 9500 万吨，同比增长 3.7%。

二、国际大豆市场

美国农业部最新公布的数据显示，2022/2023 年度全球大豆总产量为 38801 万吨，较上年度的 35810 万吨增加 2991 万吨。大豆占世界主要油料作物产量的 60% 以上，目前巴西、美国和阿根廷是全球前三大主产国，中国位居第四，四国的大豆产量之和占世界总产量的 86%。在近 30 年里，这四个国家的大豆产量比例发生了巨大变化，30 年前美国大豆产量在世界大豆产量中占据绝对的主导地位，但随着南美巴西和阿根廷大豆种植面积的不断扩大，南美大豆产量迅速增长，在国际大豆市场中的地位不断提高，2002/2003 年度巴西和阿根廷两国的大豆产量之和首次超过美国；2017/2018 年度巴西大豆产量超过美国，成为全球第一大生产国。2022/2023 年度，巴西大豆产量占全球总产量的 39%，美国占 30%，阿根廷占 12%，中国占 5%。随着我国经济社会不断发展，居民生活水平的提高，对肉蛋奶需求增长，推动大豆进口量迅猛增长，2002/2003 年度中国成为全球第一大进口国，此后总体保持快速增长态势。国际大豆生产和贸易情况深刻地影响着中国大豆产业的发展。

（一）全球大豆产量再创新高

从全球大豆产量情况看，总体呈波动增长态势。美国农业部最新数据显示，2021/2022 年度全球大豆产量 35810 万吨，较 2020/2021 年度的 36852 万吨减少 1042 万吨，减幅为 2.8%，较 2000/2001 年度的 17579 万吨增长 1 倍多。2021/2022 年度美国大豆种植面积保持增长，为 3493 万公顷，较上年度增加 150 万公顷，增幅为 4.5%；大豆单产较上年度上升 1.5% 至 3.48 吨/公顷；大豆产量 12153 万吨，较上年度增加 678 万吨，增长 5.9%，创历史新高。2021/2022 年度巴西大豆播种面积继续增长，较上年度增加 200 万公顷至 4150 万公顷；受干旱天气影响，单产大幅下降 11.6% 至 3.12 吨/公顷，使得大豆产量下降 1000 万吨至 12950 万吨，减幅为 7.2%。受不利天气影响，2021/2022 年度阿根廷大豆播种面积和单产继续下滑，其中播种面积下降 3.5% 至 1590 万公顷，单产下降 1.8% 至 2.76 吨/公顷，使得大豆产量下降 230 万吨至 4390 万吨，为近四年来最低。全球大豆供应偏紧格局延续，叠加疫情、地缘政治、资金以及天气炒作等因素，2022 年 CBOT 美豆价格整体处于历史较高水平，但波动幅度较大。

2022/2023 年度，美国大豆播种面积仅比上年度略增 1 万公顷至 3494 万公顷；由于种植收益良好，巴西大豆种植面再创历史新高，为 4340 万公顷，较上年度增加 190 万吨公顷；阿根廷大豆面积小幅增加至 1630 万公顷。2022/2023 年度美国、巴西和阿根廷大豆单产分别为 3. 33 吨/公顷、3. 53 吨/公顷和 2. 79 吨/公顷，分别较上年度下降 4. 3%、增长 13. 1% 和增长 1. 1%。2022/2023 年度美国大豆产量 11638 万吨，较上年度减少 515 万吨，减幅为 4. 2%；巴西大豆产量 15300 万吨，较上年度大幅增加 2350 万吨，增幅为 18. 1%；阿根廷大豆产量 4550 万吨，较上年度增加 160 万吨，增幅为 3. 6%。由于种植面积大幅增加和单产上升，新年度巴西大豆丰产在望。阿根廷大豆受干旱天气影响，生长状况不佳，产量增长幅度有限，甚至可能出现减产。2022/2023 年度全球大豆供应将转逐渐转向宽松，南美大豆集中上市后，预计价格将震荡下行。

从全球大豆消费量情况来看，随着对蛋白需求的刚性增长，全球大豆消费量持续增长。自 2000/2001 年度以来，大豆消费年均增长率为 3. 7%。2021/2022 年度全球大豆消费量为 36316 万吨，较上年度略减 61 万吨，减幅为 0. 2%。由于大豆产量减幅大于消费减幅，2021/2022 年度全球大豆库存较上年度减少 182 万吨至 9822 万吨，全球大豆库存消费比下降 0. 5 个百分点至 27%。随着疫情的消散和经济的增长，新年度大豆消费有望重新回升。预计 2022/2023 年度全球大豆消费量为 37949 万吨，较上年度增加 1633 万吨，增幅为 4. 5%，但低于本年度的产量增幅，库存将增长 530 万吨至 10352 万吨，库存消费比回升至 27. 3%。

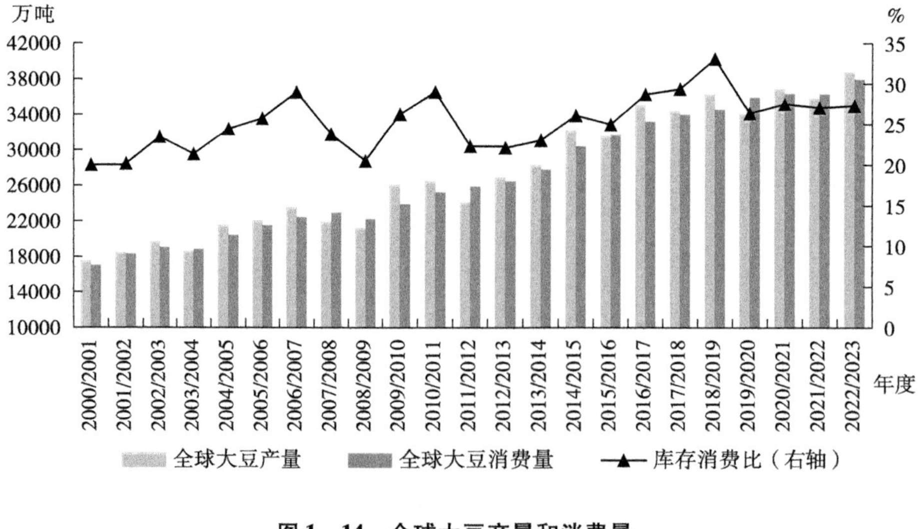

图 1－14　全球大豆产量和消费量

（资料来源：美国农业部）

（二）全球大豆贸易量稳步增长

21 世纪以来，大豆全球贸易快速发展，贸易量稳步增长，但近几年增速逐渐放缓。受全球大豆减产、需求下降影响，2021/2022 年度全球大豆贸易出现下滑。美国农业部最新数据显示，2021/2022 年度全球大豆进口量和出口量分别为 15713 万吨和 15389 万吨，占全球大豆总产量的 42.3% 和 43.2%，分别较 2000/2001 年度增长 189% 和 192%。2022/2023 年度全球大豆贸易量再度回升，其中，进口量将增加至 16432 万吨，出口量将增加至 16753 万吨。

世界大豆出口国主要有巴西、美国和阿根廷，三国的大豆出口量占全球大豆出口总量的 90% 以上。其他较大的大豆出口国有巴拉圭和加拿大等。随着南美大豆产量的不断增加，全球大豆出口市场格局也在悄然发生变化，逐渐扭转了此前美国一家独大的局面。2012/2013 年度巴西超越美国，成为全球第一大大豆出口国。2021/2022 年度美国大豆出口量 5872 万吨，较上年度减少 294 万吨，占全球大豆出口总量的 38.2%；由于巴西大豆出口增长挤占以及本国大豆减产影响，预计 2022/2023 年度美国大豆出口量将降至 5416 万吨。虽然 2021/2022 年度巴西大豆出口量较上年度减少 259 万吨至 7906 万吨，但占全球大豆出口总量的比重首次超过 50%，达到 51.4%；由于新年度巴西大豆产量大幅增加，预计 2022/2023 年度大豆出口量将升至 9300 万吨。阿根廷本国的大豆加工用量较大，主要以出口豆粕、豆油为主，因此阿根廷大豆出口量相对较低，加之 2021/2022 年度阿根廷大豆产量下滑，导致出口量下降 233 万吨至 286 万吨；预计 2022/2023 年度阿根廷大豆出口量为 570 万吨。

世界大豆的进口国家和地区主要有中国、欧盟、墨西哥和日本。目前，上述四个国家和地区的大豆进口量占全球大豆进口总量的 75% 左右，其中，中国占比高达 60% 左右。1995 年以前中国还是大豆净出口国，此后成为大豆净进口国。1999/2000 年度我国大豆进口量首次突破 1000 万吨，2002/2003 年度中国大豆进口量超过欧盟，成为世界上最大的大豆进口国。海关数据统计，2021/2022 年度中国大豆进口量为 9161 万吨，较上年度的 9979 万吨减少 818 万吨，减幅为 8.2%。随着疫情防控政策放松，国内大豆消费需求预期回升，预计 2022/2023 年度我国大豆进口 9500 万吨，同比增加 339 万吨，增长 3.7%。相对而言，欧盟、墨西哥、日本和泰国的大豆进口量较为稳定。21 世纪以来，欧盟大豆年度进口量基本上维持在 1200 万 ~ 1800 万吨，预计 2022/2023 年度欧盟大豆进口量为 1440 万吨；墨西哥大豆年度进口量基本维持在 400 万 ~ 650 万吨，预计 2022/2023 年度墨西哥大豆进口量为 640 万吨；日本大豆年度进口量基本维持在 200 万 ~ 400 万吨，预计 2022/2023 年度日本大豆进口量为 335 万吨。近几年，泰国、埃及等国大豆进口增长较为明显，预计 2022/2023 年度泰国大豆进口量为 410 万吨，埃及为 430 万吨。

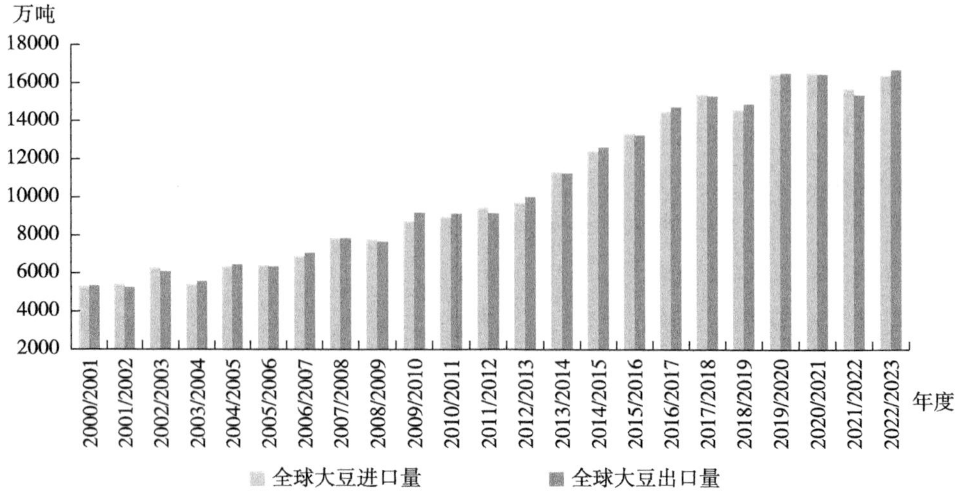

图 1－15　全球大豆进口量和出口量

（资料来源：美国农业部）

（三）全球大豆主产国情况

1. 美国

美国大豆生产主要集中在中部大平原地区，与玉米种植区高度重合，两者为竞争性种植作物，农民根据大豆玉米比价关系调整两者的种植面积。美国主要有 18 个大豆主产州，其中伊利诺伊、艾奥瓦、明尼苏达、印第安纳是美国大豆产量最大的四个州，

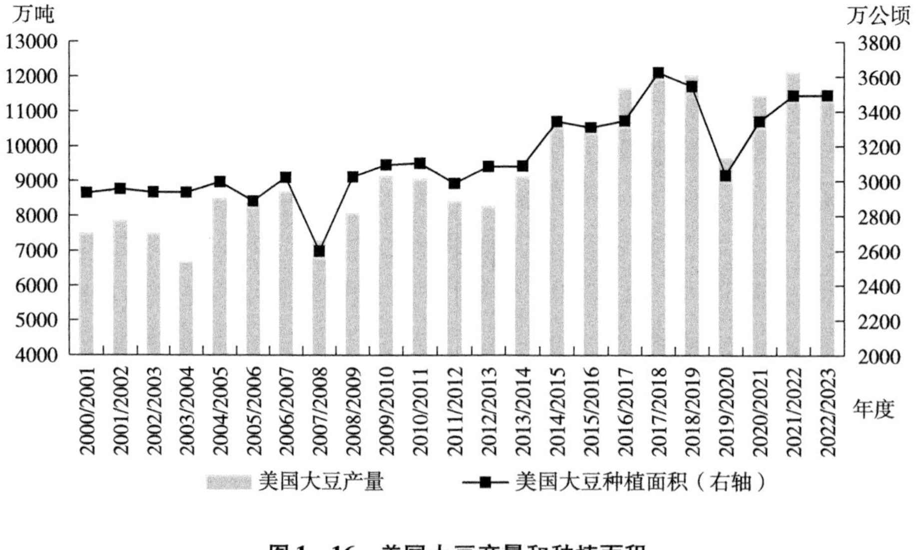

图 1－16　美国大豆产量和种植面积

（资料来源：美国农业部）

种植面积占全国的40%左右，产量占全国的44%左右。美国农业部最新数据显示，2022/2023年度美国大豆种植面积为3494万公顷，较2021/2022年度略增1万公顷。受不利天气影响，单产下降，2022/2023年度大豆产量为11638万吨，较上年度减少515万吨。21世纪以来，美国大豆产量总体保持增长态势，其中转基因技术刺激大豆单产水平不断提高的贡献最大。受土地及竞争性作物等因素影响，未来美国大豆种植面积增长的空间有限，而南美地区尤其是巴西大豆未来扩面增产潜力巨大，美国大豆将面临更加激烈的竞争。

2. 巴西

自20世纪70年代末，巴西开始种植大豆并迅速扩张。经过近50多年的发展，巴西已超越美国，成为世界第一大大豆生产国，同时也是世界上最大的大豆出口国。2021/2022年度巴西大豆产量占全球大豆产量的36.2%，出口量占比高达51.4%。巴西大豆的种植起源于南部的南大河州，之后往北发展到巴拉那州。但是由于南部地区人口较为密集，农场规模普遍较小，不适合大规模生产；另外，南部地区也容易出现干旱天气。因此，在巴西政府鼓励下，部分南部农民移民到中北部的马托格罗索、南马托格罗索和戈亚斯等州大规模种植大豆，目前马托格罗索和巴拉那州是巴西大豆产量最大的两个地区，产量分别占全国产量的30.5%和9.3%。21世纪以来巴西大豆种植面积持续扩大，2000/2001年度种植面积为1393万公顷，2021/2022年度年达到4150万公顷，增幅为198%，年均增长5.3%。由于巴西是一个地广人稀的国家，耕地开发潜力巨大；而且巴西大豆的生产季节正好与美国错开，在全球大豆供应中与美国形成互补。2022年美豆价格整体维持高位，加之巴西货币雷亚尔兑美元汇率走势疲软，以美元定价的大豆价格高企，巴西农户种植大豆收益良好，刺激巴西农民继续扩大大豆种植面积，加之随着高产大豆种子的推广，巴西大豆单产水平提升，大豆产量持续

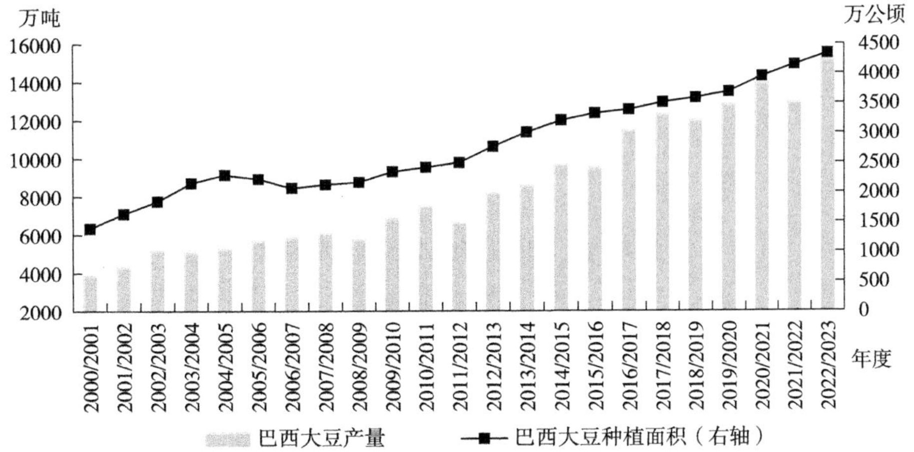

图1-17　巴西大豆产量和种植面积

（资料来源：美国农业部）

增长。美国农业部最新数据显示，预计2022/2023年度巴西大豆种植面积为4340万公顷，较2021/2022年度增加190万公顷，大豆单产较上年提升0.41吨/公顷至3.53吨/公顷，大豆产量大幅增加2350万吨至15300万吨，再创历史新高。

3. 阿根廷

阿根廷大豆产区主要集中在中东部平原地区，布宜诺斯艾利斯、科尔多瓦和圣达菲是最大的大豆主产州，三省产量占全国总产量的90%以上。阿根廷是全球第三大大豆生产及出口国，是全球第一大豆油和豆粕出口国。阿根廷大面积种植大豆的历史始于20世纪70年代，90年代中期以来，大豆生产发展迅速。2021/2022年度阿根廷大豆种植面积为1590万公顷，较上年度减少57万公顷，较2000/2001年度增长52.9%。虽然国际大豆价格高企，种植收益良好，但受拉尼娜现象影响，阿根廷大豆产区持续干旱，加之大豆及副产品出口税率高于谷物，降低了农户种植积极性。美国农业部最新数据显示，2022/2023年度阿根廷大豆种植面积为1630万公顷，较上年度增加40万公顷；大豆单产2.79吨/公顷，略高于上年度的2.76吨/公顷，大豆产量略增160万吨至4550万吨。2022年全球连续第三年出现拉尼娜现象，阿根廷大豆产区天气干旱，大豆生长状况不佳，产量或将下调。

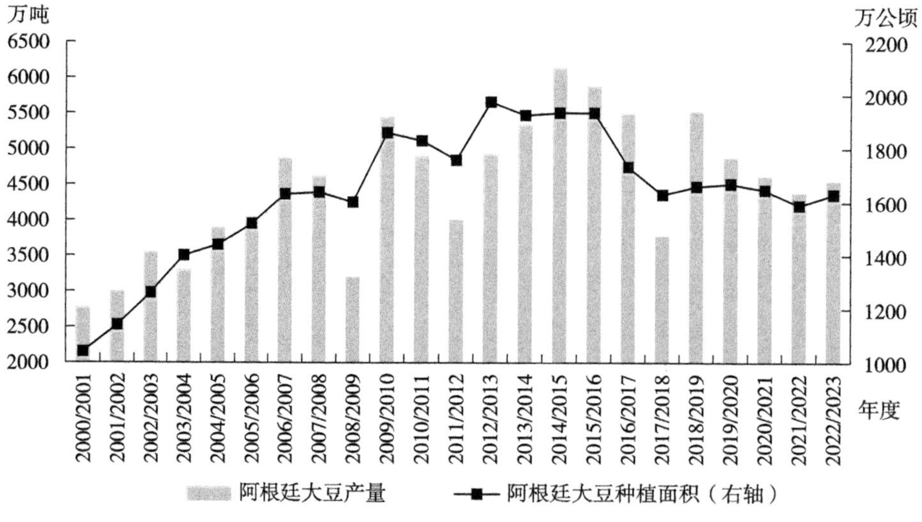

图1-18　阿根廷大豆产量和种植面积

（资料来源：美国农业部）

（四）2021年CBOT大豆价格走势回顾

2022年全球大豆供应偏紧格局延续，叠加疫情、地缘政治、资金以及天气炒作等因素，美豆价格整体处于历史较高水平，但波动幅度较大。美豆主力合约价格收于1524.25美分/蒲式耳，较2021年底的1339.75美分/蒲式耳上涨13.8%。

图1－19　CBOT大豆价格走势

（资料来源：CBOT）

第一阶段：2022年1月至2月下旬，美豆期货价格快速上涨。2022年初，全球经济仍处于通货膨胀周期当中，大宗商品价格整体维持强势，利多美豆价格。受拉尼娜现象影响，南美巴西、阿根廷等国大豆主产区天气干旱，影响大豆播种和生长，市场机构纷纷下调大豆产量预期；随着大豆收获工作的逐渐展开，大豆减产被证实，全球大豆供应紧张忧虑加剧，推动美豆价格快速上行。此阶段美豆价格从1月3日的1356.25美分/蒲式耳上涨至2月24日的1652.75美分/蒲式耳。

第二阶段：2022年2月下旬至6月上旬，美豆期货价格震荡上涨。2月24日，俄乌冲突爆发，小麦玉米等农产品价格大幅上涨，带动美豆价格继续走高；但由于俄乌两国均非大豆主要生产和出口国，因此对大豆价格影响有限。3月底，美国农业部发布新年度美国大豆种植意向报告，预计大豆种植面积将创历史新高，打压美豆价格下行，但南美大豆大幅减产的现实对美豆价格形成强有力支撑。5月，受疫情影响，市场担忧中国大豆需求下滑，使得美豆价格走低。受不利天气影响，美国大豆播种进度不及预期，加之初期生长状况不佳，支持美豆价格再度上行，6月9日美豆价格最高涨至1784美分/蒲式耳，略低于2012年历史最高点的1789美分/蒲式耳。

第三阶段：2022年6月上旬至7月下旬，随着美国大豆产区天气条件的改善，大豆单产上调，美国大豆增产预期强烈，加之以美联储为首的发达经济体采取加息政策，全球经济衰退预期增强，市场担忧大豆需求下滑，美豆价格高位回落。同时，由于美豆期货主力合约换月，跨期价差导致新主力合约价格明显低于旧主力合约，7月22日，美豆价格跌至年内低点1288.5美分/蒲式耳。

第四阶段：2022年7月下旬至12月，美豆期货价格宽幅震荡。美国大豆进入生长期，天气条件整体稳定，大豆生长较为顺利，9月中下旬美国大豆陆续收获，天气炒作对美豆价格影响有限，价格整体波动幅度不大。10月份南美大豆播种工作逐渐展开，由于大豆种植收益良好，市场预期大豆播种面积增长，产量有望大幅增加，但拉尼娜现象连续第三年出现，市场担忧巴西南部、阿根廷和巴拉圭等大豆产区天气干旱，南美大豆产量存在不确定性，对美豆价格形成支撑。此阶段美豆价格整体在1300～1530美分/蒲式耳内区间震荡，12月31日收盘于1524.5美分/蒲式耳。

（五）2023年度CBOT大豆价格展望

从供应端看，2022/2023年度，美国大豆产量已成定局；南美大豆播种面积增加，大豆产量将从上年度减产中大幅增加；阿根廷大豆受干旱天气影响，生长状况不佳，后期大豆产量有继续下调的可能。2023年5月美国将种植新年度大豆，虽然美豆价格处于历史较高水平，但大豆玉米比价仍然偏低，并不利于大豆种植，预计大豆播种面积或将下降，美豆供应仍然偏紧。从需求端看，随着疫情在全球范围内的结束，美联储加息逐渐接近尾声，全球经济增速有望加快，利好大豆消费；此外，生物柴油的发展，将成为推动未来大豆需求增长的新动力。整体看，2023年全球大豆供需格局将趋于宽松，预计美豆价格运行重心将下移，但后期天气、地缘政治、财政货币政策和各国生物柴油政策的不确定性将继续影响全球大豆供需形势和价格走势。

三、国内大豆市场

（一）国内大豆产量创历史最高纪录

2022年我国大豆产量大幅增加，主要是因为上年产大豆种植利润较好，且东北地区生产者补贴向大豆倾斜，继续实施大豆玉米轮作补贴政策，鼓励农民改种，增加大豆播种面积。另外，农业部门在四川、安徽等全国16个省份推广大豆玉米带状复合种植技术，增加大豆播种面积，为增产奠定了良好的基础，加上大豆生长期天气状况良好，单产好于上年，全国大豆单产、面积和产量“三增”。国家统计局数据显示，2022年我国大豆播种面积达到1025万公顷，同比增加183万公顷，增幅为21.7%。单产为1.98吨/公顷，同比增长1.65%；总产量为2029万吨，同比增加389万吨，增幅为23.7%，创历史最高纪录。其中，黑龙江大豆产量为955万吨，同比增长32.8%，占全国总产量的47.1%，增幅占全国的六成以上。内蒙古产量为219万吨，同比增长30%，占全国总产量的10.8%；四川省产量为120万吨，同比增长14.5%，占全国总产量的5.9%，三省合计占全国的63.8%，其他省产量均在100万吨以下。

国产大豆主要用于食用消费，在产量大幅增加，食用消费需求疲软，尽管大豆压榨利润增加，刺激油厂开工，但产能有限，一时难以消化增产量，2022 年新季大豆上市以后，价格持续走低。1 月 27 日，黑龙江大豆收购价为 5200 ~ 5400 元/吨，比开秤价格下降 700 元/吨左右，比上年同期下跌 750 元/吨，而玉米价格同比上涨约 300 元/吨，黑龙江大豆播种面积约占全国的一半。尽管黑龙江大豆生产者补贴比玉米生产者高 220 元/吨，但由于大豆价格下跌，种植收益比玉米低 100 ~ 140 元/亩，且部分地区农户已经开始亏损，2023 年稳定大豆种植面积面临较大困难。

（二）全球大豆供应紧张抑制进口需求

2022 年我国进口大豆 9108 万吨，较上年的 9652 万吨减少 546 万吨，减幅为 5.7%，较 2020 年减少 9.2%。大豆进口量减少主要原因：一是前三季度全球大豆供应紧张，国际大豆价格持续高位运行，2022 年 2—6 月美国 CBOT 大豆期价一直维持在 1500 美分/蒲式耳以上，最高曾达到 2008 年以来的高位 1760 美分/蒲式耳，大豆进口成本高企，油厂压榨持续亏损，企业采购较为谨慎，部分油厂通过消化库存等方式减少进口。第四季度美国大豆上市后，国际市场供应增加，中国进口量仅较上年同期减少 51 万吨。二是国内生猪养殖利润下滑，2022 年 1—5 月生猪养殖持续亏损，加上豆粕价格高企，饲料企业纷纷减少用量，下半年尽管养殖利润好转，但豆粕价格居高不下，饲料中豆粕添加比例一度下滑，拖累大豆进口需求。三是国家有关部门持续推广玉米大豆减量替代方案，饲料企业逐渐将配方结构由“玉米豆粕型”转为“氨基酸平衡型”，节约了蛋白粕消费量。

2022 年我国大豆进口主要来自巴西、美国、阿根廷等新大陆国家，其中自美国进口 2955 万吨，同比减少 8.6%，占进口总量的 32.4%；自巴西进口 5440 万吨，同比减少 6.5%，占进口总量的 59.7%；自阿根廷进口 365 万吨，同比减少 2.6%，占进口总量的 4.0%。自乌拉圭进口 179 万吨，同比增长 106.5%，成为主要出口国中来源增幅最大的国家，乌拉圭大豆产量在 200 万 ~ 300 万吨，几乎全部用于出口。2023 年国内生猪存栏处于高位，拉动豆粕消费需求恢复性增加。尽管国内大豆产量大幅增加，但由于国产大豆成本较高，压榨用量增幅有限，主要还是依赖进口满足需求，预计 2023 年度我国进口大豆 9500 万吨，同比增长 4.3%。

（三）生猪存栏维持高位带动豆粕消费需求

2022 年我国生猪生产总体稳定，全年生猪出栏 69995 万头，同比增长 4.3%，增速有所放缓，猪肉产量 5541 万吨，同比增长 4.6%。家禽生产稳步增长，禽肉禽蛋产量增加，全年家禽出栏 161.4 亿只，同比增长 2.5%；禽肉产量 2443 万吨，同比增长 2.6%；禽蛋产量 3456 万吨，同比增长 1.4%；牛羊生产较为稳定，牛奶生产持续增长。畜禽养殖总体稳定，带动工业饲料消费需求。中国饲料工业协会数据显示，1—11月份我国工业饲料总产量为26830万吨，同比略增0.1%，符合市场预期。2022年上半年南美大豆大幅减产，国际市场供应紧张，大豆进口成本高企支撑豆粕价格高位运行，饲料企业纷纷下调蛋白添加比例，抑制了国内消费需求，大豆进口有所放缓，随着第四季度美国大豆上市，大豆进口已经明显恢复。

2022年末全国生猪存栏45256万头，同比增加333万头，增长0.7%。其中能繁母猪存栏4390万头，同比增加62万头，增长1.4%。能繁母猪存栏已相当于4100万头正常保有量的107.1%，高于合理区间上沿的105%，而且2022年母猪生产能力提高，有机构调研数据显示，每头母猪提供的新生仔猪数比2021年多1.1头，按照全国能繁母猪存栏推算，2023年上半年国内生猪存栏量还将维持高位，这将有利于增加饲料消费需求，但养殖利润下滑，豆粕价格高企，饲料中豆粕添加比例预期下调，限制豆粕消费增幅。预计2022/2023年我国蛋白粕饲用消费将达到9500万吨，其中豆粕饲用消费7360万吨。

（四）2023年大豆市场展望

2020年5月份以来，全球油脂油料市场经历了两年的牛市行情，到2022年6月初，国际市场大豆、豆油、油菜籽、棕榈油等价格均升至历史高位，部分品种刷新历史最高纪录。油籽油料种植收益丰厚，各国农民纷纷增加投入，加大油料生产。2022/2023年度全球大豆播种面积预计增长3.1%，油菜增长6.0%，油菜籽增产1000万吨已经实现，预计大豆增加接近3000万吨。目前巴西大豆已经陆续开始收割，市场预计巴西大豆产量将达到1.52亿~1.55亿吨，远高于上年的1.295亿吨，巴拉圭大豆产量将恢复至1000万吨，同比增加550万吨，尽管阿根廷大豆产区受到干旱天气的不利影响，产量预估可能下滑，但不足以影响全球大豆供应转向宽松的格局，预计南美大豆集中上市后，国际市场大豆价格将震荡下行，国内豆粕价格已经跟随走低。

2022年国产大豆增产较多，在食用需求有限，榨油需求短期难以大幅增加的情况下，国产大豆产量增量短期内较难得到消化，叠加南美大豆大幅增产预期，消化供应压力将传导至2023年，在供应过剩的情况下，预计2023年上半年国产大豆走势偏弱。但也要看到，随着疫情防控政策不断优化，物流趋于正常，餐饮行业复苏，预计2023年国产大豆需求呈现“前低后高”态势。受产量和需求预期变化影响，2023年预计国产大豆价格或将呈现“先抑后扬”走势。

（撰稿人：国家粮油信息中心　王辽卫　郑祖庭）

第五节　棉　花

我们对大宗商品价格趋势的分析框架，主要基于三个维度展开：宏观维度、资金维度和基本面维度。

第一维度是宏观维度，即把大宗商品价格趋势置于宏观经济的大环境下进行分析。宏观经济政策和货币政策环境对大宗商品价格趋势产生深远影响，大宗商品价格趋势脱离不了宏观经济和货币政策环境而独立运行。就宏观与大宗商品的关系而言，宏观影响大宗商品价格运行的节奏。

第二维度是资金维度，即从资产配置和资金流动性角度观察大宗商品的金融属性。在一定时间段内，资金总是流向价值被严重低估的资产领域，流出价值被严重高估的资产领域。就资金与大宗商品的关系而言，资金影响大宗商品阶段性的局部走势。

第三维度是基本面维度，即从供需格局维度分析大宗商品价格趋势。从长周期来看，供需格局是决定价格趋势方向的核心因素，大宗商品的长期趋势总是由以供需格局为核心的基本面决定的。

第一维度和第二维度有大量的量化指标和跟踪数据可用以进行持续观察，本节篇幅有限，对此不重点介绍，但就当前棉花年度和新棉花年度而言，第一维度和第二维度对棉花趋势影响的权重较大，是不可忽视的因素，因此，本节就第一维度和第二维度仍做简单说明。本节重点对第三维度（基本面维度）进行重点解析和说明。

一、第一维度——宏观环境

2020 年一季度全球新冠疫情暴发和蔓延，为应对突如其来的疫情对经济社会的冲击，全球主要经济体纷纷采取了极度宽松的货币政策，货币宽松程度远超 2008 年国际金融危机时的货币政策，疫情期间财政政策也不断加码，加上特朗普政府执政后采取的逆全球化措施、新冠疫情导致的全球供应链和贸易运输不畅，全球主要经济体的高通胀随之发生；为抑制四十年来创纪录的通胀水平，美联储开始采取一系列紧缩措施：Taper（2021 年 11 月至 2022 年 3 月）、加息（2022 年 3 月 16 日至 2023 年 3 月 22 日连续九次加息，基准利率至 5. 00%）、央行资产负债表缩表（2022 年 5 月至 2023 年 4 月持续缩表）、M2 增速快速下降（2021 年 3 月至 2023 年 3 月美国货币同比增速由两位数增长转为同比负增长），欧洲央行和 G20 大部分国家采取类似的紧缩政策，截至 2023 年 4 月份全球主要经济体货币政策总体持续紧缩；俄乌冲突于2022年2月24日爆发，这场冲突导致本已高企的全球通胀水平火上添油，供给端因素抬高通胀水平使紧缩政策难以收手；持续加息为疫情后缓慢恢复的全球经济增长前景埋上阴影，全球消费者信心受到打击，这些因素将对全球经济增长产生负反馈。

全球主要经济体高通胀，央行货币政策持续紧缩，消费者信心受到打击，全球生产和消费会受到抑制，这将对全球经济持续增长形成负反馈。当市场焦点聚集于通胀水平时，市场行为会处于商品价格持续高涨的亢奋状态，俄乌冲突为这种亢奋状态增添新的题材，这种亢奋状态持续至2022年6月份前后；所有游戏都有曲终人散的时刻，当市场主体难以忍受极高通胀水平，当市场焦点聚集于负反馈机制时，市场亢奋状态将走向它的反面，2022年3月份美联储连续加息一定程度上冷却了这种亢奋状态，市场开始不断接受负反馈因素冲击，商品价格波动范围大幅扩大。棉花价格的演绎正是在这样复杂的宏观环境中进行的，棉花价格在这种亢奋状态中于2022年上半年持续维持在21000元/吨左右高位波动，2022年6月之后开始与大宗商品一道演绎曲终人散的逻辑而大幅下跌，2022年底至今（2023年4月份）总体演绎估值回归的逻辑，2023年4月份至新棉上市前棉花被需求逻辑主导，同时不断受到宏观因素干扰。

以下就宏观环境问题做简单说明。

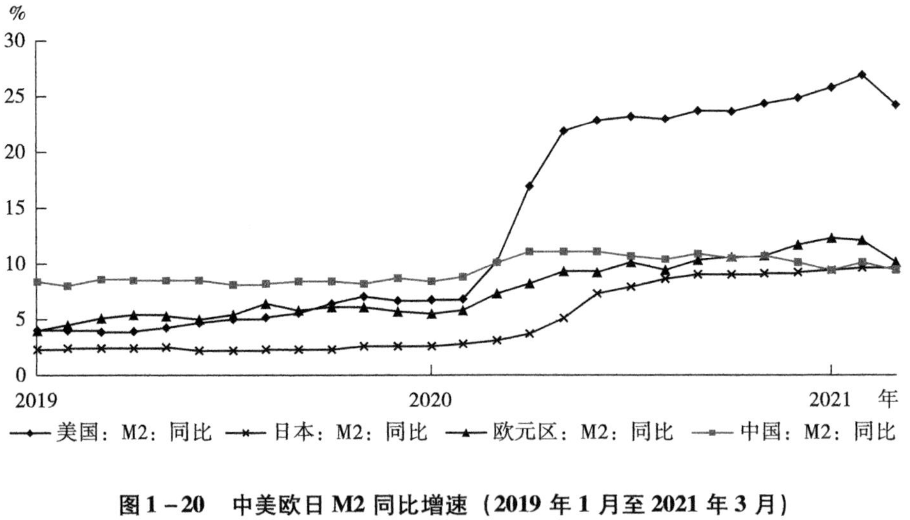

图1-20　中美欧日M2同比增速（2019年1月至2021年3月）

（资料来源：Wind、中州期货研究所）

（一）新冠疫情后全球主要经济体货币政策极度宽松

美欧日货币M2增速自2020年3月份开始同步扩大，2021年2月美国M2创历史最高同比增速（26.99%），2021年1月欧元M2创造自1999年1月1日其创始以来最

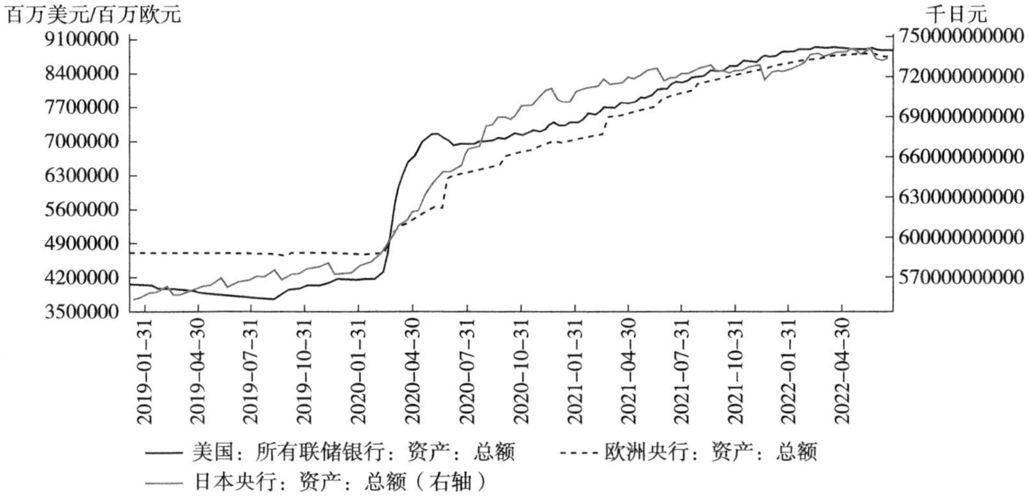

图1-21 美欧日央行资产负债表（2019年月至2022年6月）

（资料来源：Wind、中州期货研究所）

高同比增速（12.40%），2021年2月日本M2创造1990年11月以来31年最高同比增速（9.60%）；随后美欧日M2环比增速开始持续回落。

2020年3月3日至15日，美联储不足半个月时间内两次累计紧急降息1.5%至基准利率下限零利率附近；从2020年3月份开始，美欧日央行也同步开始大幅扩张资产负债表，美联储三个月时间资产负债表规模扩表72%。

以美欧日为代表的全球主要经济体极度宽松货币政策的后遗症逐步显现，高通胀水平随之而来。

（二）货币宽松导致通胀水平高企

2017年特朗普政府执政以来就在逆全球化道路上狂飙，对北美自由贸易区条件重新谈判，对欧洲盟友和日韩增加进口关税，2018年3月份对华发动贸易战，这些措施提高了国际贸易终端产品价格，从而对全球经济增长产生负面影响；2020年1月份新冠疫情暴发，全球主要经济体（主要是美欧日英）央行采取了极度宽松的货币政策，这是高通胀产生的主要因素；逆全球化增加进口成本、高油价导致国际贸易运输成本成倍飙升，在上述因素的加持下，2022年2月24日爆发的俄乌冲突导致国际能源价格再上台阶，在货币政策和现实因素双重加持下通胀预期高企。①

① 2022年上半年以来G20主要国家开始采取系列压低通胀的措施，但截至2023年3月数据，美欧日CPI和核心CPI衡量的通胀水平仍属于近40年来相对高位水平。

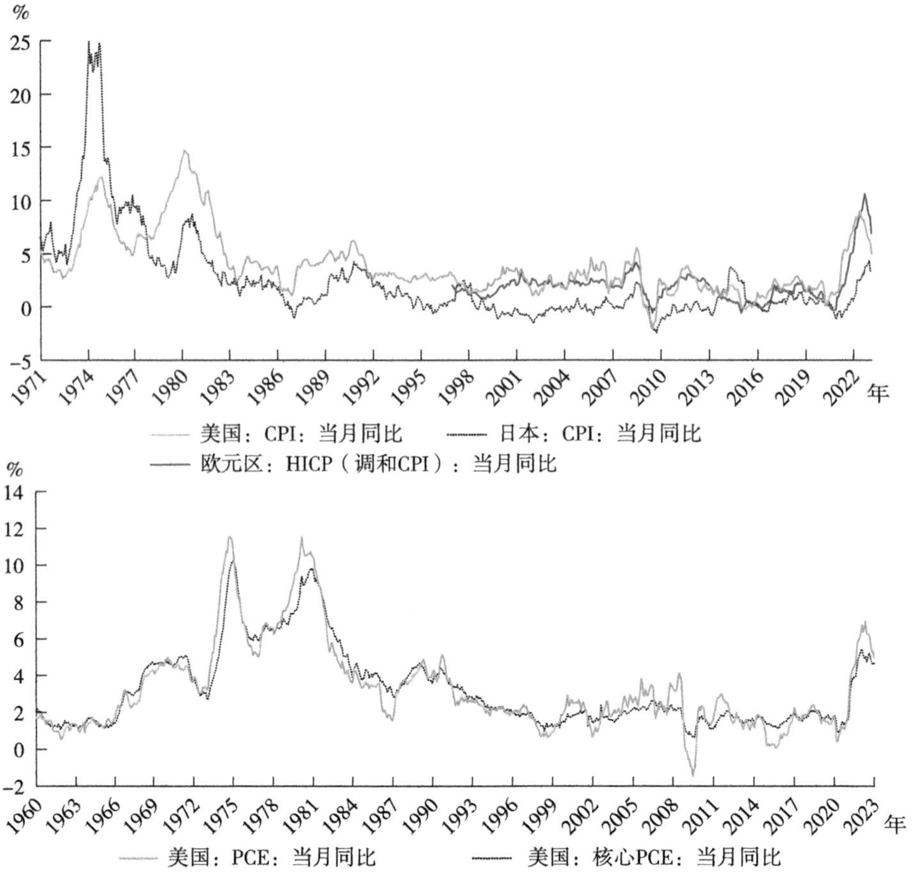

图1－22　美国CPI及PCE

（资料来源：Wind、中州期货研究所）

（三）全球主要经济体货币政策开始边际收缩

为控制高企的通胀水平，不管是发达国家还是新兴经济体的央行在货币政策取向上开始边际紧缩，采取连续加息的方式抑制通胀。美联储于2022年3月份退出量化宽松的央行购债计划（QE）且同时启动自2018年12月以来首次加息，截至2023年3月份已连续9次加息至基准利率上限5.00%，且于2022年5月份开始启动央行资产负债表缩表措施；欧洲央行自2022年7月开始首次加息，结束欧元2016年3月份以来的零利率政策，截至2023年3月已连续6次加息至基准利率上限3.50%，欧洲央行于2022年5月份同步启动资产负债表缩表措施；英国央行在发达经济体中自2021年12月率先启动加息动作，截至2023年3月已经连续11次加息；新兴经济体自2020年下半年以来已多次加息。各国央行这种连续加息动作和货币政策边际紧缩取向，对抑制通胀有一定效果，但对全球经济增长和资产价格会产生负面影响，利率达到一定临界水平后对生产活动和消费者信心产生抑制效果。本次通胀高企，有逆全球化的后遗症影响，有疫情导致的生产和供应错配，有俄乌冲突火上添油的推动，这些都是供给端因素对通胀的推动作用，因此，各国央行通过加息方式控制通胀措施的边际效果将降低。

表 1－3　　全球主要经济体利率水平

国家和地区	日期	加息点数（基点）	目前利率水平（%）	备注
美国	2023－03－22	25	5	2022 年 3 月以来 9 次加息
欧盟	2023－03－22	50	3.5	2022 年 7 月以来 6 次加息
英国	2023－03－23	25	4.25	2021 年 12 月以来 11 次加息
加拿大	2022－10－27	25	4.75	2022 年 3 月以来 8 次加息
新西兰	2023－02－22	50	4.75	2020 年 10 月以来 10 次加息
澳大利亚	2023－03－08	25	3.6	2020 年 5 月以来 10 次加息
印度	2023－02－08	25	6.5	2020 年 5 月以来 6 次加息
土耳其	2023－02－24	－50	7	2021 年 9 月以来 9 次降息
巴西	2022－08－04	50	13.75	2020 年 3 月以来 12 次加息
俄罗斯	2022－02－28	1150	20	2021 年 3 月以来 8 次加息（其中，2022 年 2 月单次加息 11.5%）
	2022－09－19	－50	7.5	2022 年 4 月以来 6 次降息（前三次每次降息 300 个基点）
波兰	2022－09－15	25	6.75	2021 年 10 月以来 10 次加息
韩国	2023－01－13	25	3.5	2021 年 8 月以来 10 次加息
沙特阿拉伯	2023－02－28	25	5.25	2022 年 1 月以来 9 次加息
墨西哥	2023－02－10	50	11	2021 年 8 月以来 13 次加息
南非	2022－09－23	25	7.25	2021 年 11 月以来 7 次加息
阿根廷	2023－03－16	300	78	2022 年 1 月以来 10 次加息（每次 200 个基点以上）
智利	2022－10－13	50	11.25	2021 年 11 月以来 8 次加息
中国香港	2023－03－22	25	5.25	2022 年 3 月以来 9 次加息

资料来源：中州期货研究所根据相关资料整理。

（四）未来经济增长预期受到打击

由于全球主要经济体货币政策持续紧缩，财政政策受赤字率约束短期宽松概率极小，持续高企的通胀水平打击消费者信心，持续高利率抑制资本投资增长，加上欧美主要市场偶尔爆发的银行业危机事件不断触动市场情绪，全球主要发达经济体消费者信心指数自 2021 年下半年以来开始持续下滑。根据纽约联储月频公布的未来 12 个月美国经济衰退概率数据，20 世纪 80 年代以来，纽约联储公布的未来 12 个月经济衰退概率超过 30% 以上时一般都发生真实的经济衰退现象。2023 年 3 月纽约联储认为未来 12 个月经济衰退的概率是 57.77%，该概率水平是 20 世纪 80 年代以来公布衰退概率的最高水平，反映出未来美国经济增长可能面临较大困境。这种外部宏观经济风险对大宗商品并不十分友好，需要予以关注。

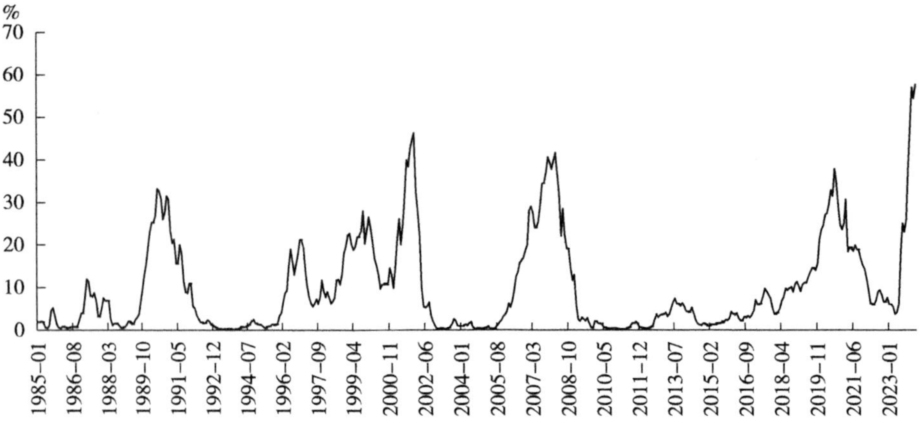

图 1-23　纽约联储公布的未来 12 个月经济衰退概率（1985—2023 年）

（资料来源：Wind、中州期货研究所）

（五）衰退周期抑制商品价格

经济周期一般将经历复苏、过热、滞胀和衰退阶段，衰退期是对大宗商品最不友

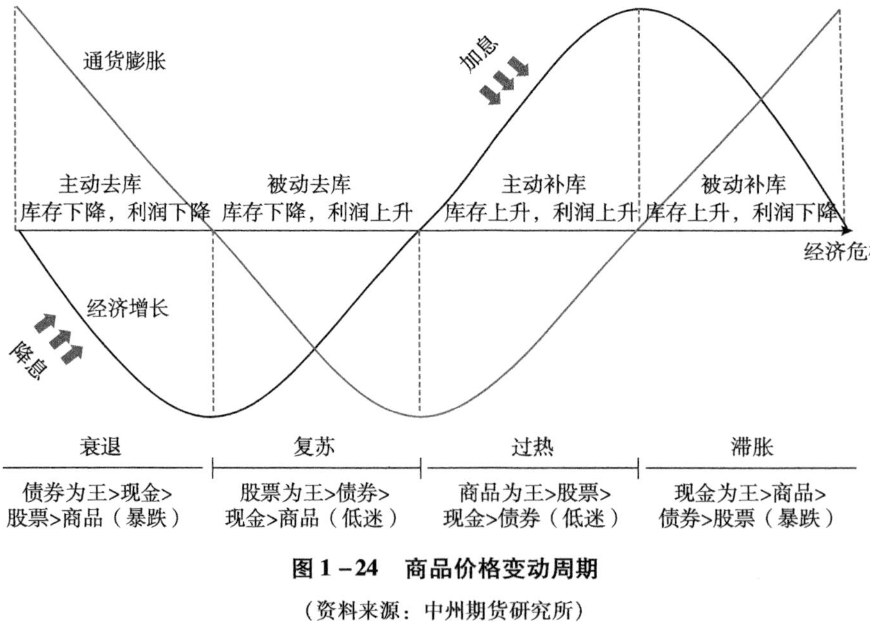

图 1-24　商品价格变动周期

（资料来源：中州期货研究所）

好的阶段。从资产配置角度看，经济衰退期是债券为王，大宗商品是下跌资产，更适合空头配置。

综上所述，全球通胀水平自2022年底以来有所回落，但仍处于历史高位水平，同时欧美各国就业市场相当充分，这些现实情况都导致主要经济体的货币紧缩措施难以短期转向；全球主要经济体经过近一年的加息和货币紧缩，经济增速、资本支出和消费者信心明显受到抑制，对未来衰退预期的市场情绪不断加重。总之，外围市场宏观政策取向和市场情绪对大宗商品长期走势并不十分友好，未来一段时间大宗商品走势将在产业短期矛盾和宏观预期的双重因素影响下蹒跚前行。棉花价格在这样的宏观环境下演绎，产业逻辑主导棉花价格长期走势，但宏观因素影响棉花价格阶段性走势，因此，本节先对宏观环境做以上分析解读。

二、第二维度——资金及估值

商品估值是观察其金融属性，即从估值角度观察该商品是否有投资价值。我们从三个方面观察商品估值水平：（1）横向的商品类别比较（由于篇幅限制，本节不做分析介绍）；（2）纵向的历史价格比较；（3）生产成本的价值偏离度比较。

本节仅对纵向的历史价格比较和生产成本的价值偏离度比较进行简单说明。

（一）纵向的历史价格比较

1975年初至今的48年来，洲际交易所（ICE）棉花价格绝大部分时间维持在40～95美分/磅区间波动，接近或低于40美分/磅是ICE棉花价格的绝对低价区，接近或高于95美分/磅是ICE棉花价格的绝对高价区。48年来高于95美分/磅且有持续时间的只有两个时间段：（1）2010年9月中旬至2011年11月中旬；（2）2021年9月下旬至2022年9月中旬。当前（2023年4月）ICE棉花价格在82美分/磅附近，从纵向历史价格比较来看仍属于近年来中轴价格稍偏上位置。

2000年至今，中国棉花价格绝大部分时间维持在10000～17500元/吨区间波动，接近或低于10000元/吨是中国棉花的绝对低价区，接近或高于17500元/吨是中国棉花价格的绝对高价区。2000年至今高于17500元/吨且有持续时间有三个时间段：（1）2010年8月下旬至2011年11月中旬（与ICE高价区时间相匹配）。（2）2011年11月下旬至2014年3月中旬（2011—2013年国家连续敞开收储导致国内棉价高企，2014年开始执行新疆棉直补政策导致棉价跌破17500元/吨高价区；这段长期维持高价区的时间段属于政策导致，非市场行为）。（3）2021年8月上旬至2022年6月下旬。当前（2023年4月）郑州棉花价格指数在14800元/吨附近，从纵向历史价格比较来看属于近年来中轴价格稍偏下位置。

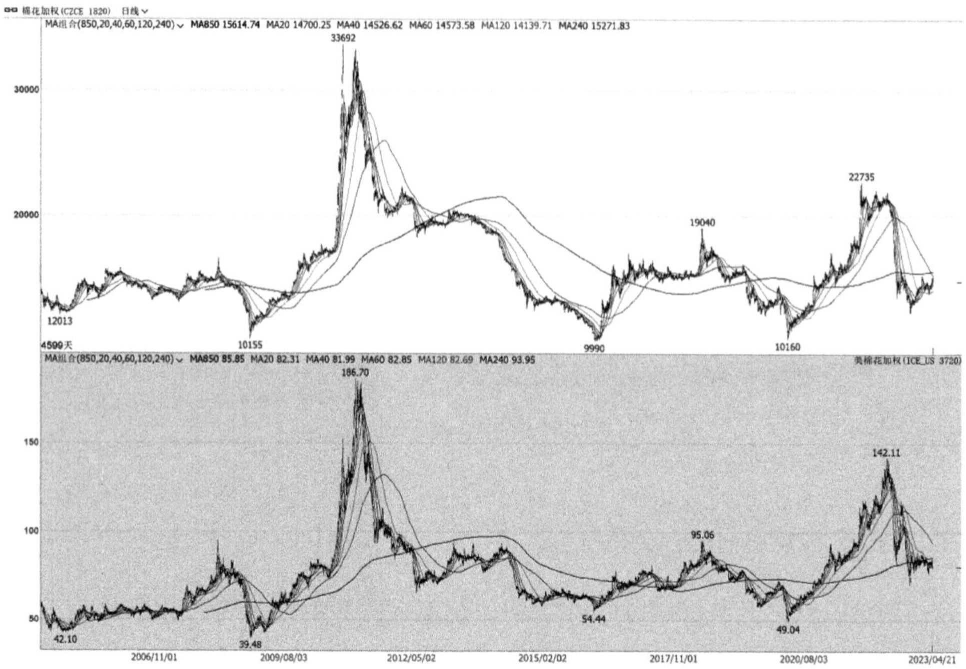

图 1-25　历史价格比较

（资料来源：Wind、中州期货研究所）

综上所述，ICE 棉花和中国棉花价格从纵向历史比较来看都属于近年来价格运行区间的中轴上下位置，并非严重偏离中轴位置水平，当前估值水平的矛盾并不突出。判断棉花价格未来方向的关键是基本面因素，即本节分析的棉花供需格局等因素。

（二）生产成本的价值偏离度比较

棉花价格长期维持在一定的价格区间，其内在逻辑是生产成本和利润制约，即棉花生产有相对稳定的成本，棉花价格长期高于生产成本导致高利润会刺激植棉面积增加从而抑制棉花价格继续上涨，棉花价格长期低于生产成本造成大亏损会刺激植棉面积减少从而阻断棉花价格持续下跌。因此，棉花价格偏离棉花生产成本的程度成为判断棉花估值高低的重要参考因素。

1. 新疆机采棉种植成本

中国棉花播种面积 80% 以上在新疆，新疆棉花产量的全国占比超过 90%，因此，中国棉花种植成本的跟踪研究主要是对新疆棉花种植成本的跟踪研究；新疆地方棉花 70% 以上是机采棉，兵团棉花 100% 是机采棉，因此，中国棉花种植成本的跟踪研究主要是对新疆机采棉种植成本的跟踪研究。

表1－4　　2022年中国植棉成本调查表

项目	新疆外地区		新疆地方				新疆兵团	
	手摘棉（元/亩）	同比增长（%）	手摘棉（元/亩）	同比增长（%）	机采棉（元/亩）	同比增长（%）	机采棉（元/亩）	同比增长（%）
租地植棉总成本	1622	8.7	3496	18.8	2755	23.7	2981	21.1
自有土地植棉总成本	1041	12.3	2336	9.4	1595	12.3	1781	7.7
土地成本（租地费用）	581	2.8	1160	43.6	1160	43.6	1200	48.5
生产总成本	648	9.8	926	12.8	926	12.8	1048	9.7
其中：棉种	71	14.5	64	14.3	64	14.3	56	-1.8
地膜	47	14.6	65	1.6	65	1.6	121	0.8
农药	129	6.6	126	14.6	126	14.6	149	25.2
化肥	308	12.4	448	19.5	448	19.5	464	13.7
水电费	93	1.1	223	3.7	223	3.7	257	2.4
人工总成本	217	16.7	1149	5.7	169	9.0	155	11.5
其中：田间管理费	151	17.1	169	9.0	169	9.0	155	11.5
灌溉/滴灌人工费	66	15.8	98	36.1	—	—	—	—
拾花用工费	—	—	882	2.6	—	—	—	—
机械作业总成本	86	10.3	181	4.6	420	8.0	457	3.2
其中：机械拾花费	—	—	—	—	239	10.7	242	11.0
其他成本	90	21.6	80	45.5	80	45.5	121	3.4

注：调查时间：2022年12月。

资料来源：国家棉花市场监测系统。

2022年新疆机采棉种植成本为2755～2981元/亩（平均成本为2868元/亩），新疆南疆机采棉籽棉单产为350～430公斤/亩，新疆北疆机采棉籽棉单产为420～500公斤/亩（北疆机采棉籽棉单产相对偏高一些），新疆机采棉籽棉单产总体为350～500公斤/亩，新疆机采棉籽棉平均单产为425公斤/亩。按上述数据，则2022年新疆机采棉籽棉种植保本成本为5.51～8.52元/公斤（平均为6.75元/公斤）。

按照机采棉籽棉得率48%、平均衣分38%、棉籽成本3.0元/公斤和加工费1000元/吨等条件核算新疆机采棉皮棉成本，则2022年新疆皮棉直接生产成本为11711～19632元/吨（市场机构公布的2022年度新疆皮棉平均收购加工成本在13000元/吨以内），若再加上短途运输、入库公检、仓储费、收购人员工资、工厂折旧和资金利息等合计增加1000元/吨额外成本，2022年新疆机采棉皮棉保本生产成本为12711～20632元/吨（最高保本成本和最低保本成本的平均保本成本是14974元/吨）。

2. 新疆机采棉加工成本

新疆棉花种植成本与新疆棉花加工成本是两个概念，种植成本代表新疆种植户在棉花种植过程中的直接投入，种植户通过售出籽棉兑现种植收益；加工成本代表新疆棉花加工厂的籽棉收购和皮棉加工资金投入，是加工厂从种植户手中收购籽棉加工成皮棉，从而完成皮棉成本固定的过程。目前，新疆全疆皮棉加工产能超过1300万吨，而新疆皮棉年度加工量（产量）2022年度创历史纪录达到620万吨。新疆棉花加工产能严重过剩，这导致每年9月中旬至次年2月新疆籽棉收购时节都出现新疆加工厂对籽棉的抢收现象，2021年度新疆籽棉经历抢收后，2022年度新疆籽棉收购相对理性。

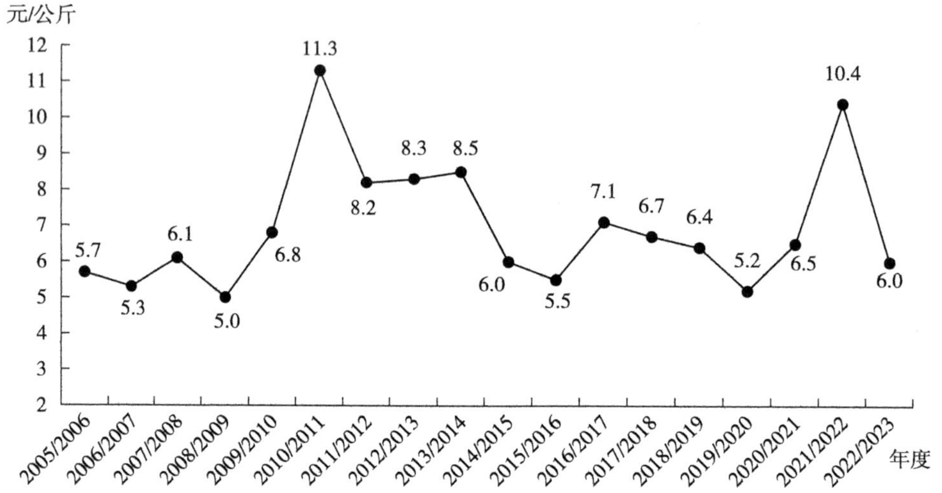

图1－26　2005—2022年度新疆机采棉籽棉平均收购成本

（资料来源：中国棉花信息网、中州期货研究所）

三、第三维度——供需基本面

此部分介绍棉花基本面情况，主要包括全球棉花供需平衡表、中国棉花供需平衡表、外围市场棉花供需平衡表、棉花产业政策、产业链状况等。

（一）全球供需平衡表

2016年度和2017年度全球产量连续两位数增长（分别增长10.94%和16.59%），2018年度降幅为4.73%，2019年度增长1.42%，2020年度降幅为7.24%，2021年度增幅为4.07%，2022年度产量与上年基本持平；2012年度至2017年度需求连年增长，2018年度降幅为3.0%，2019年度消费再降13.06%（即341万吨），2020年度消费增长18.30%（即416万吨，恢复到2017年度水平），2021年度下降5.70%，2022年度再度下降5.24%；全球供需也由2015年度、2016年度的缺口372万吨、209万吨转为

表 1－5　　2001—2022 年度全球棉花产销存状况表　　单位：万吨、%

	2001/2002	2002/2003	2003/2004	2004/2005	2005/2006	2006/2007	2007/2008	2008/2009	2009/2010	2010/2011	2011/2012
期初库存	1076	1187	1037	1047	1319	1348	1356	1326	1340	1027	1097
全球产量	2149	1981	2106	2647	2535	2652	2605	2335	2237	2547	2778
全球消费量	2056	2142	2135	2375	2543	2696	2692	2398	2589	2497	2264
全球进出口	635	663	723	762	977	828	856	666	800	793	988
全球期末库存	1187	1037	1047	1319	1348	1356	1326	1340	1026	1097	1611
库存消费比	57.70	48.40	49	55.50	53	50.30	49.30	55.90	39.30	43.00	71.16
供需缺口	93	－161	－29	272	－8	－44	－87	－63	－352	50	514
	2012/2013	2013/2014	2014/2015	2015/2016	2016/2017	2017/2018	2018/2019	2019/2020	2020/2021	2021/2022	2022/2023
期初库存	1611	1976	2243	2327	1964	1748	1801	1796	2138	1879	1877
全球产量	2694	2621	2596	2094	2323	2708	2580	2616	2427	2526	2524
全球消费量	2344	2394	2444	2465	2531	2691	2610	2269	2685	2532	2399
全球进出口	1012	897	785	772	825	905	925	886	1060	930	846
全球期末库存	1976	2243	2327	1964	1748	1801	1796	2138	1879	1877	2003
库存消费比	84.32	93.69	95.21	79.65	69.07	66.93	68.82	94.21	69.98	74.16	83.51
供需缺口	350	227	152	－372	－209	17	－30	347	－258	－6	125

注：USDA 统计口径，统计时间为 2023 年 4 月。

资料来源：美国农业部（USDA）、中州期货研究所。

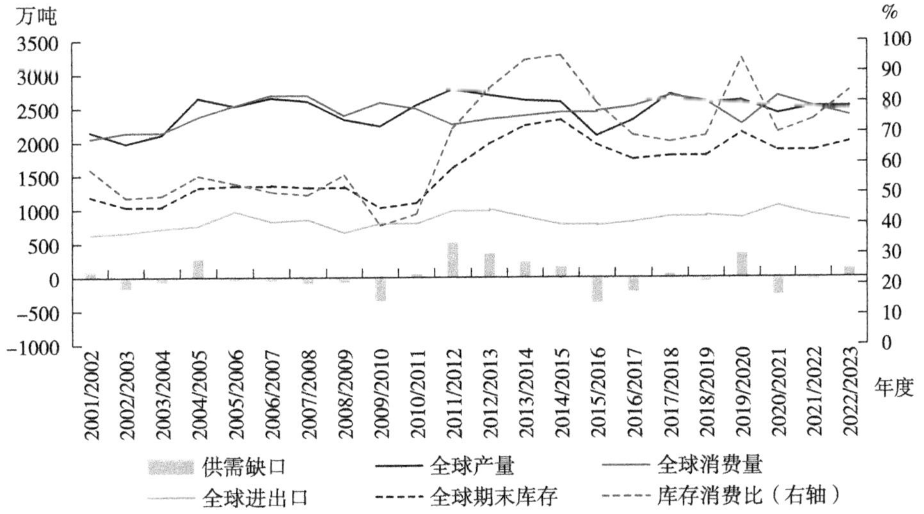

图 1－27　全球棉花供需及进出口（2001—2022 年度）

（资料来源：USDA、中州期货研究所）

2017 年度的过剩 17 万吨，2018 年度缺口再度达到 30 万吨，2019 年度过剩 347 万吨（历史第三高过剩），2020 年度缺口为 258 万吨（历史次高缺口），2021 年度缺口缩窄至 6 万吨，2022 年度过剩 125 万吨；全球库存消费比水平由 2014 年度开始持续下降，由当年的 95.21% 下降至 2017 年度的 66.93%，2018 年度微幅升高至 68.82%，2019 年度库存消费比再达历史纪录附近（至 94.21%），2020 年度库存消费比下降至 69.98%，2021 年度至 2022 年度库存消费比连续两年攀升（至 83.51%），重新达到历史高位水平。

（二）中国供需平衡表

中国经历 2013—2015 年度连续三年减产，2016—2018 年度连续三年产量增长（2016 年度增长 3.4%，2017 年度增长 20.88%，2018 年度小幅增长 1.82%），2019 年度小幅减产 1.95%，2020 年度产量增产 7.83%，2021 年度减产 9.46%，2022 年度增产 13.81%；2010—2013 年度连续四年消费下降，2014—2017 连续四个年度消费增长，2018 年度消费下降至 860 万吨（降幅 3.66%），低于正常年份的平均水平（正常年份平均水平为 899 万吨），2019 年度消费下降 13.92% 至 740 万吨，2020 年度增长 20.59% 至 893 万吨（恢复至 2017 年度水平），2021 年度消费下降 17.69% 至 735 万吨，2022 年度消费增长 8.15% 至 795 万吨；考虑进口，近年缺口逐年缩窄，2018 年度缺口为 41 万吨（进口 210 万吨），2019 年度过剩 13 万吨（进口 155 万吨），2020 年度过剩 32 万吨（进口 280 万吨），2021 年度过剩 19 万吨（进口 171 万吨），2022 年度过剩 27 万吨（进口 158 万吨）；2015—2018 年度中国期末库存和库存消费比持续降低，2019 年度库存消费比快速飙升至 106.89%，2020 年度下降但 2021 年度库存消费比再度升至 114.26% 的高位水平，2022 年度下降但仍处于高位水平（108.73%）。

表 1-6　　2001—2022 年度中国棉花产销存状况　　单位：万吨、%

年度	2001/2002	2002/2003	2003/2004	2004/2005	2005/2006	2006/2007	2007/2008	2008/2009	2009/2010	2010/2011	2011/2012
期初库存	429	410	381	413	400	491	447	446	465	310	231
产量	531	549	518	660	618	773	806	799	697	664	740
进口	10	68	192	139	420	231	251	152	237	261	534
总供给	970	1027	1091	1212	1438	1495	1504	1397	1399	1235	1505
消费	571	651	697	838	980	1089	1110	958	1089	1002	827
出口	1	1	1	1	1	1	1	1.16	1.52	1.85	1.47
期末库存	410	381	413	400	491	447	446	465	310	231	677
库存消费比	71.80	58.53	59.25	47.73	50.10	41.05	40.18	48.54	28.47	23.05	81.86
缺口 2	-30	-34	13	-39	58	-85	-53	-7	-155	-77	447

续表

年度	2012/2013	2013/2014	2014/2015	2015/2016	2016/2017	2017/2018	2018/2019	2019/2020	2020/2021	2021/2022	2022/2023
期初库存	677	1097	1365	1446	1235	1000	827	782	791	823	840
产量	762	713	653	479	495	599	610	598	645	584	664
进口	443	308	180	96	110	124	210	155	280	171	158
总供给	1882	2118	2199	2021	1839	1723	1647	1535	1716	1577	1662
消费	784	751	751	784	838	893	860	740	893	735	795
出口	1.09	1.09	1.09	1	1	1	1	1	2	3	4
期末库存	1097	1365	1446	1235	1000	827	782	791	823	840	864
库存消费比	139.92	181.77	192.51	157.50	119.28	92.66	90.92	106.89	92.18	114.26	108.73
缺口 2	421	269	82	-209	-233	-170	-41	13	32	19	27

注：USDA 统计口径，统计时间为 2023 年 4 月。

资料来源：USDA、中州期货研究所。

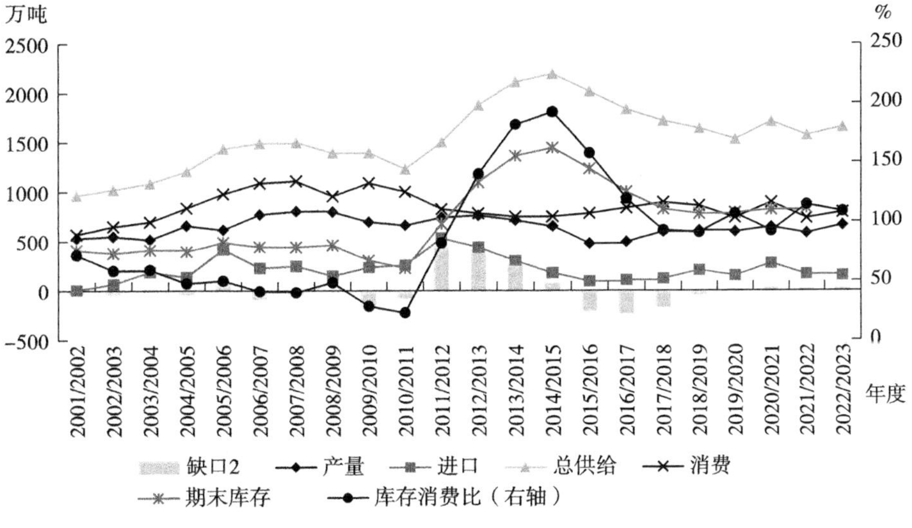

图 1-28　中国棉花供需及进出口（2001—2022 年度）

（资料来源：USDA、中州期货研究所）

（三）外围市场供需平衡表

我们把全球棉花市场分为两部分：中国市场和外围市场（中国以外的市场称为外围市场）。把全球棉花市场分为两个部分进行分析，既有利于客观看待国内市场状况，也能清晰透视国际市场供需格局。

表 1－7　　2001—2022 年度外围市场产销存状况　　单位：万吨、%

年度	2001/2002	2002/2003	2003/2004	2004/2005	2005/2006	2006/2007	2007/2008	2008/2009	2009/2010	2010/2011	2011/2012
期初库存	647	777	656	634	919	857	909	880	875	717	866
外围产量	1618	1432	1588	1987	1917	1879	1799	1536	1540	1883	2038
外围消费量	1485	1491	1438	1537	1563	1607	1582	1440	1500	1495	1437
外围进出口	625. 2	595	531	623	557	597	605	514	563	532	454
外围期末库存	777	656	634	919	857	909	880	875	716	866	934
库存消费比	52. 32	44. 00	44. 09	59. 79	54. 83	56. 57	55. 63	60. 76	47. 73	57. 93	65. 00
供需缺口 1	133	－59	150	450	354	272	217	96	40	388	601
供需缺口 1 占比	8. 96	－3. 96	10. 43	29. 28	22. 65	16. 93	13. 72	6. 67	2. 67	25. 95	41. 82
中国进口	10	68	192	139	420	231	251	152	237	261	534
市场缺口 2	123	－127	－42	311	－66	41	－34	－56	－197	127	67
市场缺口 2 占比	8. 30	－8. 52	－2. 92	20. 23	－4. 22	2. 55	－2. 15	－3. 89	－13. 13	8. 49	4. 66

年度	2012/2013	2013/2014	2014/2015	2015/2016	2016/2017	2017/2018	2018/2019	2019/2020	2020/2021	2021/2022	2022/2023
期初库存	934	879	877. 7	880. 5	729. 1	748. 6	974	1014	1346	1056	1038
外围产量	1932	1908	1942. 5	1614. 6	1827. 3	2109. 2	1970	2019	1783	1942	1860
外围消费量	1560	1642. 9	1692. 4	1681. 6	1693. 2	1798. 2	1750	1529	1792	1797	1604
外围进出口	569	589. 5	604. 8	675. 8	715	780. 3	715	731	780	759	688
外围期末库存	879	877. 7	880. 5	729. 1	748. 6	973. 7	1014	1346	1056	1038	1139
库存消费比	56. 35	53. 42	52. 03	43. 36	44. 21	54. 15	57. 96	88. 06	58. 92	57. 76	71. 02
供需缺口 1	372	265	250	－67	134	311	220	490	－9	146	256
供需缺口 1 占比	23. 85	16. 14	14. 78	－3. 98	7. 92	17. 30	12. 58	32. 04	－0. 52	8. 11	15. 94
中国进口	443	308	180	96	110	124	210	155	280	171	158
市场缺口 2	－71	－42	70	－163	24	187	10	334	－289	－25	98
市场缺口 2 占比	－4. 55	－2. 58	4. 12	－9. 69	1. 45	10. 38	0. 58	21. 87	－16. 14	－1. 39	6. 10

注：USDA 统计口径，统计时间为 2023 年 4 月。

缺口 1＝产量－消费；缺口 2＝产量－消费－中国进口。

资料来源：USDA、中州期货研究所。

2018 年度外围市场产量下跌（－6. 59%），2019 年度增长 2. 46% 至 2019 万吨（近 20 年来的次高水平），2020 年度下降 11. 70% 至 1783 万吨，2021 年度增长 8. 97% 至 1942 万吨（近 22 年平均产量为 1824 万吨），2022 年度下降 4. 25% 至 1860 万吨；外围

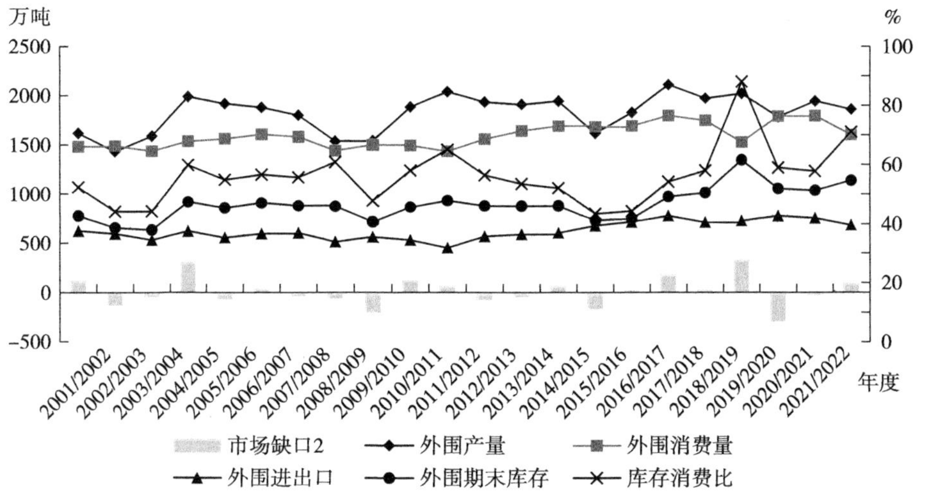

图 1－29　外围市场棉花供需及库存（2001—2022 年度）

（资料来源：USDA、中州期货研究所）

市场消费自 2012—2017 年度基本持续增长，2018—2019 年度消费连续两年下降至 1529 万吨（近 9 年来最低消费水平），2020 年度消费增长 17.20% 至 1792 万吨，2021 年度消费与上年基本持平（增长 0.27% 至 1797 万吨，近 22 年平均消费 1596 万吨），2022 年度消费下降 10.72% 至 1604 万吨；外围市场绝大部分情况是产量大于需求量，经中国因素（中国进口）调整后，外围市场期末库存基本平稳（700 万～1000 万吨），2019 年度期末库存为 1346 万吨（历史最高库存水平），2020 年度期末库存为 1056 万吨（历史第二高库存水平），2021 年期末库存 1038 万吨（历史第四高库存），2022 年度期末库存 1139 万吨（历史次高库存水平，近 22 年平均库存为 896 万吨）；外围市场正常年份平均水平的库存消费比为 53% 左右，2019 年度库存消费比攀升至 88.06%，2020 年度库存消费比降至 58.92%，2021 年度库存消费比略降至 57.76%，2022 年度库存消费比飙升至 71.02%；2016—2019 年度外围市场连续四年过剩，2019 年度过剩量为 334 万吨（历史最大过剩量），2020 年度缺口量为 289 万吨（历史最大缺口量），2021 年度缺口量缩小至 25 万吨，2022 年度过剩量为 98 万吨。

（四）中国供需平衡表——BCO 口径

上述平衡表采用 USDA（美国农业部）口径，这是进行全球供需平衡表趋势性分析和长周期规律研究的权威且全面的数据来源；针对中国供需平衡表的国别分析，我们采用中国棉花信息网平衡表口径（BCO 中国棉花产销存资源表数据），下面根据该口径对中国供需平衡表进行分析。

表1-8　　中国棉花供需平衡表　　单位：万吨、%

年度	2012/2013	2013/2014	2014/2015	2015/2016	2016/2017	2017/2018	2018/2019	2019/2020	2020/2021	2021/2022	2022/2023	2023/2024
期初库存	569	935	1202	1270	1042	775	592	543	524	562	581	640
产量	757	692	629	453	469	572	577	575	633	583	674	615
进口量	440	300	167	96	111	133	203	160	274	174	155	180
总供给	1766	1927	1998	1819	1622	1480	1372	1278	1431	1319	1410	1435
消费量	805	724	728	777	855	888	829	754	869	738	765	775
出口量	1	1	3	2	4	4	5	4	0	2	2	2
期末库存	935	1201	1270	1042	775	592	543	524	562	581	640	660
库存消费比1	116.15	165.88	174.45	134.11	90.64	66.67	65.50	69.50	64.67	78.73	83.66	85.16
国储库存	700	1095	1089	885	557	288	172	184	219	200	267	267
期末库存（除国储）	235	106	181	157	218	303	371	340	343	381	373	393
库存消费比2	29.19	14.64	24.86	20.21	25.50	34.12	44.75	45.13	39.52	51.66	48.74	50.69
供需缺口1	-48	-32	-99	-324	-386	-316	-252	-179	-236	-155	-91	-155
供需缺口2	392	268	68	-228	-275	-183	-49	-19	38	19	64	25

注：中国棉花信息网口径，统计时间为2023年4月。

库存消费比1=期末库存/消费，库存消费比2=（期末库存-国储库存）/消费，供需缺口1=产量-消费，供需缺口2=产量+进口-消费；国储库存数据为中州期货根据公开数据进行逻辑推算的预估数字。

资料来源：中国棉花信息网、中州期货研究所。

根据中国棉花信息网口径，2022年度国内产量大增9.51%至674万吨，进口略降至155万吨，年度库存达640万吨（含国储库存），库存消费比为83.66%，属于较高水平；2023年度，植棉面积缩减导致产量下降4.10%至615万吨，进口提升，新年度期末库存将达到660万吨，库存消费比将略增至85.16%。

（五）新疆棉花目标价格直接补贴政策

国储棉连续三年（2011—2013年）执行敞开无限量临时收储政策后，国家储备库积累了巨量国储棉花资源量。2014年度国家开始改变棉花补贴方式，并执行新疆棉花直接补贴政策。

1. 2014年度新疆棉花直接补贴政策

根据2014年中央一号文件关于启动新疆棉花目标价格改革试点的要求，2014年4月5日（棉花种植过程中）国家发展改革委、财政部、农业部联合发布2014年棉花目标价格为每吨19800元，对新疆地区的棉花生产者实行差价补贴。生产者按市场价格出售棉花，当市场价格低于目标价格时，国家给棉农补贴，以保护棉农棉花种植基本收益；当市场价格高于目标价格时，国家不发放补贴。

2. 2015 年度新疆棉花直接补贴政策

2014 年 4 月 7 日（棉花种植过程中）出台 2015 年度实施方案，目标价格为每吨 19100 元/吨；根据上年度执行过程中出现的问题，提出改进入库流程和手续，在提高效率的同时降低成本。

3. 2016 年度新疆棉花直接补贴政策

2016 年 3 月 18 日（棉花种植前）出台 2016 年度实施方案，目标价格为每吨 18600 元/吨；新疆地区按产量进行补贴，南疆四地州按面积进行补贴。

4. 2017—2019 年度新疆棉花直接补贴政策

目标价格水平三年一定，2017—2019 年度目标价格水平为 18600 元/吨；对新疆享受目标价格补贴的棉花数量进行上限管理，超出上限的不予补贴，补贴数量上限是基期（2012—2014 年度）全国棉花平均产量的 85%（国家统计局口径）。

表 1-9　　全国及新疆棉花产量（2012—2014 年度）

项目	全国（万吨）	新疆（万吨）	新疆/全国（%）
2012 年度	683	353.4	51.74
2013 年度	630	351.8	55.84
2014 年度	616.1	367.7	59.68
平均	643	358	55.68
85%	547		

资料来源：国家统计局、中州期货研究所。

按照上述规定，新疆棉花目标价格补贴的数量上限为 547 万吨，2017 年度新疆棉花产量为 500 万吨，2018 年度新疆棉花产量为 510 万吨，2019 年度新疆棉花产量为 500 万吨左右，2017—2019 年度新疆棉花产量一直未超过直补政策数量上限。

5. 2020—2022 年度新疆棉花直接补贴政策

2020 年 3 月 25 日，国家发展改革委和财政部联合下发了《国家发展改革委、财政部关于完善棉花目标价格政策的通知》，棉花目标价格水平按照近三年生产成本加合理收益确定，从 2020 年起，新疆棉花目标价格水平为 18600 元/吨，同步建立定期评估机制，每三年评估一次，根据评估结果视情况调整目标价格水平。如遇棉花市场发生重大变化，报请国务院同意后可及时调整目标价格水平。

6. 2023—2025 年度新疆棉花直接补贴政策

2023 年 4 月 14 日，国家发展改革委和财政部联合下发了《国家发展改革委、财政部关于完善棉花目标价格政策实施措施的通知》，继续按照生产成本加合理收益的作价原则确定目标价格水平，2023—2025 年新疆棉花目标价格水平为 18600 元/吨，如遇棉花形势重大变化，报请国务院同意后可及时调整价格水平。固定补贴产量 510 万吨，引导新疆棉花种植退出次宜棉区，鼓励优质优价。①

（六）棉花进口及内外棉价差

1. 棉花进口量

中国常年需进口棉花补充缺口，中国是棉花净进口国。中国对棉花进口实施配额制度，配额内的89.4万吨加征1%的进口关税，配额外统一加征40%的进口关税；在配额内和配额外中间，国家为了调整进口量也会发放滑准税配额，滑准税配额关税率介于1%和40%之间。

2015—2017年度进口配额均为89.4万吨的固定滑准税配额，因此进口量显著下滑至100万吨左右水平。2018年6月12日国家发展改革委发放80万吨滑准税配额，2019年4月12日国家发展改革委发放80万吨滑准税配额，2020年9月1日国家发展改革委发放40万吨滑准税配额，2021年4月30日国家发展改革委发放70万吨滑准税配额，2022年3月9日国家发展改革委发放40万吨滑准税配额。原则上当年申请的滑准税配额当年使用完毕，当年年底没有使用完毕的滑准税配额最长可延期到次年2月底。②

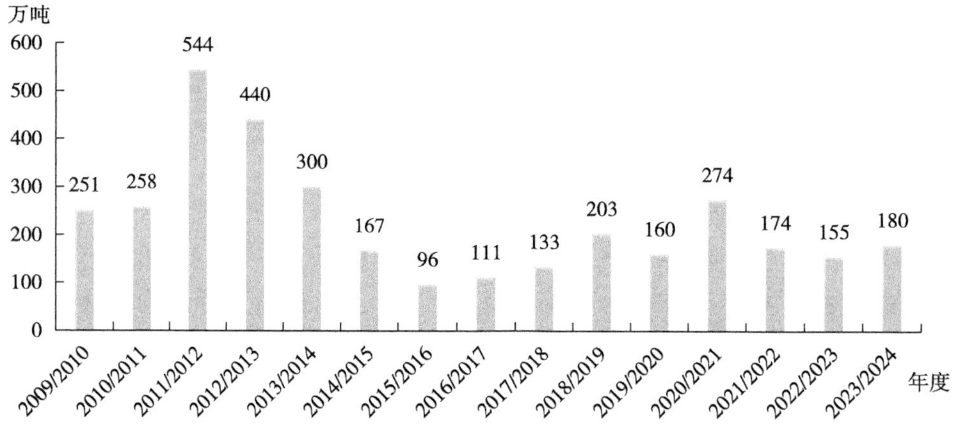

图1-30 中国棉花进口（2009年度至2023年度）

注：2022年度和2023年度是预估值。

（资料来源：海关总署、中州期货研究所）

2. 内外棉价差走势

内外棉价差在2012年6月上旬达到5400元/吨以上，且相当长时间内维持在4000元/吨以上，在此期间，中国棉花进口同步增长，2011年度棉花进口创造历史纪录（544万吨）；2013年1月中旬，内外棉价差再次达到5300元/吨以上，维持4000元/

① 2022年度新疆棉花加工量为620万吨，此后三年超过该510万吨上限产量部分将不予补贴。

② 截至2023年4月中下旬，滑准税配额通知尚未发布。

吨以上的时间仍旧较长，2012 年度棉花进口再次达到 440 万吨的天量；2013 年 11 月下旬，内外棉价差再次超过 5700 元/吨，在 4000 元/吨以上也持续了相当长时间，2013 年度棉花进口再次达到 300 万吨。中国棉花进口数量与内外棉价差关系密切。

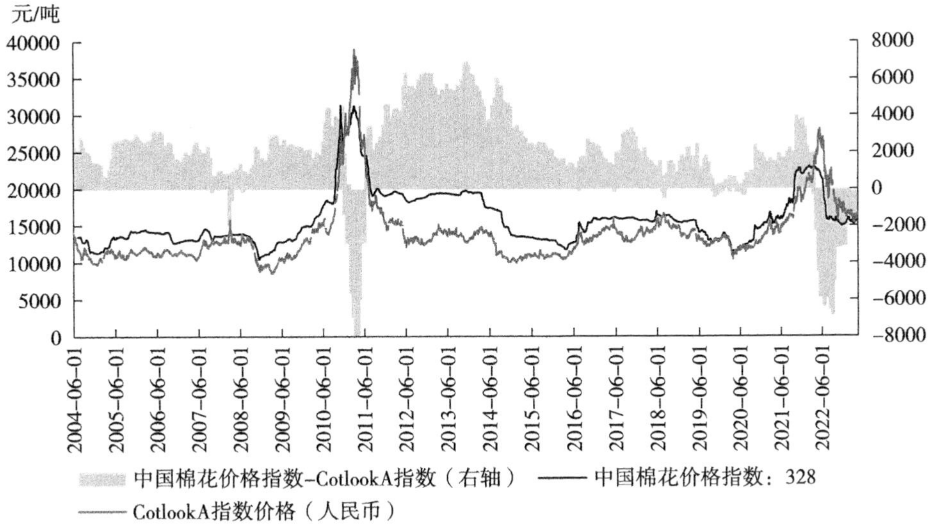

图 1-31　内外棉价差（2004 年 6 月 1 日至 2023 年 4 月 21 日）

（资料来源：Wind、中州期货研究所）

2017 年 4 月下旬至 2017 年 10 月下旬，内外棉价差震荡走高，2017 年 10 月下旬达到 3136 元/吨价差后开始回落；2018 年 6 月上旬至 8 月中旬价差一度倒挂 1000 元/吨以上；2018 年 8 月下旬内外棉价差开始回升，至 2018 年 12 月底价差再度达到 1700 元/吨以上。2018 年 9 月至 2019 年 2 月，在内外棉价差走低和走高过程中，中国进口月度数量仍同比增速较大，主要是因为国家增发 80 万吨滑准税进口配额，进口配额政策的调整对棉花进口数量有较大影响。2019 年 9 月至 2020 年 8 月，内外价差都处于偏低位置甚至倒挂，新冠疫情影响下国内消费乏力，缺乏进口棉花动力，2019 年度滑准税配额都没有使用完。2020 年度内外棉价差总体维持在 800 ~ 2200 元/吨的范围；2021 年 10 月至 12 月中旬，内外棉价差持续维持在 3000 元/吨以上，一度超过 4000 元/吨的水平，2021 年 12 月下旬价差开始下降，2022 年 3 月中旬内外棉价差开始倒挂，2022 年 8 月底内外棉价差一度倒挂 6866 元/吨，此后倒挂幅度开始持续缩窄，2023 年 4 月中下旬倒挂水平向持平状态持续迈进。

（七）棉纱进口及内外纱价差

1. 棉纱进出口量

中国是棉纱净进口国，2011—2014 年度中国棉纱进口量同比增幅较大，因为这几年国家连续执行临时收储政策和刚执行新疆直补政策，内外棉价差较大，因棉花进口有配额限制和关税税率调控，而棉纱进口仅征收极低的关税且敞开进口（中国对东盟国家棉纱施行零关税，对印度等国施行 3.5% 的关税，对其他一些国家和地区施行 5% 的关税），在此期间棉纱作为棉花的替代品源源不断地进口中国，连续多年保持了高速增长。

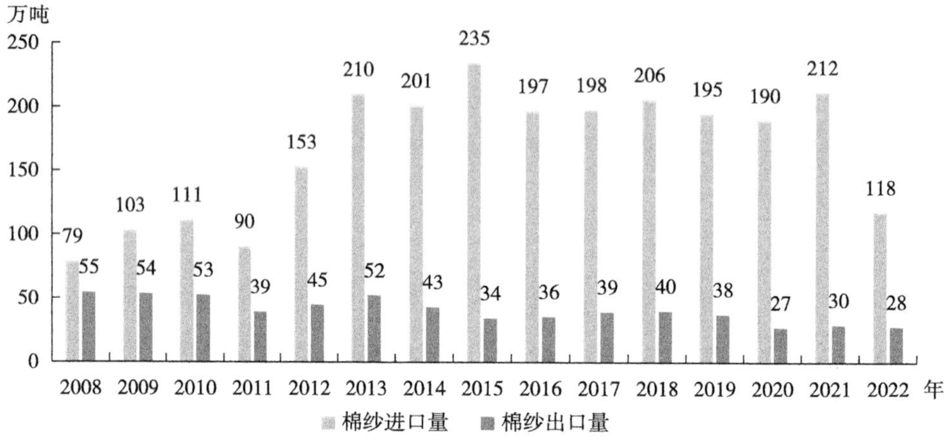

图 1－32　中国棉纱进出口量（2008—2022 年）

（资料来源：海关总署、中州期货研究所）

2015 年棉纱进口量仍保持在 200 万吨以上，主要是中国政府取消滑准税配额发放，棉花进口量减少，刺激进口纱增长；2016—2019 年内外棉价差处于相对正常合理水平，棉纱进口保持在 200 万吨左右，相对平稳；2020 年新冠疫情暴发，全球棉花和棉纱消费受到冲击，棉花和棉纱进口都出现下降；2021 年消费回升，内外棉价差重新开始扩大且高企，2021 年棉花和棉纱进口开始增加；2022 年内外棉价差和内外纱价差都出现大幅倒挂，导致棉纱进口大幅降低。

2. 内外棉纱价差走势

棉纱进口是棉花进口的直接替代品，内外棉价差直接决定内外纱线竞争力，外纱进口增减幅度可直接反映国内需求和内外棉价差情况。

中国主要从印度、越南和巴基斯坦进口棉纱，中国对印度棉纱加征 3.5% 的进口关税；巴基斯坦棉纱进口关税原定为 3.5%，自 2019 年 1 月起对重点企业免税，中巴协议规定自 2020 年 1 月起进口巴纱关税全免；对越南（东盟国家）棉纱免征进口关税。

棉纱的成本构成是皮棉成本加上生产加工费，进口棉纱生产加工费一般在 7500 ~ 8500 元/吨（已包括损耗），平均按 8000 元/吨核算；那么，进口棉纱用棉成本折算成人民币报价，加上生产加工费（8000 元/吨）、海运费和保费、进口增值税（13%）、港口杂费、进口关税等，即是进口纱到港清关成本。

越南距离中国相对较近，越南纱到中国南方港口的海运费甚至比新疆纱火车或公路运输到南方市场还便宜，且越南纱到中国免征进口关税，因此越南纱对国内纱替代优势明显；但越南本身不产棉花，其纺纱用棉100%靠进口，其棉花进口来源国主要是美国、印度、澳大利亚和巴西，其中美棉进口超过一半；2020年越南纱锭总数为1000万锭左右，越南纱线产量65%用于出口，且绝大部分纱线出口到中国，越南棉纱占中国棉纱进口量的三分之一。

印度是世界上主要的棉花生产国、消费国和出口国，印度棉花产量高于其消费量，富余部分用于出口；印度政府根据其国内棉花供需状况，会采取鼓励或限制棉花出口的政策；印度棉花进口实行零关税，因此国际棉花价格合适时，印度在出口棉花的同时也保持一定的进口量；印度棉花进口量较小，很少超过其消费量的10%，因此印度纱成本构成主要是其国内皮棉成本加上生产加工费。

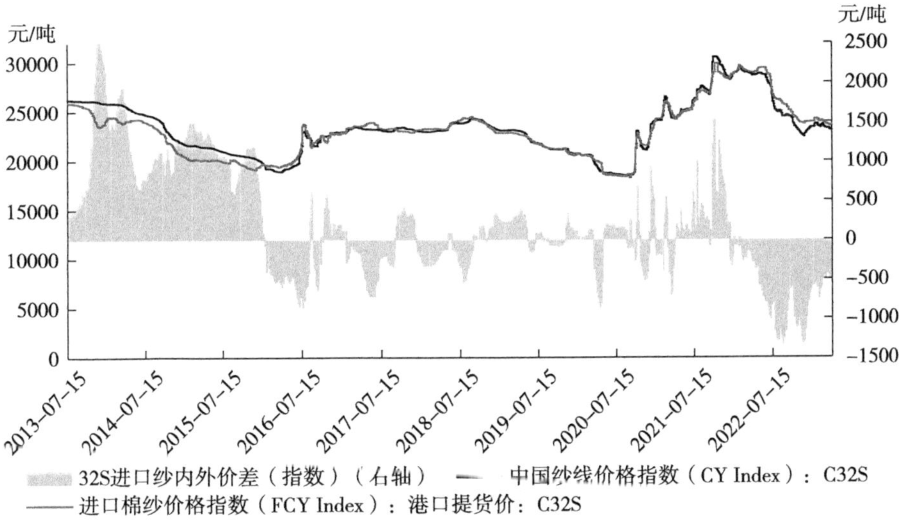

图1-33 中国32支普梳纱进口价差（2013年7月15日至2023年4月21日）

（资料来源：海关总署、中州期货研究所）

中国进口棉纱以中低支纱为主，2021年12月下旬纯棉普梳32支进口纱开始出现价格倒挂，2022年6月下旬纯棉普梳21支进口纱开始出现价格倒挂，2022年11月之后内外棉纱倒挂幅度开始缩窄，截至2023年4月下旬纯棉普梳32支和21支进口纱分别倒挂450元/吨左右和800元/吨左右。

（八）棉布出口

中国是棉布净出口国，2020年初疫情暴发以来，中国疫情控制效果显著，工业产能迅速恢复，2020年度棉布出口快速恢复，2021年度棉布出口大幅下滑（与2019年度水平持平），2022年度上半年度棉布出口再次出现大幅同比增长。

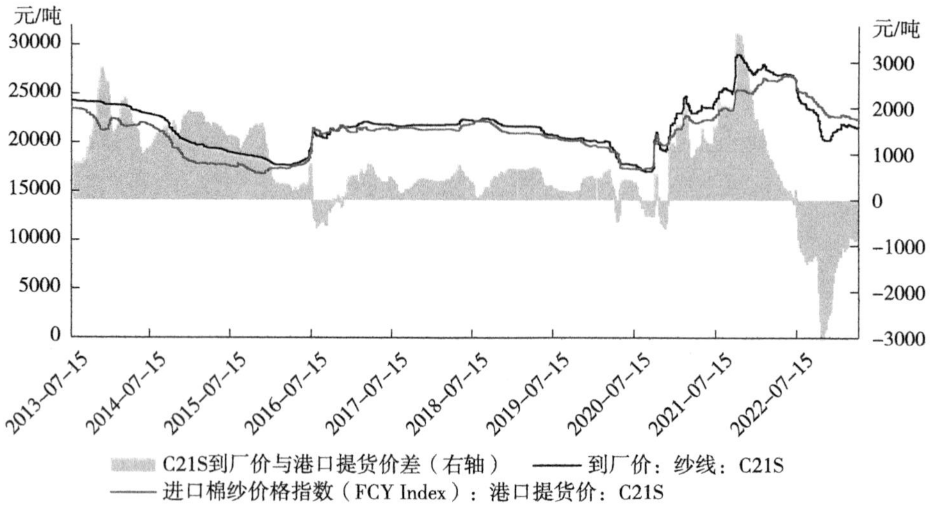

图 1－34　中国 21 支普梳纱进口价差（2013 年 7 月 15 日至 2023 年 4 月 21 日）

（资料来源：海关总署、中州期货研究所）

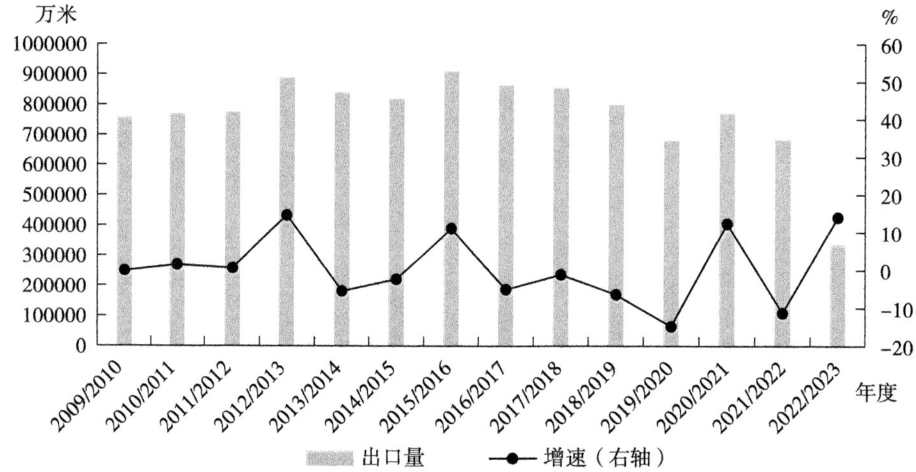

图 1－35　中国棉布出口量及增速（2009 年度至 2022 年度）

（资料来源：海关总署、中州期货研究所）

（九）纺织品服装进出口

中国是全球最大的纺织品服装出口国，美国、欧盟、东盟、日本是中国纺织品服装出口的主要市场。自 2014/2015 年度中国纺织品服装出口总值逐年增长达到顶峰后，2015/2016 年度和 2016/2017 年度连续两个年度下降，2017/2018 年度至 2019/2020 年度纺织品服装出口稳定在 2700 亿美元上下，2020/2021 年度纺织品服装出口大幅增长

（增幅为7.35%），增长原因是2020年暴发新冠疫情，中国率先控制住疫情，生产率先恢复并成为全球供给中心。

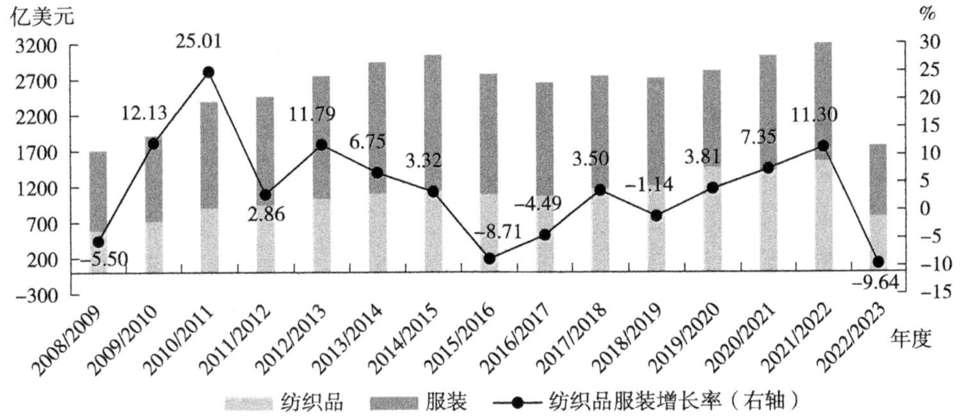

图1-36　中国纺织品服装出口及增速（2008年度至2022年度）

（资料来源：海关总署、中州期货研究所）

2021/2022年度纺织品服装出口大幅增长11.30%，随着2022年下半年以来外围市场加息持续和消费者信心大幅下降，2022年度上半年度纺织品服装出口出现明显下滑。

（十）棉花及替代品价差

纺织原料包括化学纤维（主要是聚酯纤维）、人工合成纤维（主要是粘胶纤维）和植物纤维（主要是棉、麻、丝等），棉花的主要替代品是聚酯纤维中的涤纶短纤和长丝，其中，涤纶短纤在纺织环节直接对棉花形成替代。涤纶产量规模较大，远远大于粘胶产量规模，因此，主要关注涤纶短纤对棉花的替代。

历史上棉花与涤纶短纤价差超过10000元/吨就属于高价差，历史上有两个时期价差超过10000元且持续时间较长：（1）2010年9月下旬至2011年7月中旬，价差最高一度达到16350元/吨（2011年3月14日）；（2）2021年7月下旬至2022年6月下旬，价差最高达到14836元/吨（2022年4月2日）。2022年4月初棉花与涤纶短纤价差达到高值后开始持续缩窄至2023年4月下旬（当前价差8000元/吨左右）。

棉花与粘胶短纤的价差正常水平维持在5000元/吨以内，2021年8月中旬棉花与粘胶短纤价差向上突破5000元/吨后一路上升，2021年12月下旬一度扩大至9600元/吨以上，随后价差开始一路回落至2022年7月下旬的700元/吨以内；此后棉花与粘胶短纤价差有所回升，截至2023年4月下旬，棉花与粘胶短纤价差维持在2500元/吨左右。

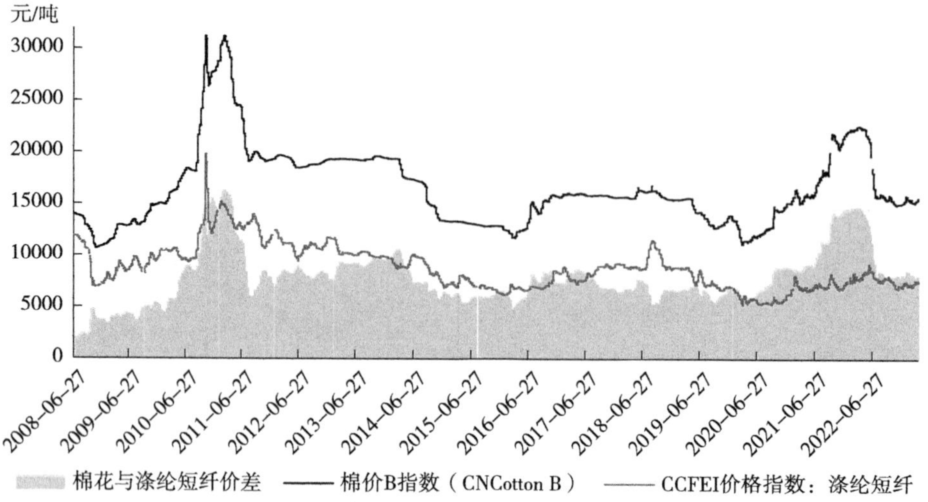

图 1－37 中国棉花与涤纶短纤价差（2008 年 6 月 27 日至 2023 年 4 月 21 日）

（资料来源：Wind、中州期货研究所）

四、分析结论

从宏观角度来看，外围市场为抑制通胀持续大幅加息，2022 年第四季度以来通胀有所回落但仍处于较高水平，这主要因为当前高企的通胀水平除了各国政府货币超发推动外，还有供给端因素的加持（逆全球化和意识形态对立扰乱资源配置效率、政治因素干扰能源供给致使能源受限价格居高不下、疫情因素减少了劳动力数量等），这使得总需求管理的加息政策管控通胀时边际效率降低；今天国际政治环境复杂对立，各国民粹主义泛滥，这使得国际上缺乏合作协调机制，各国国内福利水平和工资螺旋又被动上升，各国央行只能用这种低效的货币政策与通胀硬抗。当货币政策紧缩到一定程度，或这种相对紧缩的货币政策持续时间过长，市场中相对薄弱环节的风险必将暴露，这种灰犀牛风险始终是压制大宗商品上涨的不利因素。

从棉花平衡表角度看，2022 年度全球、中国和外围市场的期末库存水平都大幅上升，库存消费比水平也大幅攀升，供需平衡表在 2022 年度仍表现为相对宽松状态，平衡表并不支持棉花价格趋势在 2022 年度走出陡峭的牛市。展望新年度，国内植棉面积下降导致新年度减产是确定性因素，这种因素将在新棉上市前的面积炒作过程中反映到实时价格。接下来的关键问题是：国内新年度减产因素能否颠覆新年度平衡表宽松状态，市场机构对本年度和下年度非常乐观的消费信心能否在外围市场未来强烈衰退预期的冲击下始终保持不变。因此，棉花产业本身缺乏长期的尖锐矛盾，短期的阶段性矛盾难以主导大级别行情；棉花价格也将始终在产业短期矛盾和宏观风险干扰的双重因素影响下宽幅蹒跚前行。

总结本节结论和建议：在当前15000元/吨的估值水平下，棉花产业本身缺乏尖锐矛盾，棉花暂时缺乏大级别市场机会；国内短期减产因素不具备成为推动棉花价格大级别上涨的助燃因素，外围市场宏观输入型灰犀牛风险也将始终压制棉花价格上涨高度；若宏观因素干扰导致棉花价格出现价值洼地，价值回归逻辑的机会相对确定性更高。

（撰稿人：中州期货有限公司　杨志江）

第二章 能源类大宗商品

第一节 概 述

一、石油、天然气行业概述

2022年全球油气市场注定是不平静的一年，俄乌冲突与欧美降通胀是这一年影响能源市场的两条主线，油气全年价格整体呈现先涨后跌的态势，价格整体保持高位运行，油气资源政治溢价特征明显。2月俄乌边境对峙升级为地缘政治冲突后，欧美对俄开启严格的经济制裁并与俄能源合作“硬脱钩”，这些举措打破了原有国际能源供需格局，能源贸易流向正在重塑，引发全球能源类大宗商品价格相继大幅攀升。另外，新冠疫情暴发后欧美量化宽松政策叠加能源持续高价，欧美地区通货膨胀不断加剧，美联储持续加息展现出降通胀的坚定决心，油气价格出现回落。2022年，中国受国际市场价格传导影响，价格同样保持高位运行，高价和国内疫情的反复对国内需求呈明显抑制作用，表观需求呈现下滑态势。

从全球来看，俄乌冲突后，欧美对俄制裁加剧，全球能源供给不确定性加剧，能源供需出现错配，能源供给不足问题严重。俄罗斯是欧洲重要的能源来源地，欧洲进口原油约30%、天然气约40%来自俄罗斯。欧洲主动减少对俄能源依赖，加剧全球油气供应错配，油气价格上涨推动电力、煤炭等能源价格一起增长。受2020年全球化石能源产能压缩影响，能源市场供给弹性明显不足。为应对油价暴涨，美国与国际能源署（IEA）推出史无前例的释放石油储备措施，以此抑制失控的油价。能源贸易格局在2022年出现深刻改变，欧洲减少对俄油气合作项目，美国与中东国家正在扩大欧洲原油市场，美国液化天然气正在取代俄罗斯管道气成为欧洲气源地；俄罗斯能源合作由西方转向东方，中国、印度等亚太市场正在成为其合作重心，受制裁影响，俄罗斯打折出售原油及成品油，加快推动中蒙俄“西伯利亚力量－2”项目落地。印度原油对外依存度较高，比例大约为85%，印度通过大量进口俄罗斯乌拉尔“折扣原油”以缓解国际高油价压力。俄乌冲突后全球油气产业链也在发生明显变化，德国宣布无限期暂停“北溪2号”管道审批。英国石油公司（BP）宣布将出售其在俄罗斯石油公司Rosneft持有的19.73%的股权，挪威国家石油、壳牌、道达尔等公司也宣布退出其在俄罗斯的大型石油和天然气项目。俄罗斯政府2022年10月发布政府令，设立新公司接管远东油气开发项目“萨哈林1号”，外国出资方被要求限定时间答复俄方是否同意加入该新公司，此后，俄方同样将“萨哈林2号”项目移交给新公司。欧洲能源对美国依赖度不断提高，出口欧洲液化天然气激增，2022年美国与卡塔尔并列全球最大液化天然气（LNG）出口国。受益于油气高价，行业盈利能力明显提升，2022年全球石油和天然气行业的总利润从近年来的平均1.5万亿美元飙升至近4万亿美元。

2022年地缘政治引发的油气资源供给偏紧是行业明显特点，美国增产及释放战略储备与OPEC+组织减产和对俄油气贸易制裁之间的矛盾在深刻左右市场。近年来受“双碳”目标影响，油气行业上游投资谨慎，投资力度不达预期。原油方面，2022年初经济恢复带动原油需求增长，地缘政治引发市场预期改变，叠加投机情绪使油价一度飙升至127.98美元/桶。受高价刺激，美国原油生产端得到提振，此外，为抑制能源高价引发的通货膨胀问题，美国战略储备持续释放，与此同时，欧美为应对能源高价引发的严峻通货膨胀而开启新一轮“加息周期”，全球油价出现小幅回落。而OPEC+组织面对石油市场前景的不确定性和油价走低采取“减产稳价”策略，对油价具有支持作用。2022年WTI全年期货均价为94.35美元/桶，布伦特全年期货均价为98.95美元/桶，较上年分别上涨38.73%、39.46%，价格上涨幅度明显。天然气方面，俄乌冲突后欧洲强硬减少对俄油气资源依赖，欧洲天然气危机持续加剧，欧洲气价继续成为影响全球气价风向标。欧盟一方面要求各成员国在今冬明春缩减15%天然气用量与收取暴利税；另一方面在全球各地高价扫货，采购LNG现货资源弥补俄罗斯管道气缺口，保障能源供给安全。总体来说，2022年全球天然气新增资源有限，欧洲扫货持续推高全球气价，直至12月，受欧洲储气库陆续满库、欧美暖冬气温较往年偏高导致需求大幅下降、欧盟天然气限价机制出台等，欧洲气价出现大幅回落，带动全球气价逐步恢复理性。这一年，极端事件与不确定事件持续发生，是支撑气价高涨的另一个重要因素，包括6月美国重要天然气出口终端“自由港”发生爆炸，8月底俄罗斯通往欧洲“北溪1”线检修后并宣布“无限期断供”，9月底“北溪”管线发生爆炸等事件。欧亚天然气主要消费地的价格在这一年里屡创新高，8月26日荷兰产权转让设施指数（TTF）价格突破99美元/百万英热单位，较上年同期上涨6倍多（不考虑汇率因素），3月7日普氏日韩标杆现货价格（JKM）突破84美元/百万英热单位，同比上涨1356%。受国际市场影响，2022年国内天然气市场表现出“淡季不淡”“量减价升”的特点。能源产品价格的上涨不仅增加用能成本，而且引起各国通货膨胀加剧，对欧美地区影响显著，欧洲天然气工业用户受到严重冲击，纷纷削减产能或宣布关闭，经济发展受到严重影响。

天然气市场“欧洲溢价”取代“亚洲溢价”正成为行业新特点。过往亚太地区缺失区域定价中心，长期以来亚太地区进口出现“亚洲溢价”困境，欧亚同作为主要天然气消费地，但亚洲采购天然气价格高于欧洲、北美等地区价格。俄乌冲突后欧洲价格开始保持高于亚洲地区价格的状态，“溢价”向欧洲转移。“欧洲溢价”与欧盟激进能源转向有关。欧盟于2022年5月18日推出“欧盟新赋能计划”（REPowerEU），核心目标是快速减少欧盟对俄罗斯化石能源的依赖，该计划旨在短期内（2022年）将欧盟的俄气进口量减少三分之二约1000亿立方米；最重要的实现途径就是用非俄罗斯LNG实现替代。中期目标希望2027年前后彻底禁止进口俄罗斯天然气。欧洲主动加强与美国、中东等地区天然气贸易合作，美国作为全球新增液化天然气出口能力的主要国家，其正在成为欧洲天然气重要来源地。快速增长的国际LNG贸易，导致LNG国际运力增长滞后，全球运力市场供应紧张，LNG海运市场出现“一船难求”的局面，海运价格继续创出新高——大西洋盆地（Atlantic basin）LNG船的日租金在10月超过39万美元。得益于美国发达的LNG出口液化终端等基础设施与欧洲替代需求，2022年美国（与卡塔尔并列）成为全球第一大液化天然气出口国。传统油气行业上游勘探开采周期较长，而页岩气勘探开发相较而言时间较短，美国利用页岩气资源优势、技术优势，短期内具备快速投产扩产能力。

2022年中国经历复杂外部局势和国内疫情反复影响，国内能源市场受影响程度较深。2022年为应对超预期国内外因素的冲击，中国政府加大宏观调控力度，继续推动高质量发展，中国经济保持稳步增长。根据国家统计局数据，国内生产总值达到121万亿元，同比增长3.0%。与欧美深受能源价格飞涨引发高通胀现象不同，2022年中国全年居民消费价格同比上涨2.0%，这得益于中国采取的积极宏观调控手段。2022年中国能源工作总体思路为“保供”“稳价”，主要煤炭生产大省压缩生产任务，煤炭再度发挥能源行业兜底保障作用，通过“多能互保”的思路，减少油气进口，缓解能源输入型通胀，能源工作富有成效。

二、石油、天然气行业发展趋势

（一）世界石油、天然气发展趋势

当前国际油气市场不确定性因素逐步增多。俄乌冲突、新冠疫情、“双碳”目标是2022年影响全球油气行业的主要三重因素。整体来看，俄乌冲突作为2022年最大的“黑天鹅”事件，严重冲击全球能源市场，但随着欧美对俄制裁的具体措施落地，对俄油气产品更多从限价角度开展，并未出现海运禁运担忧，该事件的影响在未来会逐步出现效应递减特性。新冠疫情对油气产业产生严峻的冲击，对供需两端都产生重大影响，2022 年国内疫情的反复是制约国内经济发展和油气需求的一个重要因素，随着全球疫情得到有效控制，中国解除对新型冠状病毒感染采取的《中华人民共和国传染病防治法》规定的甲类传染病预防、控制措施实施，未来新冠疫情对油气市场的影响正在消失。而“双碳”目标下碳中和正在成为全球共识，“减碳化”与“低碳化”正在成为全球能源绿色发展的核心。值得注意的是，当前全球经济复苏增长动力不足，油气基本面需求预期减弱，OPEC + 组织行动一致增减产等正在成为影响全球油气行业的新变数。当前全球进入新一轮“去通胀”周期，2022 年以来全球量化宽松政策与能源、粮食高价引发的高通胀已经成为各国重点关注的问题，欧美等国家和地区相继开启新一轮“加息”周期，以期解决高通胀问题，但是引发全球对经济发展增长放缓的担忧，在此基础上，油气需求基本面减弱的悲观预期情绪在主要“加息”的发达与新兴经济体中快速蔓延。另外，OPEC + 组织凝聚力不断加强，为应对全球经济和原油需求的不确定性，动态制定减产进程，对油气市场起到限产提价的作用。

全球能源格局深刻变化，新的贸易格局正在重塑，能源安全正在成为各主要消费国政策考量核心。美国加速替代俄罗斯成为欧洲市场油气的重要来源地，俄罗斯积极扩展亚洲市场，继续深化与中国、印度等国的重要能源合作伙伴关系。俄罗斯在全球能源领域话语权减弱，同时美国与 OPEC 正在成为两个重要主导者，是全球新增产量的主要来源，二者行动目标存在较强竞争性。动荡的能源市场迫使 2022 年各国能源政策转向以能源安全为主，多国政府相继对能源市场进行宏观调控，干预力度前所未有之大，能源监管重心从效率提升转向供给安全，通过采取能源补贴、限制价格、能源公司国有化、加速新能源产业发展等方式，确保能源产业顺畅运行，保障市场稳定。油气贸易“非美元化”结算正在成为贸易新特点。2022 年，在管道天然气贸易中，俄罗斯天然气工业股份公司和中国企业达成以 50% 卢布和 50% 人民币的比例结算天然气贸易；印度与俄罗斯也在积极推动油气本币结算工作，等等。这些举措在“去美元化”的同时，也削减了油气市场金融属性，对保障油气市场回归供需面，减少因投机情况造成的价格“大起大落”具有积极作用。

俄乌冲突推动全球能源转型进程加快，欧美相继从政策端规划清洁能源与新能源发展，国际石油公司自发加紧新能源业务布局。欧盟在“欧盟新赋能计划”中提出，2030 年可再生能源在欧盟能源消费中的占比目标提升至 45%，大力支持可再生能源发展，等等。国家层面，欧洲多国通过调整政策、加大可再生能源发展力度，总体来看，2022 年欧洲光伏、风电装机需求维持高景气度。美国出台《通货膨胀削减法案》，该法案涉及总金额约 7400 亿美元，政府计划拨款 3690 亿美元用于气候和清洁能源领域项目，重点覆盖清洁能源制造业。欧美传统油气公司大力发展新能源产业，英国石油公司、道达尔、壳牌等将相继在氢能、风电、太阳能发电和生物质能等领域布局，加快转变化石能源业务高占比，形成多元化能源产业体系，希望利用充沛现金流优势促使企业盈利结构更加合理，例如壳牌2022年上半年可再生能源和能源解决方案业务的支出较2021年同期增加3倍多。总体而言，绿色低碳与可再生是能源转型发展的大势所趋，传统能源清洁化利用进程不断提速，碳中和已经成为指引能源行业发展的时代主题，但也为石油、天然气未来发展增添诸多不确定因素，2020年至今，激进的“减碳”行动是引发全球能源市场动荡，影响全球能源系统稳定的一个重要原因，能源转型发展仍需坚持“先立后破”原则。预计到2040年，天然气、非化石能源、石油和煤炭将逐渐形成“四分天下”的多元格局，中短期内，油气的主导地位难以扭转。

（二）中国石油、天然气发展趋势

2022年，中国面临复杂的国内外环境，奥密克戎变种病毒的高传染性造成国内疫情多次反复，国际油气价格大幅上涨给国内带来输入型通胀压力，经济发展压力较大，中国政府加大宏观调控力度，全年国内生产总值达到121万亿元，同比增长3.0%。2022年中国进出口仍表现出强劲发展势头，进出口总额420678亿元，比上年增长7.7%。其中，出口239654亿元，增长10.5%；进口181024亿元，增长4.3%。货物进出口顺差58630亿元。就国内能源行业而言，油气市场复苏仍然缓慢，国内消费需求不振，国内加大增产上储力度，进口量大幅下降，原油对外依存度进一步下降。我国天然气消费由高速增长向高质量发展转变。根据国家发展改革委和国家统计局口径，2022年中国原油产量20467万吨，比2021年增长2.9%，进口量50828万吨，同比下降0.9%；中国天然气表观消费量3663亿立方米，天然气产量2178亿立方米，比2021年增长6.4%，进口量10925万吨，下降9.9%。国内油气增产对能源保供稳价“压舱石”积极作用凸显。能源体系不断完善，煤炭清洁化利用进程加速，煤炭行业继续扛起“保供大旗”，能源安全与绿色可持续发展成为能源体系现代化发展的两大主线。

油气价格高企刺激国内新能源发展进程加速。风电、光电发电装机保持大幅增长，2022年全国发电装机容量25.6万千瓦，比上年末增长7.8%。其中，火电装机容量133239万千瓦，增长2.7%；水电装机容量41350万千瓦，增长5.8%；核电装机容量5553万千瓦，增长4.3%；并网风电装机容量36544万千瓦，增长11.2%；并网太阳能发电装机容量39261万千瓦，增长28.1%。可再生能源发电装机容量突破12亿千瓦，占总装机比重超过47%。未来，我国能源体系仍将致力于多元化供给、清洁化利用，而化石能源更多发挥兜底与调峰作用，尤其是气电行业，对调节天然气淡旺季峰谷差与电力市场顶峰发电起到积极作用。随着“十四五”及中长期专项规划陆续出台，“双碳”目标下“1+N”政策体系发展框架基本搭建成型，国家发展改革委及其他部门陆续出台了《关于完善能源绿色低碳转型体制机制和政策措施的意见》《关于促进新时代新能源高质量发展的实施方案》《“十四五”现代能源体系规划》等，从政策端健全新能源产业发展体制机制，加快对化石能源的替代进程。总体来看，我国清洁能源在能源体系的比重继续提升，2022 年能源消费总量 54.1 亿吨标准煤，同比增长 2.9%，其中，电力消费量增长 3.6%，煤炭消费量增长 4.3%，煤炭消费量占能源消费总量的 56.2%，同比上涨 0.3%；清洁能源消费量（天然气、水电、核电、风电、太阳能发电等）占能源消费总量的 25.9%，同比上涨 0.4%；我国煤炭发电效能继续提升，每千瓦时火力发电标准煤耗下降 0.2%。国内油气消费量呈现下降态势，国内增产上储加速，进口减少明显。为应对不确定性外部环境，“多能互补”“多能互保”将是未来一段时间的能源保供主导思路，通过充分发挥煤电油气运保障机制作用，坚持宜煤则煤、宜电则电、宜气则气，能源供应能力和水平不断提升。

2023 年中国经济发展将充满活力，为全球经济复苏作出积极贡献。2023 年我国政府将经济增长速度的预期目标明确为 5% 左右。国际货币基金组织（IMF）总裁格奥尔基耶娃表示坚定看好中国经济发展，IMF 预测 2023 年中国经济增长为 5.2%。在 2023 年全球降通胀、全球经济增长出现乏力，欧美银行业危机四伏的新背景下，中国经济是支撑全球增长新动能，也是影响全球油气需求端支撑最重要的单一市场。同时，我们仍要注意超预期事件的发生，尽管美联储正在反思处理硅谷银行、签名银行等破产事件，欧洲瑞士信贷集团与瑞银集团合并正在政府调控下有序进行，但是欧美金融风险仍没有完全化解，国际油气市场易受宏观基本面的冲击，造成价格剧烈波动。我国相关进口企业要做好风险管理与应对，警惕价格波动对企业造成的不确定性风险。

未来，中国油气行业的发展要顺应现代能源体系规划要求，稳步推进油气产业数字化、智能化发展，持续推进油气勘探开发与新能源融合发展，瞄准清洁低碳持续发力，深化油气市场化改革，融入能源统一大市场发展进程。油气行业在持续深化“增产上储”、压实国内资源保障的同时，要谋求行业向高质量发展方向转变。

第二节　原　油

2022 年，国际油价再次上演“过山车”走势，俄乌冲突带来的地缘政治风险溢价主导了上半年油价上涨态势，而下半年宏观经济下行压力及美联储加息加剧衰退风险，导致年末时国际油价已基本回吐年内涨幅。展望 2023 年，原油市场需求侧将在经济压力下承压，中国需求复苏或能提供支撑，而供给侧博弈相对更为复杂，预计供需基本面将维持在紧平衡状态，国际油价走势同比下降但仍将高位运行。

一、全球原油市场分析

（一）原油需求分析

2022 年，俄乌冲突爆发及中国等国家新冠疫情反复，导致全球原油需求复苏进程被延后，需求面整体疲软。根据 OPEC 统计，2022 年全球石油需求量为 99.55 百万桶/天，相对 2021 年的 97.01 百万桶/天增长 2.62%，与 2021 年的 6.22% 相比增速明显下降。2022 年，全球原油需求量在二季度显著偏低，四季度大幅上涨（见图 2－1），2022 年一至四季度分别为 99.38 百万桶/天、98.20 百万桶/天、99.43 百万桶/天、101.18 百万桶/天。

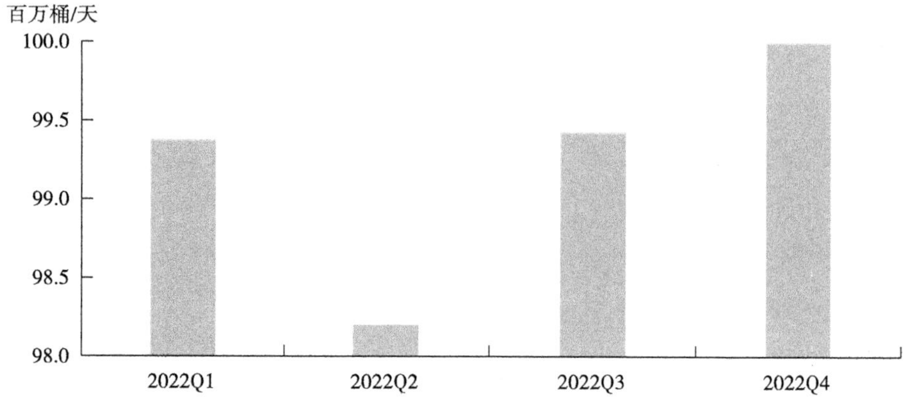

图 2－1　2022 年全球石油需求

（资料来源：OPEC）

分区域看，以美国为主的美洲地区和以中国为主的亚洲地区依然是 2022 年全球原油主要需求市场（见图 2－2），需求量分别为 25.07 百万桶/天和 23.74 百万桶/天，占总需求量的比重分别为 25% 和 24%，其中，美国和中国的需求量分别为 20.51 百万桶/天和 14.76 百万桶/天。

但从增量来看，在需求侧疲软态势下，全球多个国家和地区原油需求增量均不及 2021 年水平，仅欧洲地区逆势超过上年同期（见图 2－3）。美洲和欧洲成为全球原油需求领涨地区，需求增长分别为 91 万桶/天和 67 万桶/天，合计占全球总增量的 53.74%。中国需求和亚洲其他地区增长分别为 26 万桶/天和 35 万桶/天，合计占全球总增量的 20.75%。此外，拉美、中东、非洲、俄罗斯全年需求分别同比增长 12 万桶/天、24 万桶/天、11 万桶/天和 －8 万桶/天。

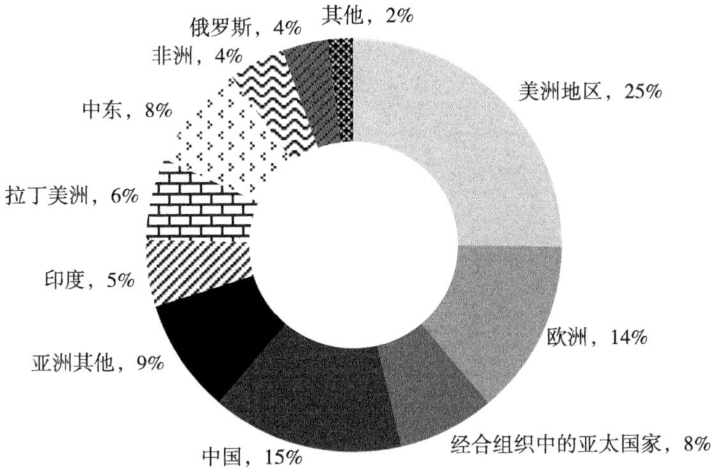

图 2-2 2022 年分区域石油需求占比

（资料来源：OPEC）

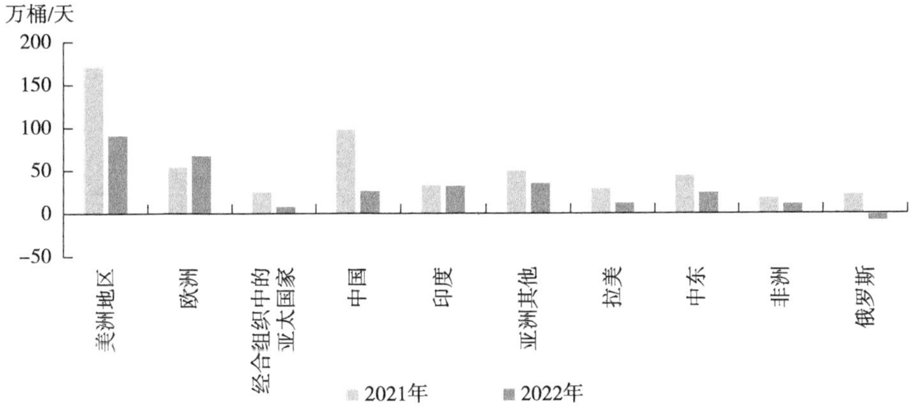

图 2-3 世界主要地区石油需求增长

（资料来源：OPEC）

（二）原油供给分析

从 2020 年 5 起，OPEC + 为降低国际油价波动进行了史无前例的减产计划，而这一计划在 2022 年 8 月一度被画上句号，当月 OPEC + 宣布将于 9 月准备增产。主要原因在于尼日利亚、安哥拉等国产能不足，以及俄罗斯遭遇西方制裁等因素影响，导致 OPEC + 减产执行率飙升至 300% 以上，大大超出预期。不过 OPEC 减产联盟依然表现出强烈的管理市场的意愿，即使顶着美国频繁要求其增产的压力，OPEC + 也仅在 10 月小幅增产了 10 万桶/天，当月再度宣布进入“减产模式”，自 11 月起继续减产 200 万桶/天。尽管 OPEC + 坚持了“限产挺价”的理念，但 2022 年全年全球原油供应还是大幅增加 470 万桶/天达到 1.001 亿桶/天（见图 2 –4）。

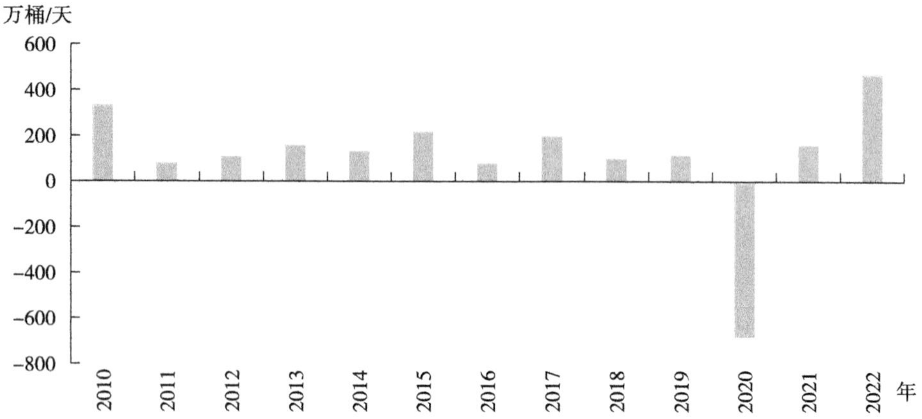

图 2 –4　全球石油供应增量

（资料来源：中石油经研院、IEA）

2022 年原油供应大幅增长的主要贡献者为沙特阿拉伯、阿联酋和伊拉克，分别为 140 万桶/天、50 万桶/天和 40 万桶/天；而面临西方制裁，俄罗斯产量不降反增，增量为 20 万桶/天。非 OPEC + 产量增量为 160 万桶/天，其中美国产量同比增长 115 万桶/天（见图 2 –5）。

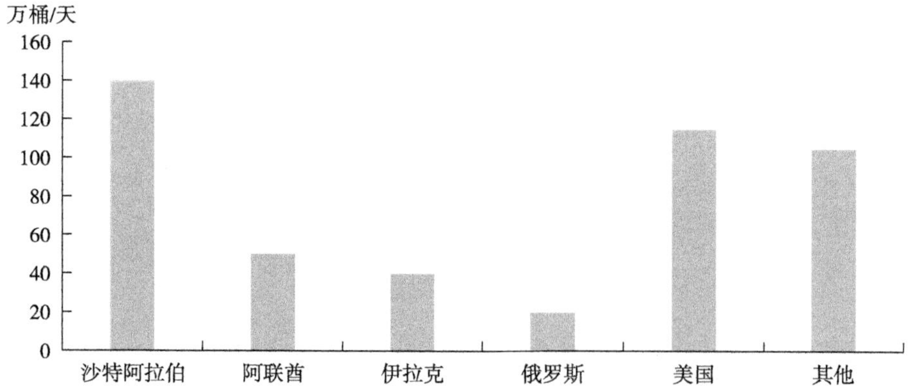

图 2 –5　2022 年原油供应增量来源

（资料来源：中石油经研院、IEA）

自美国页岩油产量大幅增长后，国际石油市场维持 OPEC、俄罗斯和美国“三分天下”的局势，市场供需与国际油价受到三大产油势力彼此博弈的影响。2022 年，俄乌冲突爆发后，西方对俄罗斯制裁不断加码。尽管年末西方对俄原油限价实现“软着陆”，欧盟也加大了对俄罗斯油品进口，但年内俄罗斯原油出口总体呈现出“西降东升”的局面，流入欧洲的原油量（含 CPC 哈油）下降 150 万桶/天，流入亚洲的原油量（含 CPC 哈油）上升 155 万桶/天（见图 2－6）。全球原油贸易流向出现显著变化，美国、中东与俄罗斯相反，对欧洲原油出口有所增加，对亚洲出口减少。

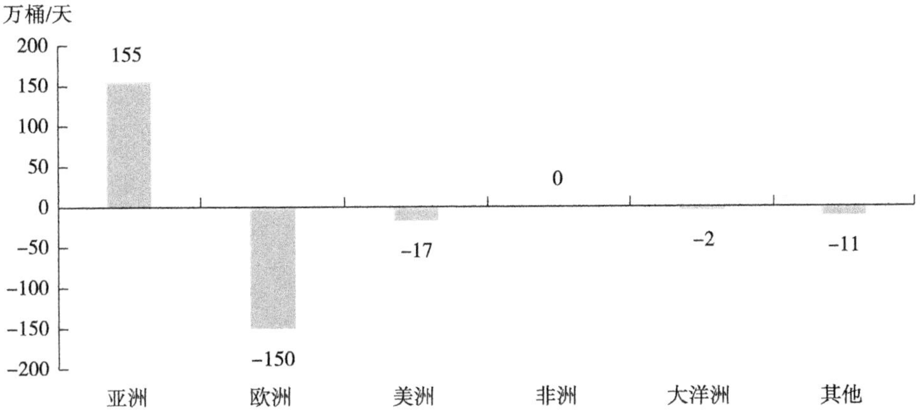

图 2－6　俄罗斯原油出口不同目的地变化量

（资料来源：中石油经研院、IEA）

（三）原油供需平衡

相比于 2021 年供应略为不足的状态，2022 年在需求复苏受阻、非 OPEC＋持续供应增产的情况下，原油供应增长快于需求增长，供需基本面维持在紧平衡状态（见图 2－7）。分季度看，一至四季度供需平衡差异分别为－0.20 百万桶/天、0.49 百万桶/天、1.13 百万桶/天、0.28 百万桶/天，除第一季度供应略微紧张外，后三个季度供应都高于需求水平。

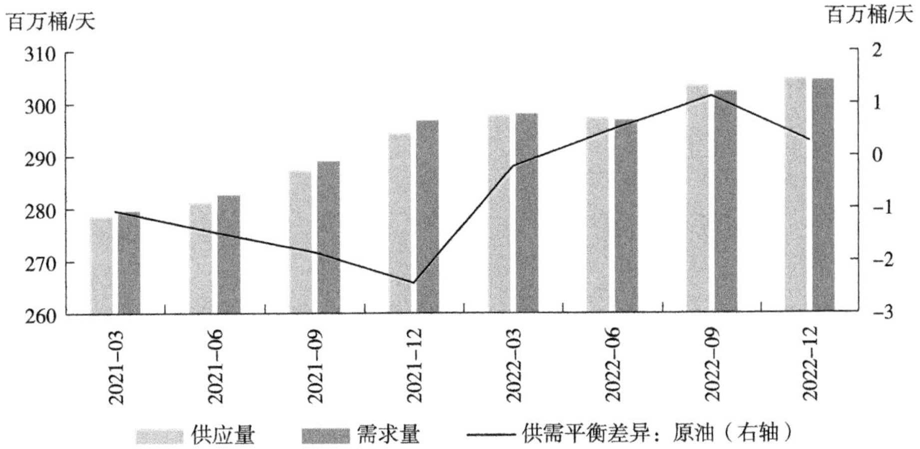

图 2－7　2021—2022 年世界石油市场基本面

（资料来源：Wind）

2022 年，为抑制俄乌冲突爆发后飙升的国际油价，美国联合 IEA 成员国进行战略石油储备大规模释放，其中美国向市场紧急释放的战略石油储备达到 2.22 亿桶，相当于当年其国内原油产量增量规模。从全年来看，2022 年全年经合组织商业石油库存规模保持低位，补库状态下年底石油库存仍低于 2017—2022 年 5 年平均水平。

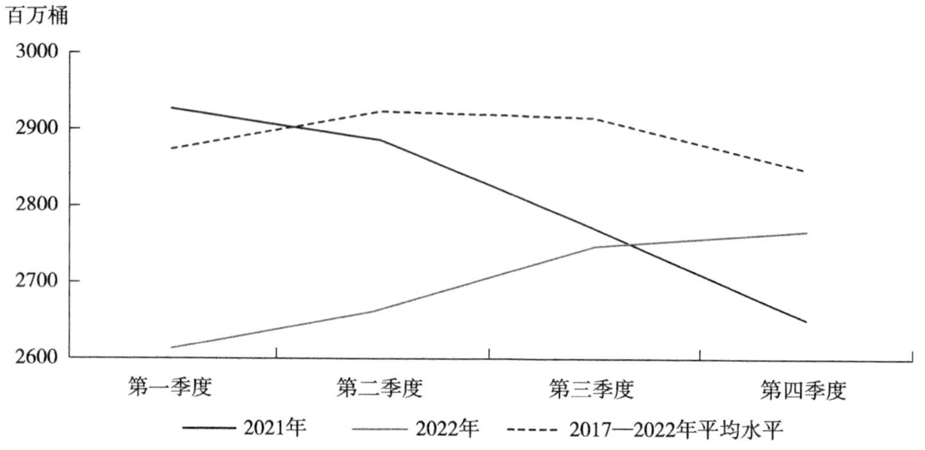

图 2-8　经合组织商业石油库存

（资料来源：Wind）

二、中国原油市场分析

（一）中国石油储量现状

自然资源部发布的《中国矿产资源报告 2022》显示了我国最新石油储备情况。截至 2021 年底，我国石油剩余探明技术可采储量为 36.8 亿吨。全年油气地质勘查总投资 799.06 亿元，同比增长 12.5%。常规油气勘查方面，鄂尔多斯盆地中东部首次在盆地盐下高压气藏获高产突破；准噶尔盆地东部阜康凹陷东环带多口探井获高产，展现出阜康凹陷多层系立体勘探潜力；塔里木盆地多口井获高产油气流，富满地区发现 3 条新富油气断裂带，实现塔北 - 塔中整体含油连片；四川盆地川中古隆起勘探大规模展开，有望形成万亿立方米规模大气区；渤海海域垦利 10-2 油气田建成我国海上首个浅层岩性亿吨级大油田。河套盆地兴隆构造带新落实亿吨级优质高效规模增储上产区。非常规油气勘查方面，页岩气等勘查再获新进展。四川盆地集中评价泸州区块页岩气，新增探明地质储量 5138 亿立方米、预测地质储量 7695 亿立方米，形成国内首个万亿立方米深层页岩气储量区；鄂尔多斯盆地庆城长 7 油层新增探明地质储量 5.5 亿吨；松辽盆地大庆古龙非常规油勘探取得重要新进展，新增预测地质储量 12.68 亿吨。

2022 年，我国石油和化工行业效益基本稳定。具体来看，上游油气开采业业绩表现尤为突出，实现营收和利润双增长，其中，全年营业收入 12592.8 亿元，同比增长 38.1%，利润总额 3545.0 亿元，同比增长 109.8%（见图 2-9）。

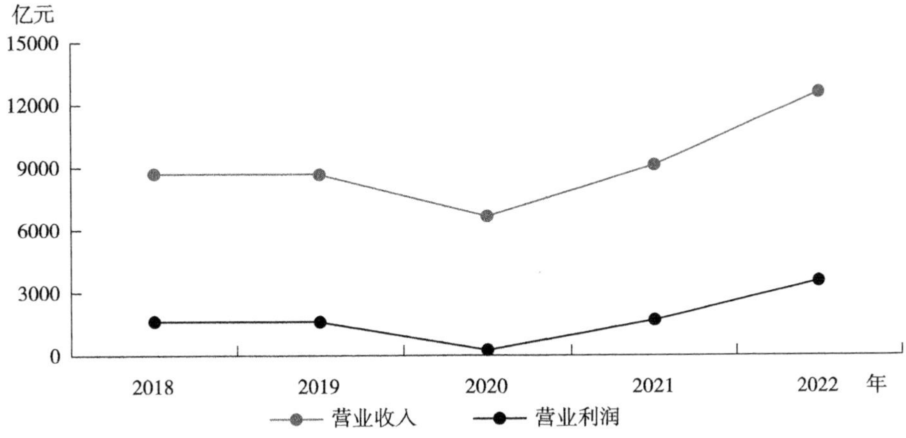

图 2-9 中国石油和天然气开采业营业收入和营业利润

（资料来源：中商产业研究院大数据库）

（二）原油需求分析

海关总署统计数据显示，2022 年我国原油进口总量为 50828 万吨，同比下降 0.9%。根据中石油经研院统计，得益于当年国内原油产量保持增长，我国原油对外依存度再次下降至 71.2%，原油消费量约为 71387.6 万吨（见图 2-10）。受碳减排政策及能源消费结构转型升级等因素影响，近年来我国原油消费增速放缓，而在 2022 年，

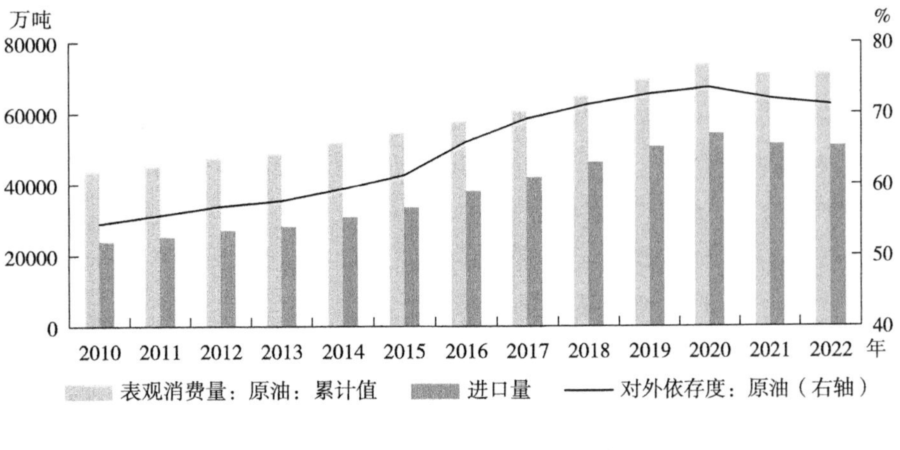

图 2-10 中国原油消费及进口情况

（资料来源：Wind、海关总署）

油价高企叠加国内疫情抑制原油加工，对进口节奏造成干扰。同时，受国际市场油价上涨影响，尽管进口原油数量较2021年有所下降，但进口总金额高达3655.12亿美元，约合24350亿人民币，同比增长41.4%，占全年货物贸易进口总额的13%。

从贸易结构看，2022年我国主要的原油进口来源国及地区有48个，其中前十大来源国为沙特阿拉伯、俄罗斯、伊拉克、阿联酋、阿曼、马来西亚、科威特、安哥拉、巴西、哥伦比亚，各自出口到我国的石油数量分别为8749万吨、8625万吨、5549万吨、4277万吨、3937万吨、3568万吨、3329万吨、3009万吨、2493万吨、865万吨（见图2－11）。其中，沙特阿拉伯、俄罗斯、伊拉克、阿联酋四大供油国占据超半数进口原油份额。美国为第十一大来源国，出口到我国原油总量为789万吨，占比为2%。

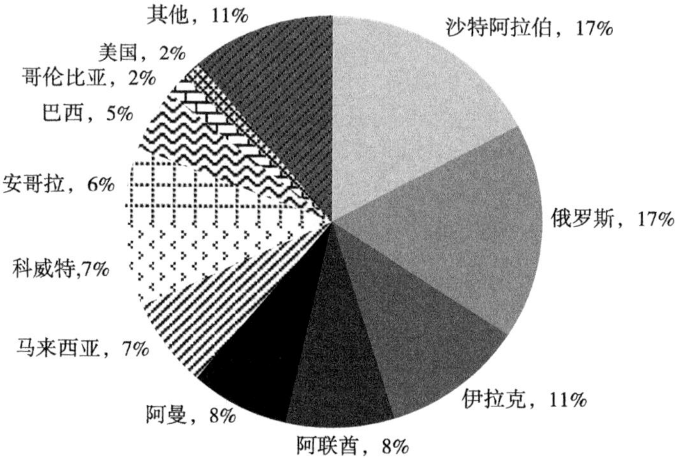

图2－11　中国石油进口来源结构

（资料来源：海关总署）

2019—2022年，沙特阿拉伯连续四年占据我国第一大进口来源国的位置，主要是由于沙特阿拉伯与中国的多个炼油项目投产，供应增加。位居第二的俄罗斯在2022年俄乌冲突的背景下，以较大的折扣力度向亚洲市场转移出口，对我国原油出口量同比增长8.3%，但与马来西亚和阿联酋相比并没有突出的提升。2022年，我国从马来西亚进口量增长92.4%，从阿联酋进口量增长33.9%，从科威特进口量增长10.4%。一个原因是受地缘政治因素影响，我国独立炼厂对俄罗斯原油采购偏向谨慎，而从马来西亚进口激增主要是低价原油带来的利润驱动，在主要进口来源国中，马来西亚进口原油均价最低，仅为4116元/吨，而我国从沙特阿拉伯和俄罗斯购买原油均价分别为4942元/吨和4514元/吨，总进口原油均价为4791元/吨（见表2－1）。

表 2－1　　2022 年原油进口情况

排名	国别	进口量（万吨）	进口金额（亿元人民币）	进口均价
1	沙特阿拉伯	8749	4329	4942
2	俄罗斯	8625	3893	4514
3	伊拉克	5549	2608	4700
4	阿联酋	4277	2159	5049
5	阿曼	3937	1937	4922
6	马来西亚	3568	1468	4116
7	科威特	3329	1637	4918
8	安哥拉	3009	1495	4970
9	巴西	2493	1240	4974
10	哥伦比亚	865	383	4423
11	美国	789	388	4921
总计		50828	24350	4791

资料来源：海关总署。

（三）原油供给分析

2022 年，我国国内原油生产保持稳定，全年生产原油 20467 万吨，同比增长 2.9%（见表 2－2）。

表 2－2　　2022 年原油月度生产情况

月份	原油	
	产量（万吨）	同比增长（%）
1	3345	4.2
2		
3	1770	3.6
4	1701	3.7
5	1758	3.3
6	1719	3.1
7	1711	1.5
8	1693	－0.5
9	1680	1.1
10	1724	2.4
11	1677	2.8
12	1686	2.4

注：因小数位数问题，部分偏差忽略不计。

资料来源：国家统计局。

2022 年，我国加工原油 67590 万吨，同比下降 3.4%。从趋势变化来看，前三季度由于国际油价高企，加上国内疫情阻碍经济活动，原油加工量明显不及 2021 年同期。此外，我国从 2021 年下半年就开始减少石油产品出口配额，并持续到 2022 年 8 月左右，对全年原油加工量也有所抑制，直到第四季度新增石油产品出口配额促使炼油厂用完配额，炼油需求才明显反弹（见表 2－3）。

表 2－3　2022 年原油月度加工情况

月份	原油	
	加工量（万吨）	同比增长（%）
1	11299	－1.1
2		
3	5859	－2.0
4	5181	－10.5
5	5391	－10.9
6	5493	－9.7
7	5320	－9.9
8	5366	－8.0
9	5682	1.3
10	5862	0.4
11	5961	－0.1
12	5989	2.0

注：因小数位数问题，部分偏差忽略不计。

资料来源：国家统计局。

三、原油价格体系进展

原油定价当前正处于交易所定价的时代，成熟交易机构在价格发现方面的功能愈发显著，基本形成了五大现货市场和三大期货市场，出现了具有国际公信力和影响力的市场化价格，短期内没有出现大的结构重塑。五大现货市场包括西北欧市场、地中海市场、加勒比海市场、新加坡市场和美国市场。三大期货市场包括纽约商业交易所（NYMEX）、伦敦洲际交易所（ICE）和迪拜商品交易所（DME）。

从目前来看，国际原油市场公信度最高的基准原油，依然是美国西得克萨斯轻质低硫原油（West Texas Intermediate，WTI）和北大西洋北海布伦特基准原油（Brent）。2018 年中国推出的上海原油期货，在原油期货中市场规模仅次于 WTI 和 Brent 原油期货，已成为全球第三大原油期货，但相较于这两大原油期货而言，上海原油期货在国际贸易合同定价参考的影响力方面还相对有限。

2022 年 12 月，习近平主席在中国—海湾阿拉伯国家合作委员会峰会上的主旨讲话提及，要充分利用上海石油天然气交易中心平台，开展油气贸易人民币结算。近年来，人民币结算越来越受到重视和关注，尤其是在油气等重要战略性物资的国际贸易中。俄罗斯央行发布的数据显示，在 2022 年底，人民币在俄罗斯进口结算中的份额从年初的 4% 跃升至 23%，而人民币在俄罗斯出口结算中的份额从 0.5% 上升至 16%。2023 年 2 月，伊拉克央行发布声明，首次宣布将允许与中国的贸易直接以人民币结算。但值得注意的是，人民币国际化依然有较长的一段路要走。一方面，这是对多年来形成的以美元为主的国际支付体系的重构，所涉问题多且复杂；另一方面，当前地缘政治局势复杂多变，人民币国际化或将面临强大阻碍。根据 SWIFT 统计，截至 2022 年底，人民币全球跨境贸易结算份额排名保持第三，占比为 3.91%，接近 2021 年同期两倍，次于占比 6.31% 的欧元，而与占比 84.84% 的美元还相去甚远。

四、原油价格趋势分析

2022 年国际油价呈现“倒 V”形走势，从年初到年中整体快速上行并伴随大幅波动，年中到年末震荡下行。地缘政治冲突是全年国际油价运行的主导因素，需求侧相对疲软，同时供应侧政治博弈强化了国际油价不确定性因素。另外，美联储连续加息引领全球多国通胀、OPEC + 产油国产量政策变化也是造成国际油价波动的因素。

截至 2022 年底，布伦特原油期货结算价为 85.91 美元/桶，同比上涨 10.45%；WTI 原油期货结算价为 80.26 美元/桶，同比上涨 6.71%（见图 2－12）。由于欧洲地区地缘政治风险暴露，布伦特原油期货相对 WTI 价差在 2022 年内整体同比走宽，表现出较强的波动特征，价差在 7 月末达到最大 11.39 美元/桶，但也出现过反转，在 5 月

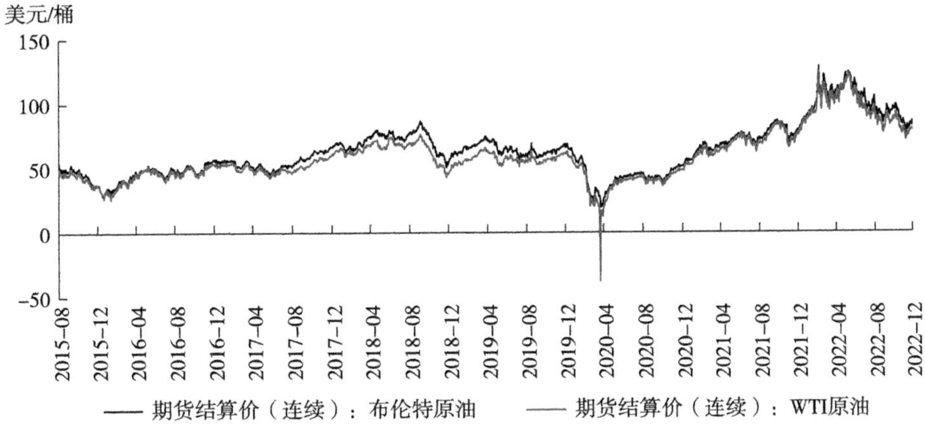

图 2－12 国际主要原油期货结算价（截至 2022 年底）

（资料来源：Wind）

下旬达到最小 -0.48 美元/桶（见图 2-13），直接原因是美国原油出口增幅显著超出产量增幅，需求拉动价格上涨。

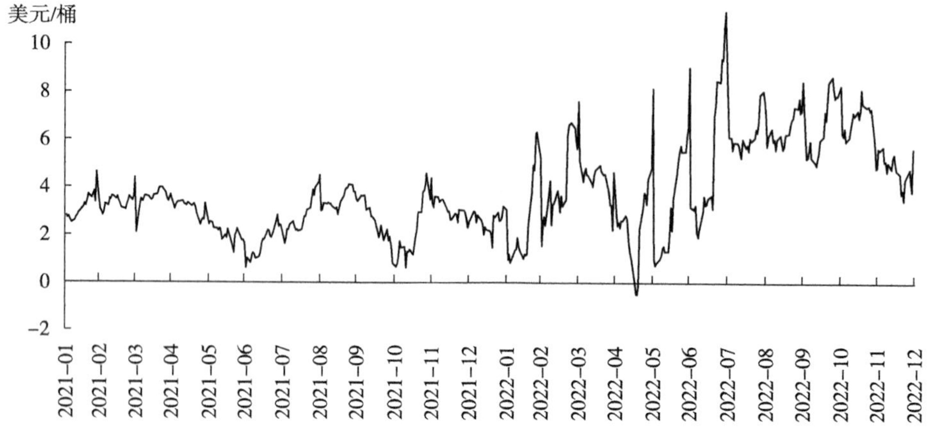

图 2-13 Brent-WTI 期货结算价差

（资料来源：Wind）

2022 年底，西方对俄罗斯原油限价实现"软着陆"，俄油出口压力减轻，但从 2023 年 2 月起，西方对俄油品限价令及欧盟对俄油品禁运令生效，欧盟将停止俄油进口，如果亚洲等其他地区无法消纳这部分减量，俄罗斯原油出口或遇到困难。因此预计 OPEC+将继续采取"限产挺价"的管理手段，灵活应对国际油价变化。另外，伊核谈判至今还陷在僵局，如果伊朗石油所受制裁得以解除，这部分产量将重新投放市场。OPEC 在 2023 年 3 月发布的月度石油报告中指出，尽管全球经济存在较高不确定性，但东欧地缘政治冲突的解决和中国疫情防控政策优化调整会给石油需求带来一些上行潜力。OPEC 预测 2023 年全球石油需求将增加 232 万桶/天至 10190 万桶/天。

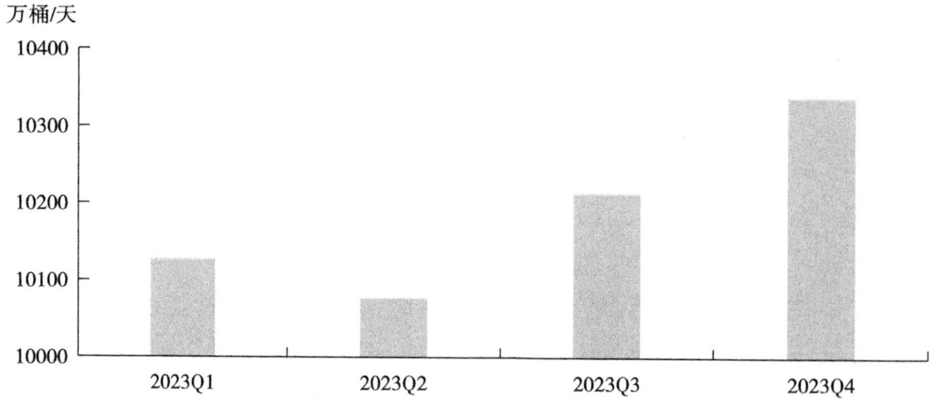

图 2-14 2023 年全球石油需求预测

（资料来源：OPEC）

另外，需要注意的是，高通胀和投资者对高利率的担忧可能会降低市场对宏观经济的预期，并可能对需求构成风险。2023 年 3 月，美联储宣布再次加息以遏制通胀，联邦基金利率目标区间由 4.5% ~4.75% 上调 25 个基点至 4.75% ~5%，达到 2007 年以来最高水平。市场预期年内美联储加息脚步有望放缓，推动美元指数回落，降低油价金融侧压力。此外，2023 年初，欧美银行危机持续发酵，市场担忧金融风险蔓延，纷纷下调油价预期。

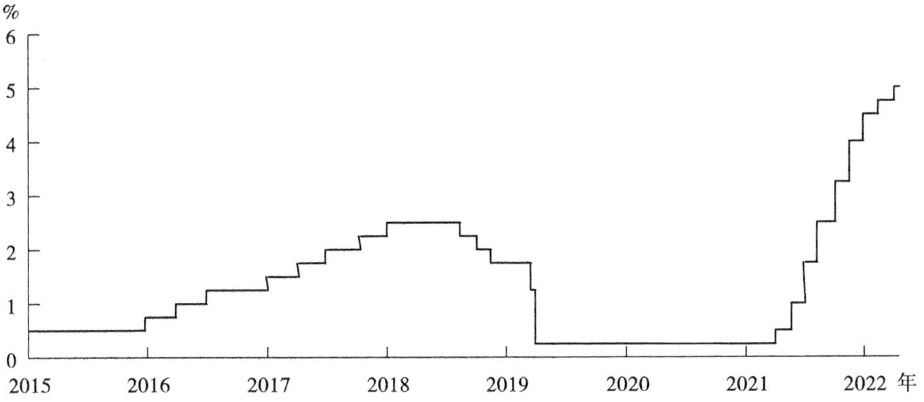

图 2－15　美国联邦基金目标利率

（资料来源：Wind）

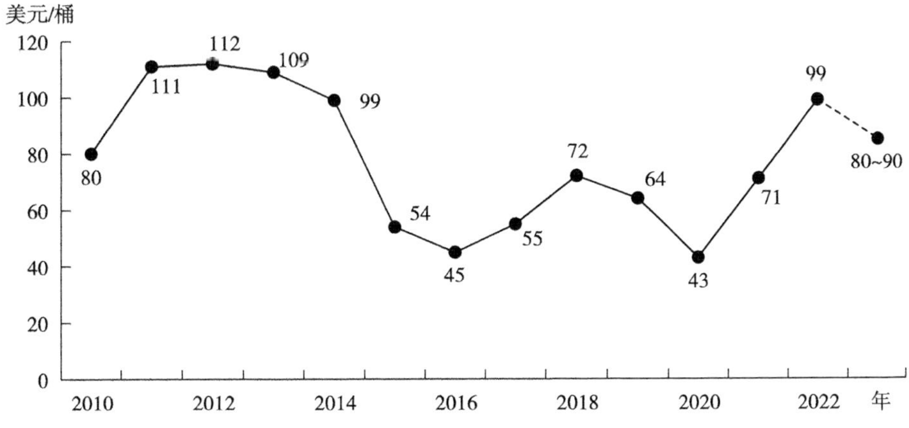

图 2－16　布伦特年均价格走势预测

（资料来源：路透社、中石油经研院）

第三节　成品油

一、全球成品油市场分析

（一）全球成品油供需

2022 年，全球经济逐渐从新冠疫情恢复，各国生产活动稳步推进，全球汽柴煤油等主要成品油均呈现供需双升局面。全年供应总量为 8782 万桶/日，同比上涨 3.4%；全年需求总量为 8475 万桶/日，同比上涨 2.7%；供应富余 307 万桶/日。各主要油品均供过于求。

表 2－4　　2021—2022 年全球成品油供给量　　单位：万桶/日

成品油种类	2021 年	2022 年
汽油	2595	2651
柴油	2846	2922
航空煤油	617	714
残渣燃料油	655	673

资料来源：中石油经研院。

各油品供需关系如下：

汽油方面：全球疫情逐步得到控制，使得通勤增加，私人交通恢复迅速，汽油供需均有所上升，全球汽油需求量为 2591 万桶/日，同比上升 1.3%；供给量为 2651 万桶/日，同比上升 2.2%，供应过剩 60 万桶/日。

柴油方面：疫情后柴油需求恢复速度快于汽油与航空煤油，且受俄乌冲突以及法国罢工等因素影响，全球柴油供应偏紧，全球柴油需求量为 2819 万桶/日，同比上升 2.1%；供应量为 2922 万桶/日，同比上升 2.7%，供应过剩 103 万桶/日。

航空煤油方面：随着出行管制的逐步放松，全球航空煤油需求恢复大幅上升，全球航空煤油需求量为 676 万桶/日，同比上升 18.3%；供给量为 714 万桶/日，同比上升 15.7%，供应过剩 38 万桶/日。

残渣燃料油方面：全球燃料油需求上升，全球消费量达 645 万桶/日，同比上升 3.1%；全球产量为 673 万桶/日，同比上升 2.7%，供应过剩 28 万桶/日。

表 2-5　　2021—2022 年全球主要油品需求量　　单位：万桶/日

成品油种类	2021 年	2022 年
汽油	2559	2591
柴油	2761	2819
航空煤油	571	676
残渣燃料油	625	645

资料来源：中石油经研院。

2022 年，全球不同区域油品供需关系变化有所不同，汽油主要流入北美地区以及非洲地区，柴油则从过剩的北美地区以及亚洲地区流入欧洲，航空煤油从亚洲流入欧洲和非洲。具体如下：

北美洲方面：为满足欧洲市场需求，美国炼油商提高柴油产量，对欧出口柴油增长 45%，并因柴油市场的紧俏挤压汽油生产空间。

亚洲方面：受中国疫情影响，亚洲汽油需求下降，然而，东南亚的需求起到支撑作用。俄乌冲突使得亚洲柴油流入欧洲，加之柴油生产高利润性，亚洲诸多炼厂大幅增加柴油产量而控制航空煤油产量。

欧洲方面：欧洲对俄罗斯的制裁使其柴油市场供应短缺情绪上升，加之法国罢工导致 60% 以上的炼油产能停工，欧洲加大了对北美洲与亚洲的柴油进口。

表 2-6　　2022 年各地区成品油供给量　　单位：万桶/日

成品油种类	北美洲	亚洲	欧洲	非洲
汽油	984	748	379	46
柴油	584	1038	565	73
航空煤油	179	282	84	19

资料来源：IHS。

表 2-7　　2022 年各地区成品油需求量　　单位：万桶/日

成品油种类	北美洲	亚洲	欧洲	非洲
汽油	971	743	212	120
柴油	412	960	688	167
航空煤油	186	242	104	22

（二）全球成品油价格

1. 2022 年三大市场汽油、柴油以及航空煤油价格均大幅上涨

2022 年，国际油价均价大幅高于上年，全球主要地区油品价格大幅高于上年平均水平。其中，欧美的价格涨幅高于亚太（见表 2-8）。具体如下：美国方面，在禁止进口俄罗斯能源后，美国汽油价格不断创新高。欧洲方面，受俄乌冲突影响，欧洲柴油

价格维持高位，且涨幅远高于国际油价涨幅。新加坡方面，亚太的成品油价格涨幅较低于欧美国家。

表2－8　　2022年三大市场成品油平均价格　　单位：美元/桶

品种	成品油现货价格						原油现货价格			
	美国纽约港	同比（%）	欧洲鹿特丹	同比（%）	亚洲新加坡	同比（%）	WTI	同比（%）	布伦特	同比（%）
汽油	148.11	55.42	120.30	48.20	110.98	41.40	80.26	22.46	85.91	27.31
柴油	129.44	70.13	141.34	80.61	135.51	74.23				
航空煤油	160.88	100.29	138.73	80.46	126.89	68.63				

资料来源：Wind。

2. 世界部分国家和地区汽柴油零售价格持续走高

总体来看，2022年国际汽油、柴油零售价格上升，部分国家汽油、柴油平均零售价上升明显，汽油、柴油零售价格走势与原油价格走势基本一致（见表2－9）。

表2－9　　2022年部分国家汽柴油平均零售价　　单位：人民币元/升

国家	规格品号	含税	
		汽油	柴油
中国	92#V 汽油/0#V 柴油	8.25	7.96
韩国	92#汽油/超柴	9.32	9.47
日本	91#汽油/柴油	8.82	7.78
新加坡	95#汽油/超柴	13.51	12.82
美国	普通汽油/柴油	7.15	9.07
英国	95#汽油/柴油	13.61	14.66
平均价格	汽油/柴油	11.07	10.93

资料来源：各国各地区成品油零售价格官网。

国际成品油市场定价方式国际化程度相对较低，且进展、进程较慢。目前国际上主要有三大成品油市场，即欧洲荷兰鹿特丹成品油市场、美国纽约商品交易所以及新兴亚洲新加坡市场，各地区成品油国际贸易都主要以该地区的市场价格为基准作价。此外，最近发展起来的日本东京市场对远东市场贸易也有一定的参考意义。

以新加坡市场为例，作为定价基准的成品油主要有：

（1）汽油定价主要以石脑油或92号汽油为基准，也有个别交易按95号或97号汽油定价。

（2）柴油定价主要以0.5%含硫柴油为基准。其他不同等级规格的柴油可以此为定价基准，也可按其独立的报价定价，如0.25%和1.0%含硫的柴油。

（3）航空煤油、双用煤油及灯油的定价主要以煤油为基准。

（4）燃料油的定价主要以粘度为180或380的燃料油价格为基准。此外，也有个别交易以迪拜原油为基准定价。

二、中国成品油市场分析

（一）中国成品油生产供给

2022年3月及10月以后全国大范围疫情暴发，炼厂汽柴油库存上涨，开工率也在成本和库存的双重压力下持续下滑，疫情对柴油需求有一定影响，但远不及汽油与煤油的下滑，柴油消费降量有限，加之柴油利润较高，炼厂生产积极性亦高于汽油，因而柴油产量增加，汽油、煤油产量下降。2022年我国汽油、柴油、煤油实际产量为36611万吨，同比增长2.44%，伴随我国新冠疫情防控政策优化调整，全国经济继续回暖，我国成品油产量保持中速增长，增速上升（见表2－10）。

表2－10　　2019—2022年汽柴煤油产量及增速

年份	汽油		柴油		煤油		汽柴煤油合计	
	产量（万吨）	增速（%）	产量（万吨）	增速（%）	产量（万吨）	增速（%）	产量（万吨）	增速（%）
2019	14150	1.9	16620	－4.4	5290	10.9	36060	0.07
2020	13187	－6.8	15972	－3.9	4869	－8	34028	－5.6
2021	15457	17.2	16337	2.3	3944	－19	35738	5.0
2022	14536	－5.96	19126	17.1	2949	－25.2	36611	2.44

资料来源：Wind、国家统计局。

（二）中国汽柴油市场消费

2022年国内成品油消费量达33294万吨，同比下降5.97%。其中，汽油表观消费总量为13281.34万吨，同比下降5.4%；柴油表观消费总量为18105.26万吨，同比增长23.23%；煤油表观消费总量为1907.45万吨，同比下降51.11%。

2020年新冠疫情期间，国内经济发展受限。为防控疫情，国内高速公路和诸多普通道路长时间进行道路管制，企业多次暂停并延迟复工，诸多相关因素导致国内成品油消费量锐减。虽然从2020年2月份开始，国家就已出台一系列政策刺激消费，但依然杯水车薪。

虽然我国在"十四五"规划中提出将大力发展新能源以不断减少对化石燃料的依赖，同时，新能源汽车对汽油替代效应不断扩大，且利好补贴政策不断加码；国内高铁运力发展迅猛，对公路运输替代程度进一步加大，但这些因素并不能阻止2021年国内成品油消费量的快速增长。2021年，随着疫情防控取得进一步成效，企业均复工，

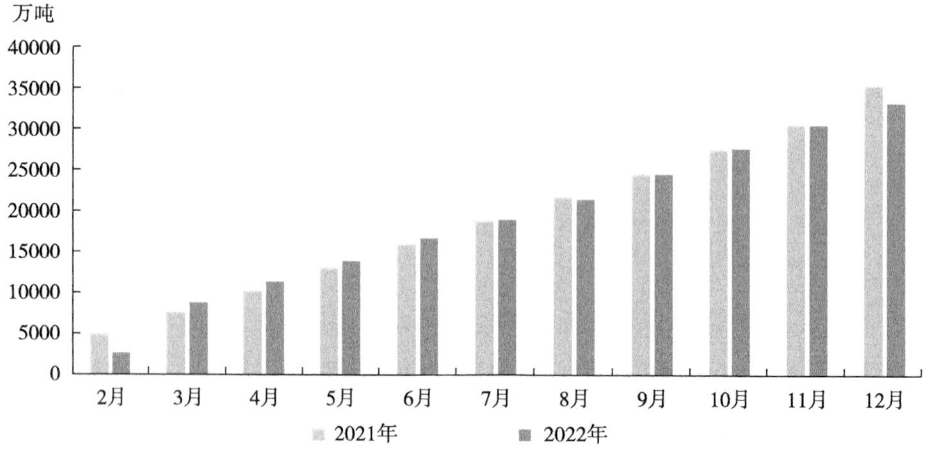

图 2－17　2021 年、2022 年成品油消费量对比

（资料来源：Wind）

道路管制也不断放开，我国成品油消费量有了明显增长。成品油消费量达 35409 万吨。

2022 年 3 月及 10 月以后全国大范围疫情暴发，对国内成品油市场产生巨大影响，汽柴油需求急速下滑，带动炼厂库存积压，产量增速缓慢，加之国际高油价带动国内成品油价升高，使得国内汽柴油价格均创 2015 年以来的新高水平，进一步带动需求走低。

（三）中国成品油进出口分析

1. 进口分析

2022 年，中国成品油进口量 2645 万吨，同比下降 2. 47%；2022 年中国成品油进口金额 1960458 万美元，同比上升 17. 3%（见图 2－18）。

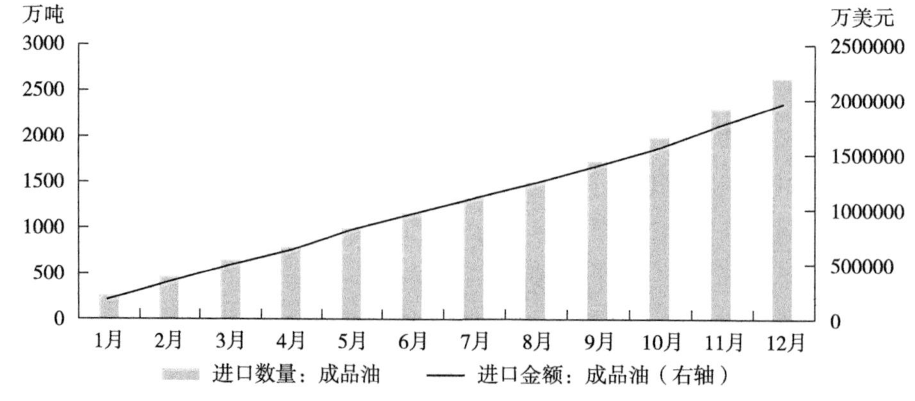

图 2－18　2022 年月度成品油进口量与进口金额

（资料来源：Wind、海关总署）

2. 出口分析

2022 年，中国成品油出口总量 3438 万吨，同比下降 8.59%；其中，汽油 1256 万吨（同比下降 13.6%），柴油 1092 万吨（同比下降 36.5%），煤油 1090 万吨（同比增长 27.4%）。

在国内成品油结构不断优化，生产柴汽比下滑的大趋势下，出口柴汽比继续保持下降。

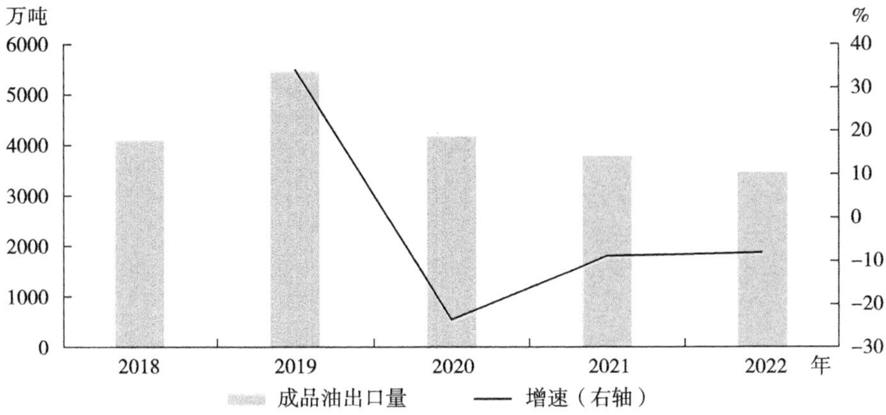

图 2-19 2018—2022 年成品油出口量与增速

（资料来源：Wind、海关总署）

（四）中国成品油价格分析

1. 成品油定价机制

根据中国现行的成品油价格形成办法，国内成品油价格选取国际市场原油价格作为基础，外加国内平均加工成本、税金、适当利润等因素确定。当国际市场原油连续 22 个工作日移动平均价格变化超过 4% 时，可相应调整国内汽油、柴油价格。

2016 年 1 月 13 日，国家发展改革委发布通知，决定设置成品油调控上下限。调控上限为每桶 130 美元，下限为每桶 40 美元。即当国际市场油价高于每桶 130 美元时，汽油、柴油最高零售价格不提或少提；低于 40 美元时，汽油、柴油最高零售价格不降低；在 40～130 美元之间运行时，国内成品油价格机制正常调整，该涨就涨，该降就降。

具体核算是，以布伦特（Brent）、迪拜（Dubai）和米纳斯（Minas）三地平均原油价格 + 成本 + 适当的利润率（按 2004 年行业平均利润率为 5% 左右），来确定成品油价格。其中，18～50 美元之间按照上述公式计算，50 美元以上开始扣减加工环节利润，每上涨 1 美元扣减 1% 的利润率，到 55 美元减为零，55～65 美元为零利润。

2. 成品油价格分析

综合来看，数据显示，截至2022年12月31日，汽油价格为8680元/吨，年涨幅为6.76%，柴油价格为7655元/吨，年涨幅为7.44%。

国内成品油价格主要参考国际原油定价，汽油、柴油价格受国际油价冲击较大。2022年内共经历21轮调价周期，汽油累计上调550元/吨，柴油累计上调530元/吨。

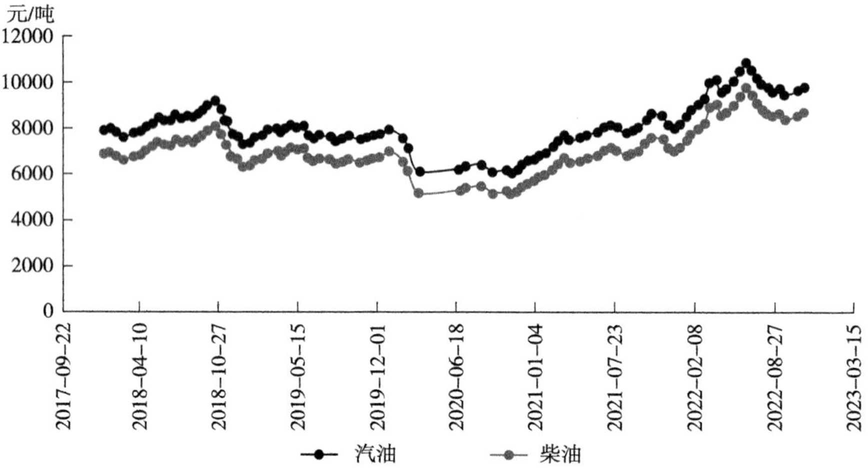

图2-20　2016—2022年国内汽柴油指导价变化情况

（资料来源：Wind）

表2-11　2022年国家发展改革委指导汽柴油价格统计表　单位：元/吨

调整日期	汽油指导价	调整幅度	柴油指导价	调整幅度
2022-01-01	8130	140	7125	135
2022-01-18	8475	345	7455	330
2022-01-30	8785	310	7755	300
2022-02-18	8995	210	7955	200
2022-03-04	9255	260	8210	255
2022-03-18	10005	750	8930	720
2022-04-01	10115	110	9040	110
2022-04-16	9570	-545	8510	-530
2022-04-29	9775	205	8710	200
2022-05-17	10060	285	8980	270
2022-05-31	10460	400	9370	390
2022-06-15	10850	390	9745	375

续表

调整日期	汽油指导价	调整幅度	柴油指导价	调整幅度
2022-06-29	10530	-320	9435	-310
2022-07-13	10170	-360	9090	-345
2022-07-27	9870	-300	8800	-290
2022-08-10	9740	-130	8675	-125
2022-08-24	9535	-205	8475	-200
2022-09-07	9725	190	8660	185
2022-09-22	9435	-290	8380	-280
2022-10-25	9620	185	8555	175
2022-11-08	9775	155	8705	150
2022-11-22	9600	-175	8540	-165
2022-12-06	9160	-440	8115	-425
2022-12-20	8680	-480	7655	-460

资料来源：国家发展改革委。

（五）中国成品油炼化市场现状

2021 年是国内石油炼化市场加强整顿的开局之年，多部门联合全面展开了一系列市场整顿行动，包括核查原有配额、征收调和原料消费税、加强税收监管、加大环保督察力度等，整顿力度空前。

2022 年，为引导石油行业规范健康发展，国家部署开展新一轮成品油市场整顿行动，本轮市场整顿主要针对地方炼厂非税成品油资源，行业发展环境持续好转，主要体现在：第一，地方炼厂表外资源量大幅减少，2022 年，税收监管政策再度开启，有效打击不合规资源，全年地方炼厂表外柴油资源量为 3286 万吨，同比大幅减少 57.4%。第二，调和汽柴油基本退出市场，2022 年，调和汽柴油继续推出市场，全年调和汽柴油资源量为 82 万吨，同比下降 94.6%，其中，调和汽油仅为 28 万吨，调和柴油仅为 54 万吨。此外，柴油再次被列入危险化学品，不合规经营者将逐步被清退，提升市场经营的规范性。

预计到 2023 年，我国国内炼油能力将保持在 9.24 亿吨/年的规模，广东石化、盛洪炼化将正式投产，拉动国内原油加工量回升。预计全年原油加工量为 7.33 亿吨，成品油产量为 4.33 亿吨，产大于需约 3500 万吨，市场供应充足。

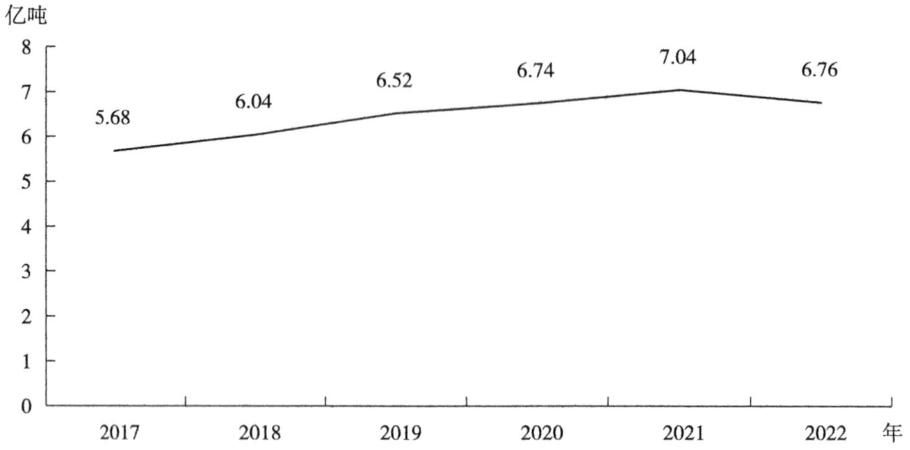

图 2－21　2017—2022 年国内原油加工量

（资料来源：国家统计局）

第四节　天然气

2022 年全球经济复苏遭遇“逆风”，新冠疫情影响犹在，俄乌冲突又大幅推高能源和食品价格，加剧了通货膨胀压力，无论是从区域分布、周期演变趋势还是供需结构来看，全球经济下行压力均增大，经济增速逐季放缓。地缘政治和经济的不确定性不断削弱商业信心和投资，并进一步削弱短期经济前景。在高通胀、激进的货币紧缩和不确定性加剧的背景下，多国经济普遍严重放缓的局面日益凸显。

2022 年初，俄乌冲突爆发给全球带来深刻影响。欧洲能源危机不断加重、蔓延，美欧多国通胀率不断攀升。在此背景下，全球化石能源市场特别是油气市场的供需博弈愈加激烈。俄罗斯管道天然气供应的减少甚至中断，使欧洲天然气市场出现了巨大的缺口。由于天然气供应量锐减，欧洲许多国家不得不重启煤电以解燃眉之急，这导致欧洲的煤炭需求有所回升。国际能源署的数据显示，2022 年全球煤炭消费量创历史新高。据其估算，2022 年全球煤炭消费量增长 1.2%，首次单年超过 80 亿吨；全球煤炭产量增长 5.4%，达到 83 亿吨，为历史最高水平。

一、全球天然气市场分析

（一）全球天然气供需分析

1. 全球天然气需求现状

2022 年 2 月，俄乌冲突全面爆发并引发一系列连锁反应：欧美制裁俄罗斯并对其能源产品限价；俄罗斯反制禁止对“不友好”国家出口油气；北溪管道爆炸；俄罗斯宣布油气以卢布结算；欧洲出现“气荒”危机，自美国、中东大量增加 LNG 进口。2022 年美国 LNG 出口量 8120 万吨，对欧盟出口量飙升近 150%，成为全球最大 LNG 出口国……全球油气贸易流向深刻变化，市场格局重塑。

地缘政治、极寒天气，叠加欧洲 LNG 采购需求激增，导致 2022 年国际油气价格大幅上扬，持续高位运行。2022 年北美天然气基准价格 Henry Hub 年均价为 6.55 美元/百万英热，同比上涨 65.2%，8 月 22 日达到极值 9.68 美元/百万英热；欧洲天然气基准价格 TTF 年均价为 40.611 美元/百万英热，同比上涨 138.9%，8 月 26 日刷新历史极值，达到 99.025 美元/百万英热。

2018—2021 年，全球消费量从 3.7 万亿立方米增加至 4 万亿立方米，累计增幅为 8.11%。2022 年，俄乌冲突爆发致使天然气价格飙升，俄罗斯进一步削减天然气供应，全球天然气消费量五年来首次回落。由于亚洲经济活动减少，以及欧洲天然气需求受到高价打击，尽管北美天然气市场依旧活跃，但 2022 年全球消费量仍下降 0.5%（见图 2-22）。

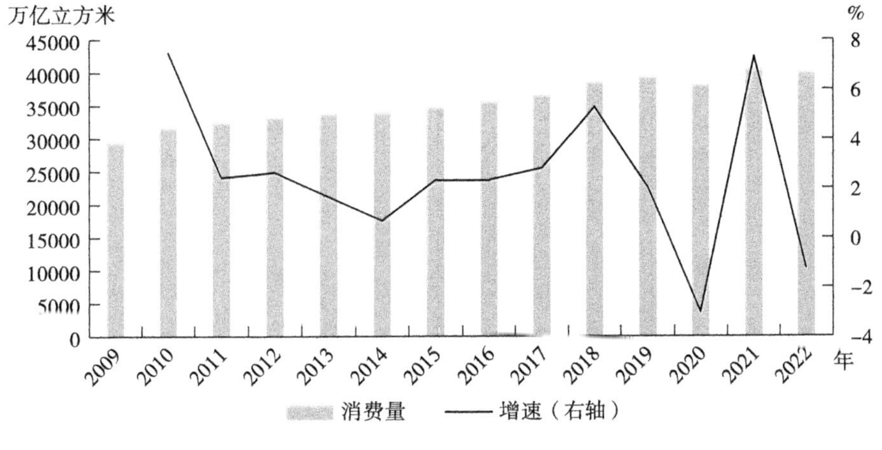

图 2-22　2009—2022 年全球天然气消费量及增速

（资料来源：BP）

2. 全球天然气供给现状

全球天然气探明储量前五大国家为俄罗斯、伊朗、卡塔尔、土库曼斯坦及美国，2022 年受到俄乌冲突影响，国际天然气供应格局发生了深刻变化，国际天然气价格高企，各国认识到了能源安全的重要性，纷纷加大能源开发力度。2022 年，全球天然气探明储量增长 0.75% 至 190.53 万亿立方米（见图 2-23）。

在全球能源消费结构和全球碳达峰的影响下，天然气的需求量逐步提升，全球加大对天然气的开采。但全球天然气资源分布不均匀，主要分布在北美、俄罗斯和中亚

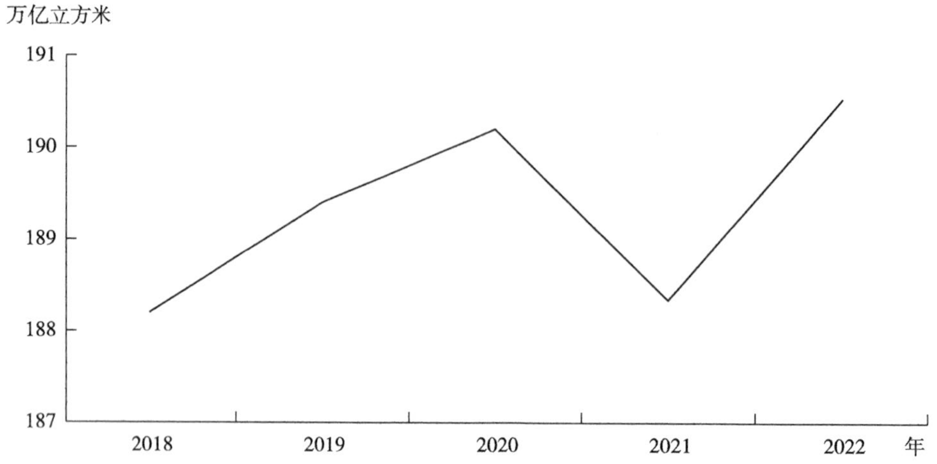

图 2－23　2018—2022 年全球天然气探明储量

（资料来源：BP）

地区。从 2021 年全球天然气产量分布来看，北美、独联体地区和中东地区的产量占比较大，三个地区的天然气产量占全球天然气产量近 70%（见图 2－24）。

2022 年，受俄乌冲突影响，欧洲天然气资源供应短缺，美国加大天然气开采量以期填补此部分缺口，2022 年北美天然气产量较 2021 年有明显提升。

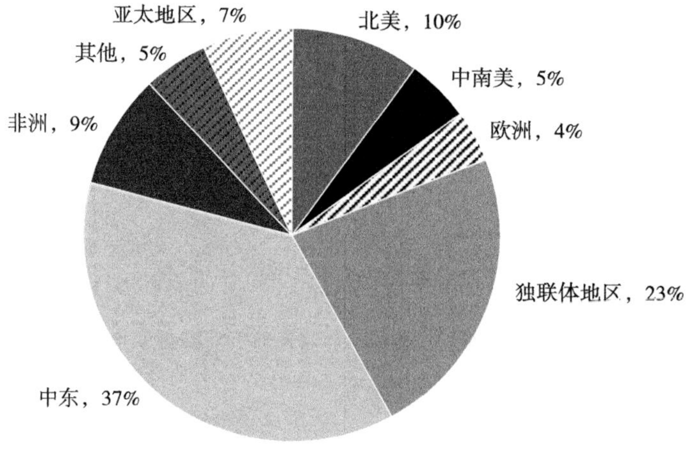

图 2－24　全球常规天然气产量地区占比

（资料来源：笔者根据相关资料整理）

（二）全球天然气进出口分析

2022 年 LNG 整体进口达到 23421 万吨，同比增长 7.8%，其主要原因是本年极端天气频发，且受俄罗斯管道气减少影响，欧洲地区进口 LNG 需求不断增加，本年欧洲进口量达到1.05亿吨，同比上年增长62.64%。亚洲及其他LNG消费地区市场整体进口有所下降，亚洲市场LNG进口量同比下降15.71%，亚洲地区LNG进口量因疫情影响有所抑制，且由于欧亚LNG套利价差过大，部分亚洲国家转运LNG至欧洲。

LNG出口方面，2018—2022年LNG出口总量稳步增加，2022年LNG整体出口量达到23762万吨，同比涨幅达到6.33%。LNG出口增速与2020—2021年LNG出口增速持平，其主要原因是2022年受极端天气影响，大洋洲及美洲等主产地LNG需求有所增加，虽然欧洲LNG进口需求大幅增加，但大洋洲LNG资源难以输送到欧洲地区，且由于东北亚地区LNG需求较为稳定，大洋洲LNG出口量增速有所下降。

二、中国天然气市场分析

近五年，我国一次能源消费总量整体呈上升态势，但2022年增速明显放缓。2018年，我国一次能源消费总量为133.6艾焦耳，2022年，国内一次能源消费总量达到157.86艾焦耳，整体增长18.16%。

"十四五"是我国能源低碳转型重要的窗口期，是我国为实现"双碳"目标打好基础的关键时期，能源结构的优化，体现了我国在转变以煤、油、气为主体的能源格局，打造清洁主导、电为中心、互联互通的新型能源体系方面初见成效。2022年，国内天然气消费量出现了首次下滑，在能源消费总量中的占比较2021年有所下降。

2018—2021年，国内天然气消费在一次能源中的占比稳步提升，由2018年的7.36%提升至2021年的8.65%，提高了1.29个百分点，天然气作为主体能源之一，在我国能源结构中的重要性正在提高。但2022年以来，国际局势动荡，国际天然气价格高企，高气价对行业下游造成了极大损害，天然气表观消费量出现了历史上首次回落，2022年，天然气在一次能源消费中的占比较2021年回落0.16个百分点至8.49%（见图2-25）。

2022年中国天然气进口量同比下降9.9%，为近十年来首次负增长。从已公布的细分数据来看，2022年中国LNG进口量为6344万吨，同比下降19.5%；同期管道气进口量为4581万吨，同比增长7.8%。

（一）中国天然气产量分析

2022年，国际天然气价格持续高位导致进口天然气总量减少，为满足国内天然气需求，国内天然气生产继续大力推进，同时配合"增储上产七年行动计划"，全国天然气产量快速增长，新增探明地质储量保持高峰水平。2018—2022年，国内天然气产量稳步增长。2022年全年，国内天然气产量为2178亿立方米，同比增长6.11%，较2018年增幅高达37.5%。

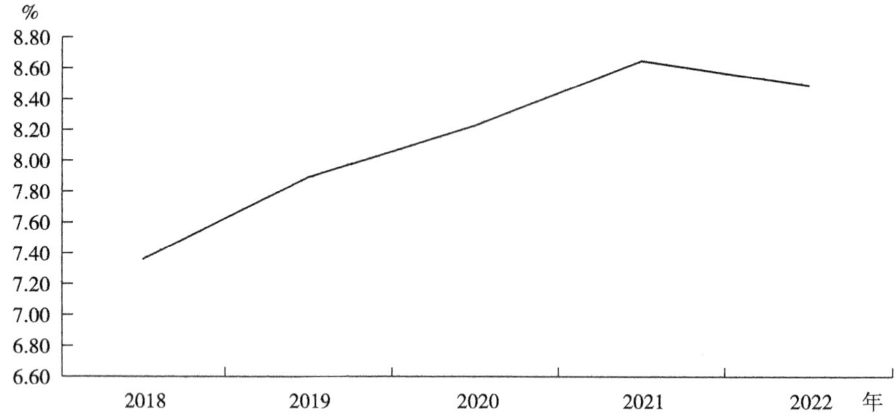

图 2－25　国内天然气在一次能源消费中的占比

（资料来源：笔者根据相关资料整理）

2018—2022 年，中国煤层气产业开发稳步推进，煤层气产量由 70.2 亿立方米增加至 115.50 亿立方米，累计增幅达 64.53%。2022 年各月煤层气产量均较 2021 年大幅提升，同比增幅多月保持在 10% 以上，2022 年全年，煤层气产量较 2021 年增长 10.32%。

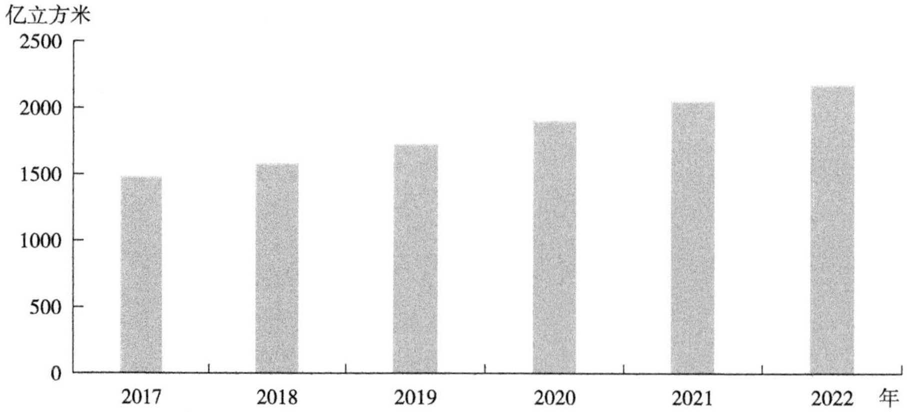

图 2－26　2017—2022 年我国常规天然气产量

（资料来源：国家发展改革委，笔者根据相关资料整理）

我国天然气资源分布较为集中，多分布在西南和西北地区。依托区内气田优势，2022 年，国内天然气产量最大的省份是四川省，产量为 561.2 亿立方米，其次是新疆维吾尔自治区，产量为 406.7 亿立方米，第三是陕西省，天然气产量为 307.1 亿立方米。第四至第十名分别是内蒙古自治区、山西省、广东省、重庆市、青海省、黑龙江省和天津市。上述十个省份占 2022 年国内天然气总产量的 94.32%。

（二）中国天然气需求分析

1. 中国天然气消费分析

2018—2021 年，中国天然气表观消费量整体呈较快上升趋势。进入 2022 年，国际政治局势不稳定，国际大宗能源商品价格屡破历史新高，高气价挫伤了天然气下游消费积极性，同时国内疫情再度反扑，对整体经济影响较大，全年天然气表观消费量出现历史首次下滑，同比减少 1.69% 至 3663 亿立方米（见图 2－27）。

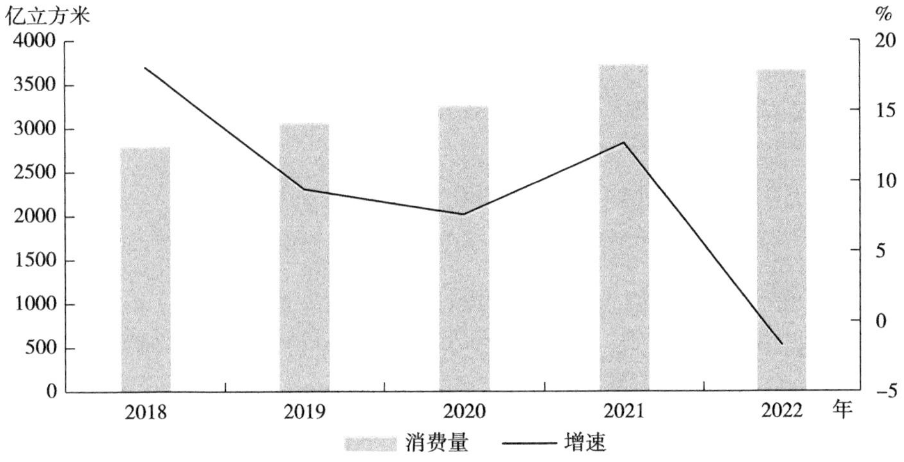

图 2－27　2018—2022 年中国天然气表观消费量及增速统计

（资料来源：Wind、海关总署数据及笔者根据相关资料整理）

分省市来看，2022 年，国内天然气消费量前三的省份分别是广东省、江苏省和四川省，与上年保持一致，上述三省占全国消费总量的 27.39%。

消费结构层面分析：

城市燃气用气。城市燃气用气是天然气产业下游消费利用的基石。2022 年，国内城市燃气用气量保持基本稳定，全年用气 1428.57 亿立方米，占全年消费总量的 38%。城市燃气用气中，居民用气受疫情影响较小，相反，居民采暖“气代煤”继续推进、供暖线继续南移增加城市燃气用气量，但车用气在 2022 年受到疫情因素影响有减少趋势，两相作用之下，2022 年城市燃气用气量与 2021 年基本持平。

发电用气。2022 年夏季，国内高温天气频现，但南方汛期反枯现象导致水利发电量大幅减少，天然气发电作为调峰用电在用电高峰时发挥了重要的作用。2022 年，发电用气 732.6 亿立方米，较上年增长 12.71%，占总用气量的 20% 左右。

化工用气。2022 年受到高气价影响，化工用气用量增幅有限，2022 年全年，化工用气量为 392 亿立方米，增速为 3.6%，占全年天然气消费量的 11%。

工业用气。工业用气是除城燃用气之外的第二大用气下游。2022 年，工业用气表

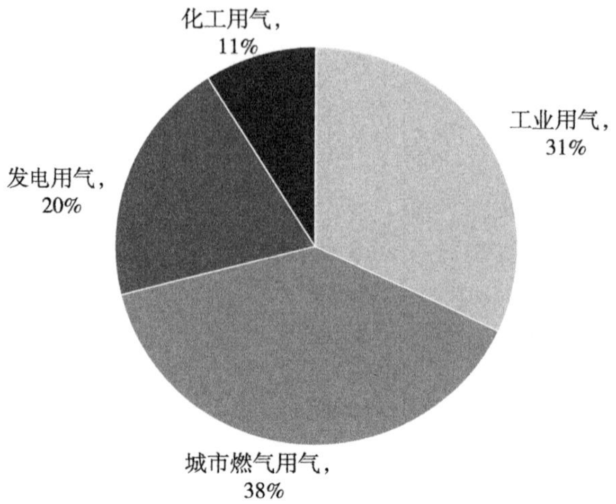

图 2 – 28　2022 年国内天然气消费结构

（资料来源：Wind，笔者根据相关资料整理）

现不佳，受到疫情影响，多地工业用气均同比下滑，高气价也使得部分用气终端放弃使用天然气，转而使用液化气、清洁煤炭等替代资源。2022 年，国内工业用气量为 1172. 16 亿立方米，同比减少 9. 83%，占全年用气总量的 31%。

2. 中国天然气对外依存度分析

近五年来，中国天然气对外依存度在 35% ~50% 区间内波动，整体对外依存度可控。2018—2019 年整体对外依存度较为稳定，分别为 44% 和 43. 34%；2020 年受到疫情影响，国内天然气需求降低，对进口天然气依赖程度随之下降，对外依存度降到 41. 66%；2021 年国内经济形势好转，天然气需求量增加，天然气对外依存度上涨到近五年最高点（44. 30%）；2022 年国际气价高企，出于成本压力，进口天然气量减少，对外依存度回落至近五年最低点（40. 14%）（见图 2 – 29）。

（三）中国天然气进口分析

2022 年，国际局势的不稳定性影响到能源产品的供应，国际天然气价格持续高企，国内需求也受到疫情反扑影响有所减少，天然气进口总量出现近五年来首度下滑，降幅为 10. 36%，进口总量为 1527. 7 亿立方米，其中，管道气进口量为 638. 5 亿立方米，LNG 进口量为 889. 2 亿立方米。

1. 进口管道气

2018—2019 年，我国管道天然气主要通过中亚管道、中缅管道进口，进口量较为稳定。2020 年，受到疫情影响，国内天然气需求降低，进口管道气量相应减少 6. 28% 至 481. 33 亿立方米。2021 年，随着中俄进口管道的投入使用以及国内疫情的缓解，管

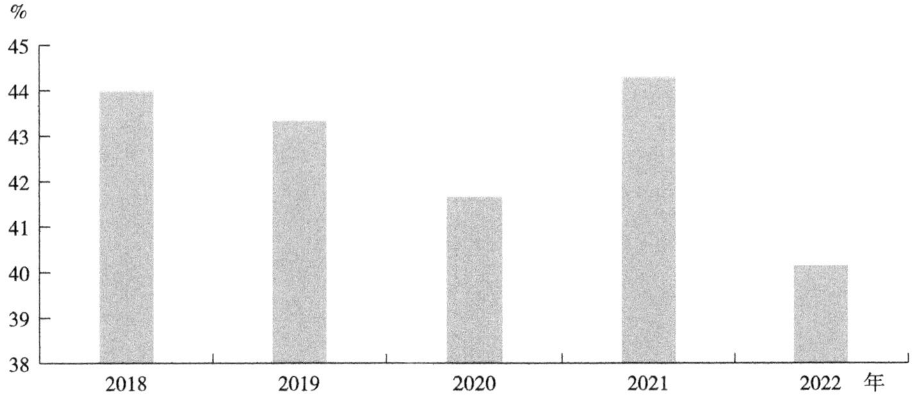

图 2-29　2018—2022 天然气对外依存度走势

道气进口量重回涨势；2021 年，进口管道天然气大幅增长 22.58% 至 590 亿立方米。2022 年，中俄东线输气量继续增加，全年进口管道气量较 2021 年增长 8.22% 至 638.50 亿立方米。价格方面，海关数据显示，2022 年进口管道气成本为 387.67 美元/吨，较 2021 年的 272.92 美元/吨增长 42.04%（见图 2-30）。

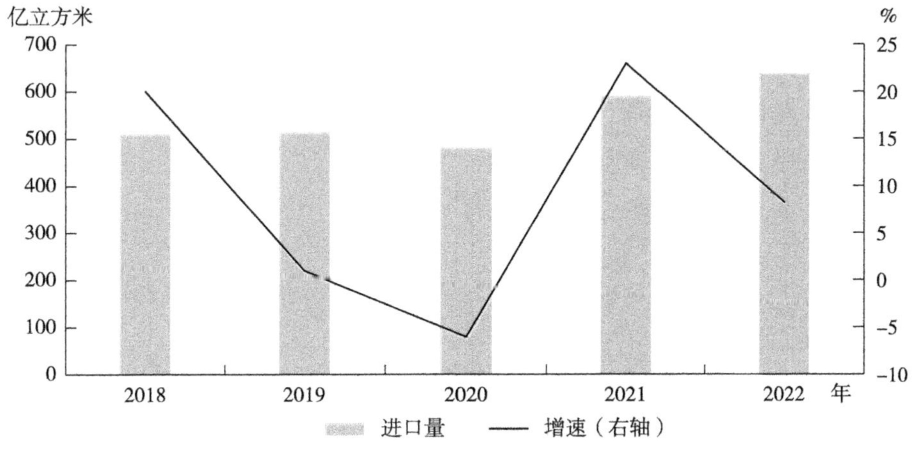

图 2-30　我国天然气进口管道气量及增速

（资料来源：Wind、海关数据及笔者根据相关资料整理）

受到国际气价高企影响，进口 LNG 价格高位徘徊，进口 LNG 量减少，管道进口气价格涨幅较小，增大管道气进口量来弥补缺口，管道利用率上涨。另外，俄乌冲突后，俄罗斯基本停止对欧洲出口天然气，中国成为俄罗斯出口天然气最佳选择，俄罗斯加大对中国的天然气出口量，提升了进口管道利用率。

2. 进口液化天然气

2022 年，国际局势紧张，国际天然气价格高位徘徊，受此影响，国内液化天然气现货进口量明显减少，整体进口总量大幅降低。数据显示，2022 年液化天然气进口量为 6379 万吨，降幅达 20%（见图 2－31）。

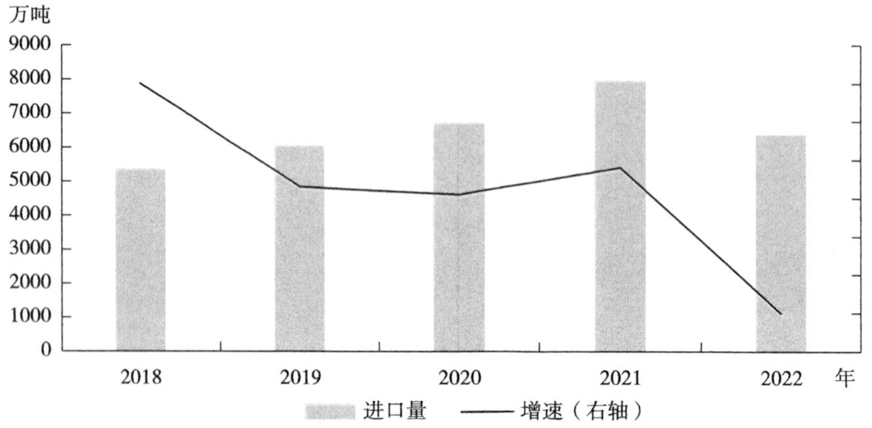

图 2－31　2018—2022 年我国液化天然气进口量及增速

（资料来源：Wind、海关数据及笔者根据相关资料整理）

澳大利亚仍然是我国最主要的液化天然气进口来源国，但占比在近年下降明显，由 2018 年的 44% 降到 2022 年的 34%，降低了 10 个百分点。相反，来自俄罗斯的气源占比正在提升，由 2018 年的 1% 提升至 2022 年的 10%，增加了 9 个百分点。这是我国能源供应结构优化的结果。由于中澳关系的不稳定性，中国出于能源安全考虑，要逐步摆脱对澳大利亚进口液化天然气的依赖，俄罗斯成为最佳替代选择，中国 LNG 进口来源地正逐步多元化（见图 2－32）。

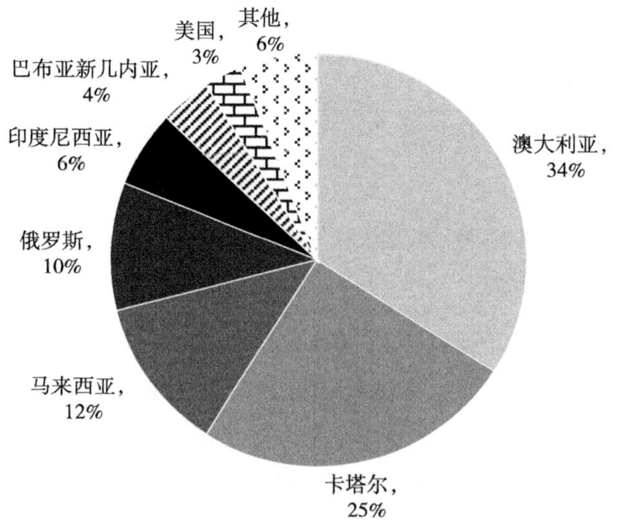

图 2－32　2022 年中国 LNG 进口来源

（资料来源：Wind、海关数据及笔者根据相关资料整理）

从海关进口价格来看，2018—2019 年进口液化天然气价格基本稳定，2018 年，全年平均进口价格为 493.55 美元/吨，2019 年小幅下降 3.65% 至 475.53 美元/吨；2020 年全球疫情较为严重，受此影响，国际天然气需求不佳，整体市场供过于求，天然气价格下跌明显，相应液化天然气进口价格同比降低 28.04% 至 342.21 美元/吨。

至 2021 年，随着全球疫情得到控制，国际天然气市场需求有所提升，带动国际天然气价格上涨，2021 年全年液化天然气进口价格为 553.55 美元/吨，较 2020 年大幅上涨 61.76%。2022 年，国际政治局势动荡，俄乌冲突使得欧洲深陷能源危机，欧洲天然气价格应声大涨且长期高位徘徊，受此影响，国际其他地区液化天然气市场价格也涨至高位，2022 年我国进口液化天然气价格较 2021 年全年大幅上涨 46.87% 至 813.02 美元/吨。

三、天然气改革步入深水区，喜讯频传

（一）油气增储上产见成效，进口长约再签大单，供应能力加强

2022 年，中国油气增储上产成效显著，天然气产量为 2178 亿立方米，同比增长 6.4%；国内石油产量时隔六年重回 2 亿吨，达到 20467 万吨，同比增长 2.9%。

与此同时，我国天然气进口再签长约大单。中石油与俄罗斯天然气工业公司签署远东天然气购销协议，年供应量 100 亿立方米，为期 25 年；中国石化与卡塔尔能源公司新签署为期 27 年的 LNG 长期购销协议，合同气量为 400 万吨/年。

（二）油气基础设施建设加速，有力支撑稳定供应

2022 年，油气基础设施建设再加快，大批项目开工、投产，稳定供应能力进一步加强。

管网方面，国家管网集团大批新项目上马，2022 年 7 月 28 日，国家管网集团古浪—河口天然气联络管道工程全面开工建设；9 月 16 日，中俄东线天然气管道安平—泰安段正式投产；9 月 28 日，西气东输四线天然气管道工程正式开工；12 月 1 日，神木—安平煤层气管道工程全线贯通，进入试生产；12 月 7 日，中俄东线天然气管道泰安—泰兴段提前半年投产；12 月 11 日，国家管网集团苏皖管道（江苏滨海 LNG 外输管道）正式投产。截至 2022 年底，国家管网累计焊接管道里程突破 3000 公里大关，较 2021 年同比增长 14%。

LNG 接收站方面，多个项目相继正式落地、投产，2022 年 9 月 6 日，协鑫汇东江苏如东 LNG 接收站工程正式落地；9 月 26 日，国内规模最大的 LNG 储备基地中国海油盐城“绿能港”投产；10 月 27 日，中交营口 LNG 接收站在营口市仙人岛港区举行奠

基仪式；11 月 20 日，上海 LNG 站线扩建项目开工。

储气能力建设方面，2022 年 4 月 8 日，中国石化江苏油田启动朱家墩储气库建设项目；6 月 23 日，文 23 储气库二期工程项目正式开工建设；6 月 26 日，中国石油长庆油田采气五厂苏东 39—61 储气库建成注气；8 月 9 日，重庆铜锣峡储气库部署建设工程全面开启。

（三）为全球能源治理贡献中国智慧，国际燃气联盟迎来首位中国籍主席

中国成为国际燃气联盟（IGU）2022—2025 年主席国，北京燃气集团董事长李雅兰就任 IGU2022—2025 年任期主席。中国通过 IGU 平台促进国际交流与合作，落实国家战略、提升能源安全、促进“双碳”目标的落实，为全球能源治理贡献更多中国智慧、中国方案、中国力量。

（四）城燃管道等老化更新改造实施方案发布，保障安全运行

2022 年 6 月，国务院办公厅印发《城市燃气管道等老化更新改造实施方案（2022—2025 年）》。方案明确，在全面摸清城市燃气、供水、排水、供热等管道老化更新改造底数的基础上，马上规划部署，抓紧健全适应更新改造需要的政策体系和工作机制，加快开展城市燃气管道等老化更新改造工作，彻底消除安全隐患。2022 年抓紧启动实施一批老化更新改造项目。2025 年底前基本完成城市燃气管道等老化更新改造任务。

（五）浙江省管网纳入国家管网集团统一调度并网运行，“全国一张网”格局加快形成

2022 年，浙江省天然气管网正式融入国家管网。国家管网集团与浙能集团合资成立国家管网集团浙江省天然气管网有限公司，分别持有合资新管网公司 51% 和 49% 的股权。11 月 1 日零时，浙能管网公司调控业务正式纳入国家管网集团统一调度并网运行。

（六）LNG 接收站气化服务定价机制正式确立，加快天然气市场化改革进程

2022 年，国家发展改革委印发了《关于完善进口液化天然气接收站气化服务定价机制的指导意见》，指导各地进一步完善气化服务定价机制，规范定价行为，合理制定价格水平。该指导意见明确了气化服务价格定义及内涵，将气化服务价格由政府定价转为政府指导价，实行最高上限价格管理，鼓励“一省份一最高限价”，并明确采用“准许成本加合理收益”的方法制定最高气化服务价格。

第五节 2023年展望

2022年的能源市场在后疫情时代和世界地缘政治的叠加影响下，本质上是动荡且充满不确定性的。很多因素都可能影响未来能源市场的变化，包括政策、技术、人口和资源的发展。短时间内，能源市场仍然非常脆弱，近几年能源冲击造成的剧烈价格波动从侧面反映了当前能源系统的不可持续性。这场危机是否会成为清洁能源转型的挫折，国家会将能源安全的重心放在何处充满未知，但是如何更有效地发展高效传统能源和提高清洁能源比重是每个国家的重要命题。

地缘政治风险的加剧也影响了能源系统的风险。在寻找短期应急能源的同时，许多政府正在采取长期措施：一些政府寻求增加石油和天然气供应或扩大上游卖家范围；许多政府寻求加速结构性变革。技术创新加速了可再生能源的部署，并使石油和天然气的生产达到了创纪录的水平。在节能减排的大趋势下，如何在保证能源安全的情况下减少碳排放也是值得探讨的。

短期来说，油气行业尤其是天然气行业在实现碳中和目标的过程中起着重要的作用。天然气是相对清洁的化石能源，其应用广泛且开采技术成熟。油气行业将在2023年持续改善紧张的供需格局，与清洁能源更好地结合，为全球低碳发展作出贡献，共同推动全球能源安全发展。

一、全球石油、天然气市场展望

（一）全球石油市场展望

近年来，对于环境可持续发展和低碳能源的关注在很大程度上主导了能源导向，但是地缘政治和能源保供安全因素获得了更加突出的地位。2021年底，第26届联合国气候变化大会（COP26）在英国格拉斯哥达成了“巴黎规则”和《格拉斯哥气候公约》，这是要求逐步减少煤炭发电的协议。同时，ESG环境、社会、治理标准的进一步适用也对资本流动产生了重大影响，尤其是对于传统石油能源行业而言。在地缘政治冲突进一步升级前，几家主要的西方能源公司，如BP，已经宣布了战略转移至可再生能源上，并减少对石油和天然气的投资。但是2022年愈加严峻的地缘冲突与政策转向使2023年的石油市场充满了不确定性。可以确定的是，市场参与者，包括石油资源方，在短期内会重新布局区域和全球板块的能源供需。

欧盟和英国，是主要的进口国，受俄罗斯冲突的影响较大，其能源进口结构的突然变化导致全球能源市场不稳定。为了应对俄乌冲突，欧盟和英国从2023年初开始禁止进口煤炭、原油和成品油，尽管有一些例外情况。此外，欧盟还计划到 2027 年前减少并可能逐步取消俄罗斯的天然气进口。其他国家，如美国、加拿大、澳大利亚和日本，虽然也实行了类似的措施，但是因为对俄罗斯石油的依存度远低于欧洲，受到的影响较小。

由于欧盟对俄罗斯石油产品的禁令生效，俄油向欧洲、美国等国家和地区的出口大量减少，但与此同时向拉美和中东国家的出口上升，抵消了一部分负面影响。俄罗斯普列汉诺夫经济大学世界经济系教授拉祖姆诺娃表示，俄罗斯 2023 年 1 月降幅应该为 5% ~7%，即 50 万 ~70 万桶/天，但实际上产量仅减少 3 万 ~4 万桶/天，降幅只有 0.3 ~0.4%，国际能源署（IEA）的数据也印证了这个结论。俄油没有目的地的货物却从 60 万桶/天激增到了 80 万桶/天。在过去的一年里，亚洲吸收了以往运往欧盟、北美以及其他经合组织国家的俄罗斯石油。2023 年 2 月，俄罗斯分别占印度和中国原油进口量的 40% 和 20% 左右，这两个国家目前吸收了俄罗斯 70% 以上的原油出口。尽管俄油出口此消彼长，但总体来说地缘政治因素使俄罗斯出口收入大幅降至 11.6 万亿卢布（约为 1546.8 亿美元）。

疫情后的进一步恢复，特别是一些主要消费地区（如中国），使备受打击的运输部门得到强势增长，同时也带动了工业部门的需求上升。虽然高企的能源价格一定程度上抑制了这种增长，但是 2023 年石油需求的恢复预计较强劲。根据 IEA 的预测，世界石油需求增长将在 2023 年期间急剧加速，全球石油需求将达到创纪录的 1.02 亿桶/天。同时，IEA 预计 2023 年非 OPEC + 将持续推动全球原油产量增长。此产量或许可以满足 2023 年上半年的需求，但如果中国复苏速度超预期，将在 2023 年下半年出现供给不足。总结来说，运输部门，尤其是航空业迅速回温和被压抑的中国需求释放是复苏的主导因素。

上游勘探方面，全球油气勘探成本呈上升趋势且勘探难度也在持续加大。一方面，尽管石油公司拥有创纪录的高现金流，但仍不愿意对新的生产能力进行再投资，反而用慷慨的股息和大量的股票回购来回报投资者。与传统上市石油公司形成对比的是私人资源开发商，人们普遍注意到，私人控股的页岩油运营商已经对现有探勘和开发进行了更多的再投资，希望从日益强劲的需求前景中获益，而不是回报投资者。另一方面，基础设施方面的制约给美国原油生产增长带来了限制，高燃料成本以及浮动的钢材价格都为成本控制带来了不确定性。斯伦贝谢公司预计美国国内上游支出将增长 20%。

在发展中国家的能源结构中，石油和天然气超过 30 年来一直处在主导地位，且份额一直惊人地保持在 80% 以上。回顾历史，全球能源消费从 1990 年的约 1.74 亿立方米/天增加到 2021 年的 2.86 亿立方米/天。这一增长中只有约 11% 来自经合组织地区，其余的都发生在发展中国家，主要是亚洲国家。在同一时期，石油和天然气在全球能源组合，包括在发达国家中的份额也一直很稳定，常年徘徊在55%左右。在碳中和的大背景下，可再生能源（特别是风能和太阳能）有了强劲的增长，但化石燃料份额仍然稳定。此外，因石油和天然气对能源安全的重要性，各国实施未来碳中和政策的能力仍然非常不确定。

展望2023年，石油对外依存度较高的国家在短期内有可能对石油的需求增加，这是考虑到当前地缘政治紧张局势和能源市场危机下对俄罗斯制裁出现的影响。

（二）全球天然气市场展望

天然气作为应用广泛的过渡能源，多年以来在能源结构中占比稳定。在技术成熟的同时，也能与清洁能源相结合致力于碳中和的发展。但随着2022年行业内对于“零排放”和“碳中和”领域对清洁能源范畴的进一步缩紧，未来天然气是否能与全球低碳发展挂钩充满不确定性。随着2022年2月俄乌冲突的爆发，天然气市场形势发生了根本性的变化。在波动性幅度大的情况下，现货天然气价格飙升至历史高点，与俄罗斯到欧洲的天然气管道供应有关的不确定性很大，但价格随后又急速回落。IEA的研究表明，2022年全球天然气消费量估计下降了1.6%。

历史上，大多数液化天然气中长期合同是与石油价格挂钩的，因为缺少全球各地区都接受的液化天然气价格基准，加上石油和天然气在发电方面可互相替代，国际天然气价格和石油价格高度相关。随着更多天然气市场化程度普遍提高，天然气价格和石油价格之间的高关联性已经减弱。

自俄乌冲突爆发以来，俄罗斯已停止向没有遵守新支付条款的国家输送天然气。2022年，史无前例的价格上涨，以及天然气需求的价格弹性相对较高，且2022年的暖冬使需求远低于预期，欧洲的天然气需求减少了13%（IEA数据）。叠加欧盟进口制裁决定，欧洲需要从其他途径进口额外的天然气。亚洲方面，由于LNG进口价格高企，新冠疫情的持续影响，以及东北亚持续温和的天气，亚洲的天然气需求下降了2%。需求方面，2023年天然气呈现震荡趋势，亚洲运输交通复苏会是主要增长来源，欧洲自2022年8月起的自然削减俄气用量会持续影响总体格局。替代措施包括从挪威和北非进口液化天然气和管道气，所以欧洲短期和中期的前景仍然非常不确定，未来几年可能会有市场冲击。

供需关系方面，国际LNG出口需求上升使天然气产量上升，而码头和运输硬件过关的地区将从中受益。美国将保持其天然气净出口国的地位，天然气产量有很大可能继续增长，以应对回温的国际需求。根据美国能源信息署（EIA）2023年的预测，因为美国西南地区是LNG出口的海湾地区，拥有发达的运输管道，美国西南地区的干天然气产量将会增长。美国国内天然气消费到2040年前不会有明显变化，但美国能源信息署预计到2050年美国仍将是石油产品和天然气的净出口国。天然气未来发展的大趋势是在世界新变局中趋于稳定，产量增速放缓但仍呈现平缓上涨趋势。供应方面，全球天然气上游资源持续开放，产量也有望稳步上升。截至2022年6月，超过1500亿立方米的新LNG液化能力正在建设中，包括卡塔尔、美国和莫桑比克的大型项目也在进一步建设中。这些项目中的大多数产能预计将在2026年之前上线。鉴于目前的紧张局势和价格水平，进一步增加产能是可能的，有助于减少未来几年的天然气短缺。

与多变的国际政策环境不同，2022年LNG贸易蓬勃发展。全球贸易额创下历史新高，增长了一倍，达到4500亿美元，贸易量增长6%。在总额创下新高的同时，增速却比2021年略微放缓，体现出能源价格急剧波动对全球经济活动的复杂影响。其中，欧洲是液化天然气需求增长的主要驱动力，2022年付给欧洲的LNG货物增长了63%。

2022年3月，TTF现货价格高达60美元/百万英热左右的水平。市场紧缩和俄罗斯天然气流向欧洲减少，导致TTF现货价格在2022年8月进一步飙升至约95美元/百万英热单位的水平，这是欧洲和全球天然气价格的历史新高。2022年后半年价格有所下降，但仍处于高位。欧美对俄罗斯油气制裁与脱钩的预期会导致出现强烈的市场扭曲。一方面欧洲市场充满未知数，另一方面亚洲市场的回温会在未来提振天然气需求，此供需变化有可能使天然气价格回温。

展望2023年，未来的油价仍将影响额外的LNG出口能力和总体出口水平，但总体关联性随着亚洲天然气市场化进一步发展而减弱。全球天然气需求将保持平稳或增速放缓，但前景有很大的不确定性，特别是未来欧美对俄罗斯的制裁和能源价格的波动。

二、中国石油、天然气市场展望

（一）中国石油市场展望

面对国际市场风云变化和国内新冠疫情反复，国内石油行业保产保供，为保障国家石油安全作出了应有的贡献。原油产量大幅上升，且原油对外依存度有所降低，有效地减少了外部复杂政治因素可能带来的负面冲击。

供需方面，成品油市场呈现供需双双下降，且波动加剧局面，成品油产量和需求同比均降7.7%。国内石油产业高效地应对了市场波动行情，控制生产节奏并且平稳供应。我国将高质量发展作为第一要务，宏观经济将稳中求进，同时全国新冠疫情防控进入新阶段，经济活动和运输行业复苏势头迅猛，石油与成品油消费将显著回暖。炼化产能稳居世界第一，成品油产量增速将转负为正，出口规模基本持稳。勘探方面，全行业持续加大勘探开发力度，使得原油产量时隔六年重回2亿吨，具有里程碑意义。

展望2023年，石油需求预计同比增长5.1%，成品油需求同比增长9.1%，随着产能增长，市场供需环境将较为宽松。分品种来看，汽油消费逐渐回暖，居民补偿式出行及旅游需求大幅上升，预计全年汽油消费量将上涨 11.1%，达到 1.65 亿吨。柴油方面，物流行业复苏将拉动柴油消费随之增长。全年柴油消费量为 2 亿吨，同比增长 2.4%。航空煤油方面，国内旅游出行以及商务出行需求将逐步释放，如能恢复到疫情前 90% 的水平，2023 年航空煤油消费量将为 3300 万吨，同比增长 57.3%。

“双碳”目标给传统的石油行业带来的挑战还将持续。石油行业一方面将投资生物燃料乙醇、生物柴油、生物天然气等清洁燃料应用，另一方面将淘汰升级效益差的装置，积极完成转型。一是炼油行业，“十四五”期间，炼油行业的淘汰装置门槛将进一步提升，为高效先进的炼化产能留出空间。二是乙烯行业，集约化发展程度较低、产业集群化不够等问题将得到改善，未来通过淘汰小乙烯装置，实施原料结构优化调整达到节能降碳的目的。三是 PX 行业，加快推动单系列 60 万吨/年以下规模 PX 装置淘汰退出。对能效水平在基准值以下，且无法通过节能改造达到基准值以上的 PX 装置，加快淘汰退出。

2023 年，石油行业将高质量且高效率发展作为首要任务，上产量的同时也重质量。经济进入新阶段和出行反弹能力强劲，石油和成品油消费继续回温，但增幅有可能下降。在成品油市场逐渐规范化、有序化发展的基础上，2023 年将是全国成品油市场更规范化发展的元年，一系列行业重要制度性文件或将制定出台。这些重大政策和整治措施的落地，必将给行业发展带来重大深远的影响，市场乱象未来能得到有效解决。

（二）中国天然气市场展望

2023 年，中国进入有序放开的后疫情防控时代，天然气行业稳步增长，国际价格持续回落，国内需求逐步恢复，我国天然气消费量和进口量全年有望得到较快增长。

从市场整体供需来看，国内市场需求和产量稳步增长，天然气行业属于近年来实现“双碳”目标和保障能源安全的重要支持行业。供给方面，全国天然气产量快速增长，不断发现新增地质储量。未来，能源安全和保供将持续成为发展的中心。国家能源局预计我国天然气产量 2025 年达到 2300 亿立方米以上，2040 年以及以后较长时期稳定在 3000 亿立方米以上的水平。

需求方面，作为世界上最大的天然气进口国，国内逐渐恢复的经济活动将大幅提升国内需求。OPEC 的数据显示，中国国内的 LNG 需求在 2023 年可能会增长 10%，但具体的数据是非常不确定的。在看涨的情况下，如果 LNG 国际进口价格继续下跌，总体经济活动迅速恢复，中国的新需求增长可能高达 35%。这或将引发国际市场的竞争，所以天然气价格的增长和中国经济活动恢复程度高度相关，这对欧洲买家来说是一个担忧。

综合判断，2023 年全国天然气总需求量受疫情影响减弱，在工业、发电和城市燃气的带动下，国内天然气表观消费量仍将持续增长。考虑到当前国际天然气市场和我国天然气消费高速增长的现实，年均增长率将从“十三五”时期的10%左右回落到个位数增幅。分行业看，国内工业用气用量全面复苏，成为国内第一大天然气下游用气板块，预计用气占比达到38%，民用煤改气持续推进，但增量放缓，城燃用气占比预计达到35%，发电用气及化工用气相对稳定，预计占比分别为18%和9%。隆众咨询预计，到2027年，我国天然气表观消费量将达到4300亿立方米左右。

从进口来源来看，天然气进口来源更加多样化是维护国家能源安全的必然选择，且人民币结算也是保障能源安全的重要一环。面对国际局势的不稳定性，我国将会逐渐转变之前过于依赖澳大利亚的进口格局，与俄罗斯、美国等国家的长协签订将会进一步增加。2023年3月，我国首单以人民币结算进口LNG采购交易达成，LNG资源来自海合会国家阿联酋，标志着我国在油气贸易领域的跨境人民币结算交易探索迈出实质性一步。

2023年，预计全年天然气消费量为3865亿立方米，同比增长5.2%。主要原因是宏观经济“稳增长”的背景下，GDP增速回升将拉动用气需求增长。此外，国家持续落实“双碳”战略将依托天然气是较清洁的过渡能源特点，在能源转型中发挥其作用。目前，油气体制机制改革的主要政策已经落地，国产天然气持续较快增加，进口天然气稳步增长，基础设备进一步完善，为国内天然气市场化进程夯实了基础。

（撰稿人：上海石油天然气交易中心　王连生　李　雷　刘明磊　杨驿昉
周广吉　徐珊珊　李昊隆　徐凌霄　胡砚匀）

第三章　基本金属类大宗商品

基本金属（Base Metals）包括铜、铝、铅、锌、镍、锡六个品种，按照世界金属统计局（WBMS）提供的全球表观需求量和国际市场现货均价测算，2022 年各品种的市场规模分别约为 2200 亿美元、1950 亿美元、310 亿美元、470 亿美元、840 亿美元和 110 亿美元，合计市场规模约 5880 亿美元，同比增长 9%。市场规模增长的主因是铝和镍两个金属品种的市场价格较 2021 年有所上涨，其背后的深层逻辑来自俄乌冲突引发的铝和镍供需矛盾边际恶化。铜、铅、锌、锡四个金属品种由于供需矛盾相对不突出，市场规模较 2021 年变化不大。

2022 年的重要话题是欧美高通胀及其引发的主要央行快速加息，美联储在 2022 年内先后 7 次加息，累积加息幅度达到 425 个基点，且开启了缩表进程，欧元区告别了维持多年的负利率政策。在发达经济体央行加息带动下，新兴市场国家利率也显著走高，截至 2022 年底，墨西哥、巴西、哈萨克斯坦等国利率高于 10%，印度、南非、俄罗斯等国利率高于 5%。高利率环境下海外经济下行风险加大。从历史经验来看，历史上美国每次高通胀的化解都伴随着经济衰退。有色金属作为全球性工业品，在全球主要经济体经济衰退周期中，通常面临消费预期走弱压力。

此外，俄乌冲突引发的欧洲能源危机在 2022 年对锌、铝、镍价格上涨起到了较强的推动作用。2022 年下半年欧洲各国加大了政策对能源价格的干预力度后，欧洲能源价格逐步回归正常水平，但需要注意的是，这些政策的发力点都在打压需求，而非释放供给，俄罗斯向欧盟输送天然气的 PNG 管道运输流量仍然只有正常水平的四分之一，欧洲天然气供应仍然存在瓶颈，能源危机虽暂时缓解，但并未从根本上得到化解，这在一定程度上依然限制了欧洲锌金属供应。

2023 年，考虑到欧美央行集体缩表，有色金属价格受宏观影响边际减弱，基本面矛盾将对价格走势产生更加突出的影响。

第一节　铜

2022年，全球铜价走出深“V”形走势。上半年，国际铜价整体延续高位宽幅震荡，二季度受美联储鹰派加息预期抑制，铜价高位回落，至7月底伦敦金属交易所（LME）铜价最低下行至6955美元/吨年内低点。下半年，随着美联储加息预期放缓，以及国际能源价格走高，市场预期逐步回暖，全球铜价止跌反弹，至年底LME铜价格反弹至8400美元/吨附近，上海期货交易所（SHFE）铜价格反弹至66000元/吨附近。2023年，全球铜市场供应边际宽松，叠加美国经济衰退风险较大，预期全球铜价整体承压。

一、全球铜市场供给

按照产业链划分，全球铜市场供给主要包括上游铜精矿供给，中游粗铜、废铜、阴极铜（精炼铜）供给，以及下游铜材供给几个部分，我们通常提到的基本金属铜指的是阴极铜，即精炼铜。精炼铜根据原料和冶炼工艺的不同，可分为原生铜和再生铜，其中原生铜主要由铜矿石和铜精矿经过火法冶炼或湿法冶炼制得，约占精铜总产出的85%，再生铜则以废铜为原料制得。

铜精矿方面，美国地质调查局（USGS）数据显示，全球铜矿资源主要分布在智利、澳大利亚、秘鲁、墨西哥、美国、俄罗斯、中国、赞比亚、刚果（金）等国家。过去几年，全球铜矿供给经常受到疫情、罢工等意外因素扰动，产量增速大幅下滑，仅保持同比微幅增长。2022年，全球铜矿供应增量不及预期，矿石品位下降、气候、社区问题和计划外检修是增量不及预期的主因。结合相关统计机构数据，按照新统计口径（本节2022年产量和需求数据统计口径有所调整），2022年全球铜矿供应增量为40万~45万吨，同比增速约为2%。其中约30万吨增量来自除中国以外的国家，其余来自中国国内。

分国别看，世界金属统计局数据（见表3-1）显示，智利作为全球铜矿生产第一大国，全球占比超过四分之一，2021年产量为569.9万吨，同比下滑0.8%；秘鲁作为全球铜矿生产第二大国，全球占比约11%，2021年产量为227.0万吨，同比增长4.7%；中国以187.3万吨年产量位居全球第三。此外，美国、刚果（金）和澳大利亚也是全球主要铜矿生产国，年产量均在百万吨以上。

精炼铜方面，近几年全球精炼铜产量同比保持微幅增长，其中2020年、2021年两年全球精炼铜产量分别为2382.9万吨和2414.0万吨，同比分别增长0.8%和1.3%。

表3-1　2018—2021年全球主要国家铜矿产量（金属量）变化　单位：万吨

国家/区域	2018年	2019年	2020年	2021年
智利	583.1	578.8	573.3	568.9
秘鲁	148.5	245.5	216.9	227.0
中国	243.8	160.1	185.5	187.3
美国	118.6	123.6	125.1	115.9
刚果（金）	117.3	143.8	157.7	140.0
澳大利亚	95.4	95.9	90.6	88.7
俄罗斯	74.4	76.3	78.4	79.1
加拿大	53.1	57.2	57.8	55.4
赞比亚	99.8	82.3	83.0	88.1
墨西哥	73.4	75.4	74.6	72.8
哈萨克斯坦	80.1	77.6	74.2	67.9
印度尼西亚	74.6	46.5	48.5	67.3
其他	302.2	310.8	312.9	326.2
全球合计	2064.3	2073.9	2078.5	2084.6

注：由于四舍五入原因，表中分项加总与合计数略有差异。下同。

资料来源：WBMS、中国金属矿业经济研究院。

2022年，由于湿法铜产量弱于预期，海外精炼铜供应增长不明显；中国精炼铜供应虽然增加，但增量不及预期，粗铜原料紧张、部分冶炼厂资金问题、疫情引起的检修增多和新建项目投产时间延后、限电等是造成中国国内精炼铜产量不及预期的主要原因。结合相关统计机构数据，并按照新统计口径，2022年全球精炼铜供应较2021年增加约40万吨，同比增幅2%。

分国别看，中国作为全球精炼铜生产第一大国，全球占比超三分之一；智利作为全球精炼铜生产第二大国，全球占比约10%；日本以近160万吨年产量位居全球第三。此外，美国和俄罗斯也是全球主要铜矿生产国，年产量均在百万吨附近。从产量变化看，结合世界金属统计局数据（见表3-2），除中国以外国家中增速较快的是印度，2021年产量46.5万吨，同比增长36.8%；其次是韩国和澳大利亚，增速分别为18.5%和16.8%；波兰和德国增速分别为5.3%、3.3%；俄罗斯产量同比基本持平。部分精炼铜主产国产量出现不同程度下滑，其中降幅最大的是墨西哥，2021年产量为23.9万吨，同比下滑47.4%；此外，智利、日本、美国也分别出现了2%～5%的降幅。中国方面，根据世界金属统计局数据，2021年产量为1023.8万吨，同比增长2.1%。中国精炼铜产量继续增长的主因是国内疫情得到有效控制，冶炼企业开工率提高。

表 3-2　2018—2021 年全球主要精炼铜生产国产量变化　单位：万吨

国家/区域	2018 年	2019 年	2020 年	2021 年
中国	894.2	944.7	1002.6	1023.8
智利	246.1	226.9	233.0	221.9
日本	159.5	149.6	158.3	154.3
美国	110.1	102.6	103.7	98.5
俄罗斯	92.2	99.6	102.4	102.8
印度	55.5	42.8	34.0	46.5
韩国	52.0	60.9	62.8	74.4
波兰	50.5	56.7	56.1	59.1
德国	66.3	61.7	62.7	64.8
赞比亚	52.9	52.9	36.1	26.4
墨西哥	41.3	41.6	45.4	23.9
澳大利亚	38.3	42.6	38.6	45.1
其他	492.7	482.2	447.0	472.3
全球合计	2351.6	2364.8	2382.9	2414.0

资料来源：WBMS、中国金属矿业经济研究院。

二、全球铜市场需求

铜下游最终产品分为线杆材、管材、板材、型材四大类别，主要应用于电力工业、建筑/装修、工业设备、交通运输、家用电器和其他领域。国际铜研究小组（ICSG）数据显示，目前全球 30% 的铜被用于建筑/装修领域，而中国这一比例仅为 6% 左右。相对而言，中国电力工业用铜比重（31%）显著高于全球（12%）。

2022 年全球精炼铜表观消费增速有所增长，结合相关统计机构数据，并按照新统计口径，2022 年全球精炼铜表观消费量为 2451.6 万吨，与 2021 年基本持平。其中，海外精炼铜表观消费量为 1050.1 万吨，同比下滑 1.8%；中国国内精炼铜表观消费量为 1401.5 万吨，同比增长 1.4%。

分国别看，根据世界金属统计局数据（见表 3-3），中国是全球最大的精炼铜消费国，全球消费占比超过一半，2021 年精炼铜表观消费量为 1370.4 万吨，同比下滑 5.7%；其次为美国，全球占比仅为 7%，2021 年精炼铜表观消费量为 167.8 万吨，同比下滑 6.5%。此外，德国也是全球排名前五的精炼铜消费国，年需求量在百万吨左右。全球前五大精炼铜消费国合计需求量全球占比接近 75%。

表 3-3　2018—2021 年全球主要精炼铜消费国表观消费量变化　单位：万吨

国家（地区）/区域	2018 年	2019 年	2020 年	2021 年
中国	1274.0	1265.3	1453.5	1370.4
美国	174.1	182.1	179.5	167.8
德国	116.5	97.7	102.7	104.1
日本	103.6	101.1	87.8	90.8
韩国	57.2	60.4	60.9	79.0
意大利	55.1	55.4	47.0	65.9
印度	20.9	20.1	15.7	15.4
中国台湾	38.2	37.6	36.7	38.9
俄罗斯	28.9	30.9	35.4	28.7
巴西	31.5	30.3	26.4	20.1
其他	479.2	475.8	456.5	468.3
全球合计	2379.2	2356.5	2502.3	2449.3

资料来源：WBMS、中国金属矿业经济研究院。

三、中国铜资源进出口

中国铜资源严重依赖进口。由于资源禀赋较差，中国是全球最大的铜资源进口国，进口产品形态包括铜矿（铜矿砂及精矿）、精炼铜（电解铜）、铜材、未铸造的铜、铜合金、废铜等。海关总署数据显示（见表 3-4），2022 年中国铜矿、精炼铜、废铜进口量分别为 2527.1 万吨（实物量，下同）、388.5 万吨、177.1 万吨，同比分别增长 8.0%、7.1%、4.6%，其中废铜进口量连续两年保持增长，一方面是由于废铜自由进口政策顺利落地，另一方面也受废铜自身供需影响，国内较大的废铜缺口导致废铜的大量流入。

表 3-4　2019—2022 年中国铜资源进口量变化　单位：万吨

品种	2019 年	2020 年	2021 年	2022 年
铜矿	2199.00	2176.5	2340.4	2527.1
精炼铜	355.00	467	362.7	388.5
废铜	148.70	94.4	169.3	177.1

资料来源：海关总署、中国金属矿业经济研究院。

中国铜资源进口区域较为集中。从资源区域进口分布来看（见表 3-5），中国铜矿进口主要来自智利、秘鲁、墨西哥、美国、加拿大以及蒙古国、哈萨克斯坦、土耳其等国家和地区，澳大利亚进口量大幅萎缩至接近于零。2022 年，前五大进口国家和地区累计进口量为 1864.51 万吨，占总进口量的近四分之三。此外，中国精炼铜进口主要来自智利、秘鲁、澳大利亚、日本以及哈萨克斯坦等国家和地区，2022 年前五大国家和地区累计进口精炼铜接近 180 万吨，占比总进口量的 46%。

表 3－5　　2021—2022 年中国铜资源进口来源区域分布　　单位：万吨

铜矿			精炼铜		
国家/区域	2021 年	2022 年	国家/区域	2021 年	2022 年
智利	888.2	844.71	智利	75.8	91.2
秘鲁	554.3	626.5	秘鲁	14.5	16
蒙古国	120.4	131.8	日本	19.9	22.1
墨西哥	145.6	110.6	哈萨克斯坦	26.3	26.3
澳大利亚	1.1	0	澳大利亚	16.1	16.9
哈萨克斯坦	80	150.9	波兰	9.9	6.9
美国	8.6	10.7	韩国	21.3	20.7
菲律宾	66.1	61.4	比利时	3.3	1.6
土耳其	15	13.8	巴西	1.1	0.8
其他	461.1	576.7	其他	174.5	186.0
全球合计	2340.4	2527.1	全球合计	362.7	388.5

资料来源：海关总署、中国金属矿业经济研究院。

四、市场均衡及价格

过去几年，全球精炼铜库存呈现宽幅震荡，震荡中心呈逐渐下移走势。观察伦敦金属交易所、上海期货交易所、纽约金属交易所（COMEX）以及中国保税区库存（见图 3－1），2016—2021 年，全球精炼铜库存在 60 万～150 万吨之间大幅摆动，平均每年经历一个完整的库存周期。从 2021 年下半年开始，全球精炼铜库存运行重心逐步下移，至 2022 年，库存波动区间下移至 40 万～80 万吨。2022 年一季度由 41 万吨攀升至 60 万吨附近；二季度库存维持在相对高位，高点出现在 5 月中旬，达到 66.3 万吨；三季度库存转入下滑通道，9 月底降至 32 万吨；四季度库存维持低位，至年末库存维持在 32 万吨。从整体看，2022 年全球精炼铜库存波动为主，年底较年初小幅去库 12 万吨。

从供需均衡角度看，2016—2018 年全球精炼铜市场供应长期处于紧平衡格局。2019 年受铜矿罢工等因素影响，全球铜供应增速放缓，由此导致全球精炼铜市场出现供应短缺，2020 年供应端受疫情影响，导致全球精炼铜缺口扩大，2021 年疫情对供应影响边际减弱，供应缺口明显收窄，2022 年受铜矿供应扰动影响，全球精炼铜市场供应缺口再度扩大。结合世界金属统计局数据（见图 3－2），2022 年全球精炼铜供应短缺 90.7 万吨，缺口较前一年扩大了 51 万吨。

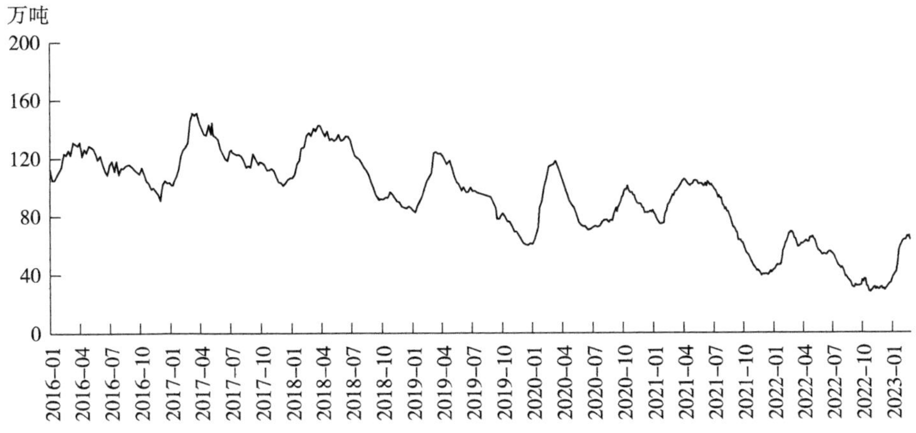

图 3－1　2016 年以来全球精炼铜库存变化

（资料来源：LME、SHFE、中国金属矿业经济研究院）

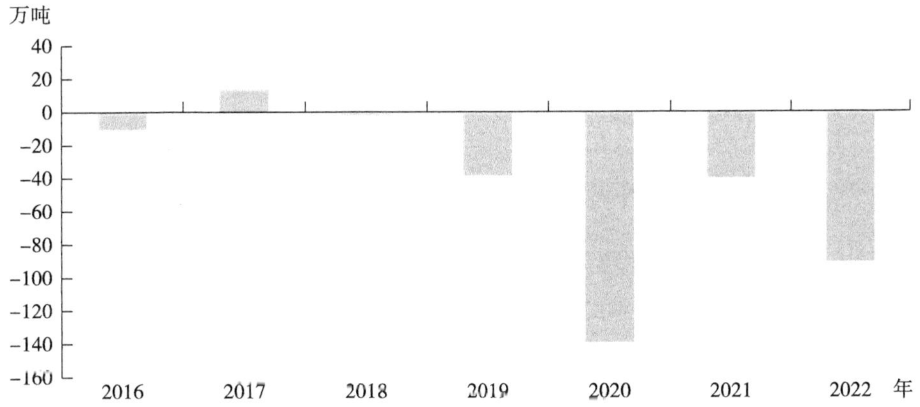

图 3－2　2015 年以来全球精炼铜供需均衡变化

（资料来源：WBMS、中国金属矿业经济研究院）

过去十几年间，铜价大多数时间处于熊市，牛市相对短暂。2018 年之后，伴随美元走强和中美贸易摩擦加剧，铜价结束了短暂的牛市重回下行周期。2020 年新冠疫情加速了铜价的探底，但是随着全球央行大量放水，铜价迎来了反转，从 2020 年二季度开始到 2021 年二季度持续一年多的时间里铜价大幅上涨。此后，从 2021 年下半年到 2022 年上半年，长达近一年的时间中，全球铜价高位区间震荡，直到 2022 年 6 月在美联储鹰派加息预期影响下，铜价开始趋势级深度回调，LME 3 月期铜价从 10000 美元/吨高位回落至最低点 7000 美元/吨，跌幅达到 30%；SHFE 铜主力合约收盘价则从 72000 元/吨高位回落至最低点 53500 元/吨，跌幅近 26%。2022 年下半年，由于全球精炼铜仍处供应短缺格局，在基本面提振下，全球铜价止跌回升，至年末 LME 铜价格较年初跌幅为 14.5%，SHFE 铜价格较年初跌幅为 5.3%（见图 3－3）。

图 3－3　2015 年以来国际及国内市场铜期货收盘价变化

（资料来源：LME、SHFE、中国金属矿业经济研究院）

五、全球铜行业竞争格局分析

全球铜矿产能集中度相对较高，智利国家铜（Codelco）、嘉能可（Glencore）、自由港集团、必和必拓、南方铜业是全球五大铜矿生产企业。2023 年，全球铜矿扩建和新投项目较多，主要包括：紫金矿业 Kamoa－Kakula 二期产能进一步释放，Timok 项目投产，预计带来 25 万吨增量；自由港（Freeport）旗下 Grasberg 矿山项目产能进一步提高带来 4 万吨增量；英美资源（Anglo American）旗下 Quellaveco 矿山爬产带来 16 万吨增量；泰克资源（Teck Resources）旗下 Quebrada Blanca 二期产能进一步释放带来 16 万吨增量；Baikal Mining 旗下位于俄罗斯的 Udokan 铜矿投产带来 13 万吨增量；安托法加斯塔旗下智利 Los Pelambres 铜矿投产带来 6 万吨增量；力拓旗下 Oyu Tolgoi 铜矿投产带来 8 万吨增量；西藏巨龙铜业旗下驱龙铜矿爬产带来 7 万吨增量。除了新老项目的投扩建外，很多铜矿都在通过各种手段提升生产效能并降低干扰率，包括全球最大的铜矿 Escondida 矿山、自由港（Freeport）北美和秘鲁的铜矿项目、五矿资源（MMG）旗下 Las Bambas 铜矿、淡水河谷（Vale）旗下项目等，以及其他中小型增产项目，预计合计产能增量超 115 万吨。

全球精炼铜产能超过 50 万吨/年的企业，除了智利国家铜（Codelco）、嘉能可（Glencore）、自由港集团和南方铜业等资源型企业外，还有铜陵有色、江西铜业、奥鲁比斯（Aurubis）和住友金属四家加工型企业。2023 年，全球铜冶炼产能继续处于扩张预期，大型增产项目包括：洛阳钼业位于刚果（金）的 Tenke Fungurume（SX－EW）湿法铜项目产能进一步释放带来 15 万吨增量，Baikal Mining 位于俄罗斯的乌多坎冶炼厂产能释放带来 5 万吨增量，紫金矿业旗下塞尔维亚波尔铜业扩建项目投产带来 6 万吨增量，以及其他中小型增产项目，预计合计产能增量超 55 万吨。

六、2023 年全球铜市场展望

从供应端来看，2023 年全球铜供应有望增长。铜矿方面，结合各大企业生产指引估算，2023 年全球铜矿供应有望增加 116 万吨，同比增速约 5.3%，其中海外增量约 110 万吨，中国国内增量为 6 万吨。精炼铜方面，预计 2023 年全球精炼铜供应增量为 60 万吨，同比增速约 2.5%，其中海外增量约 12 万吨，中国国内增量为 48 万吨。废铜方面，随着我国废铜原料供应总体回升，2023 年全球废铜原料供应有望实现 10 万～20 万吨的供应增量。

从终端需求来看，2023 年全球铜需求增长空间不大。海外方面，当前美国个人消费支出仍位于长期趋势线以上，随着高利率环境持续，个人消费支出大概率向长期趋势回归，并将引起经济走弱；此外，高利率环境下海外经济下行风险加大，历史上美国名义利率拉升至高位后都伴随美国经济或大或小的衰退，因此海外市场铜消费预期偏弱。国内方面，中国从疫情影响中恢复过来，但全年 5% 的经济增速设定目标使得强刺激预期减弱，传统行业用铜需求大幅增长的可能性较小，尤其是房地产行业，随着融资政策放松，中国地产景气指数有望在 2023 年扭转，但由于居民杠杆率偏高，地产实际需求回升空间可能相对有限。用铜需求预期较强的行业仍然来自清洁能源等相关行业，新能源汽车产量有望进一步增长，但由于渗透率已超过 25%，新能源汽车产量增速有放缓的趋势，对铜需求的拉动作用仍然存在，但力度边际转弱。光伏行业仍然值得期待，新增装机容量也有望维持高增长，除国内装机外，组件出口也将拉动国内用铜需求。2023 年，预计中国国内精炼铜需求将增加 54 万吨，增幅为 3.8%；海外精炼铜需求减少 40 万吨，降幅为 3.8%；加总后，预计 2023 年全球精炼铜消费量较 2022 年小幅增加 14 万吨，增幅为 0.5%，增速与 2021 年基本持平。

综合来看，2023 年全球铜精矿和精炼铜供应均有所增长，但由于铜精矿供应增速高于精炼铜供应增速，铜矿供应继续转向边际宽松。同时，精炼铜需求虽然受新能源汽车以及清洁能源行业拉动，但增速预计有所放缓，叠加美国经济衰退风险加剧抑制铜消费，全球精炼铜供需平衡有望由短缺转为过剩。价格方面，考虑到海外经济步入下滑阶段，铜价向上空间相对受限，但从长远看，电气化趋势对铜价仍是支撑，预计

2023 年 LME 铜价格运行区间为 6000 ~ 10000 美元/吨，SHFE 铜价格运行区间为 50000 ~ 78000 元/吨。

第二节　铝

2022 年，全球铝价先扬后抑。上半年美联储政策预期是驱动铝价运行方向的主要逻辑，二季度在美联储强势加息压力下，铝价跟随有色金属整体回落，至二季度末国际铝价由高点的 4000 美元/吨下跌至 2400 美元/吨，国内铝价由高点的 23500 元/吨跌至 17000 元/吨，达到年内低点。下半年随着宏观面交易情绪趋缓，铝价转入窄幅震荡。产业层面，国内碳中和政策带来的产能抑制和新能源行业高速发展对铝需求的拉动，仍然是铝价的两大支撑。

一、全球铝市场供给

按照产业链划分，全球铝市场供给主要包括铝土矿供给、氧化铝供给、原铝（电解铝）供给、废铝供给、铝材供给等几个部分。其中，氧化铝是铝土矿与原铝的中间产品，原铝是下游铝材加工的基础产品。

铝土矿供应方面，2022 年受新冠疫情影响，中国国内铝土矿产量同比下滑超过 25%，对海外铝土矿的进口依赖较高。氧化铝供应方面，俄乌冲突导致海外氧化铝产量受到影响，全球氧化铝产量同比下降 5%。电解铝供应方面，欧洲能源危机影响欧洲冶炼产能释放，但中东、南美等地区产量有所增长，结合相关研究机构数据，并按照新统计口径，2022 年海外电解铝产量为 2821.6 万吨，同比基本持平；中国国内电解铝由于置换产能陆续投产，2022 年产量为 4027.1 万吨，同比增长 4.6%。加总海外和国内，2022 年全球电解铝产量为 6848.7 万吨，同比增长 2.5%。

分国别看，中国是全球最大的原铝生产国，产量全球占比超过 50%。结合世界金属统计局数据（见表 3－6），在中国以外原铝主要生产国家中，俄罗斯是全球第二大原铝生产国，2021 年原铝产量为 390.9 万吨，同比增长 0.7%。此外，加拿大、阿联酋、印度以及澳大利亚、挪威也是全球主要的原铝生产国，年产量规模均在百万吨级别以上。从产量增速看，挪威 2021 年原铝产量 157.7 万吨，同比增长 21.6%，是主要供给国家中产量增长最快的；其次是印度，2021 年产量增长了 10.2%；美国 2021 年原铝产量 89.8 万吨，同比减少 12.6%，是主要供给国家中产量下滑最多的。2021 年，全球前五大原铝生产国合计产量全球占比超过 75%，比重与上一年基本持平。

表 3－6　　2018—2021 年全球主要原铝生产国产量变化　　单位：万吨

国家/区域	2018 年	2019 年	2020 年	2021 年
中国	3358.5	3514.2	3721.0	3922.2
俄罗斯	367.3	363.6	388.0	390.9
加拿大	292.3	285.4	311.3	324.4
阿联酋	253.9	227.9	227.1	226.3
印度	217.5	331.1	360.1	396.8
澳大利亚	157.9	156.8	157.7	157.4
挪威	122.0	127.9	129.7	157.7
美国	89.7	112.6	102.7	89.8
巴林	101.1	136.5	154.9	155.7
冰岛	86.5	74.3	69.8	62.5
其他	932.0	944.5	1036.6	1042.9
全球合计	5978.8	6274.7	6658.9	6926.5

资料来源：WBMS、中国金属矿业经济研究院。

二、全球铝市场需求

铝下游最终产品分为线杆材、管带材、扁平板、箔材、型材等类别，主要应用于建筑/装修、耐用消费品、交通运输、电力、包装、机械设备等领域。全球原铝的三分之二被用于建筑/装修、交通运输、电力三大领域。与全球原铝消费产业结构对比，中国建筑领域消费占比（34%）明显偏高，而交通运输领域消费比重（17%）显著偏低，目前中国汽车制造行业中，部分传统的钢铁制品（如发动机缸体）正在逐步被铝制品取代，预计中国铝制品在交通运输行业中的消费占比将逐渐提高。

2022 年全球原铝表观需求增速有所放缓。结合相关统计机构数据，并按照新统计口径，2022 年全球原铝表观消费量 6924.7 万吨，同比增长 3.1%。① 电解铝消费增长驱动主要来自光伏行业，光伏用铝主要分为边框用铝和装机支架用铝两部分，国内装机数量主要体现在装机支架部分，根据中国光伏业协会测算，"十四五"期间，国内装机光伏规模在 70～90GW 之间。2022 年全球光伏装机量预计为 205～250GW，超出年初预计的 200～220GW。2023 年，全球新增光伏装机预计将达到 330～360GW，预计将拉动铝消费量近百万吨。

① 因统计机构数据公布的原因，文中 2022 年增速与按照分国别表计算的增速不一致，2022 年统计数据以文中描述为主。下同。

分国别看，中国是全球最大的原铝消费国，消费全球占比超过一半；其次为美国，全球占比接近7%。此外，德国、日本、印度、韩国、土耳其、意大利也是全球主要的原铝消费国，各国年需求量均在百万吨左右。从需求变化角度看，发展中国家表观消费增速较快，除中国以外的国家中，增长最快的是巴西，2021 年实现表观消费增速 52.0%；其次是土耳其，增速为 46.4%。欧美发达国家表观消费增速相对温和，其中日本和意大利增速分别达到 13.1% 和 16.5%，是发达国家中增速较快的。2021 年，全球前五大原铝消费国合计需求量全球占比接近 75%。

表 3－7　2018—2021 年全球主要原铝消费国表观消费量变化　单位：万吨

国家/区域	2018 年	2019 年	2020 年	2021 年
中国	3311.6	3538.1	3918.3	4191.7
美国	513.4	512.2	433.2	446.6
德国	209.0	190.2	146.0	214.0
日本	198.3	175.4	143.3	162.1
印度	115.1	149.9	174.6	160.4
韩国	116.2	114.4	106.2	115.1
土耳其	97.7	99.0	104.2	152.5
意大利	99.0	94.8	74.7	87.0
巴西	79.5	90.0	78.6	119.4
其他	1265.4	1254.4	1247.2	1360.2
全球合计	6005.1	6218.4	6426.2	7009.0

资料来源：WBMS、中国金属矿业经济研究院。

三、中国铝资源进出口

2022 年中国氧化铝及原铝进口量下降，铝土矿及废铝进口量增加。过去，中国是全球最大的铝资源进口国，进口产品形态包括铝土矿（铝矿砂及精矿）、氧化铝、原铝、铝材、未铸造铝、铝合金、废铝等。海关总署数据显示（见表 3－8、表 3－9），2022 年中国铝土矿、氧化铝、原铝和废铝净进口量分别为 12547.1 万吨、98.3 万吨、47.9 万吨和 151.6 万吨，其中铝土矿和废铝进口量同比分别增长了 16.9% 和 47.3%；氧化铝和原铝净进口量同比分别下滑了 69.3% 和 69.5%。除了大量进口铝资源，中国也是全球主要铝材出口国，2022 年未锻造铝及铝材（海关总署合并统计）净出口量为 421.3 万吨，同比大幅增长 75.2%，增速较高主因海外需求受疫情影响边际减弱带动。

表3－8　　2019—2022年中国铝资源进口量变化　　单位：万吨

品种	2019年	2020年	2021年	2022年
铝土矿	10066.4	11155.8	10737.4	12547.1
氧化铝	164.5	380.6	332.7	199.0
原铝	7.5	106.3	156.9	66.6
铝材	35.5	270.4	321.4	239.1
废铝	139.4	82.5	102.9	151.6
未锻造铝（包括铝合金）	29.1			

注：2020年及以后，未锻造铝（包括铝合金）数据与铝材数据合并公布。

资料来源：海关总署、中国金属矿业经济研究院。

表3－9　　2019—2022年中国铝资源出口量变化　　单位：万吨

品种	2019年	2020年	2021年	2022年
氧化铝	27.5	15.5	12.0	100.7
原铝	7.5	0.7	0.0	18.7
铝材	515.0	485.7	561.9	660.4
未锻造铝（包括铝合金）	57.8			

注：2020年及以后，未锻造铝（包括铝合金）数据与铝材数据合并公布。

资料来源：海关总署、中国金属矿业经济研究院。

2022年中国铝土矿进口区域变化不大。从铝资源区域进口分布来看（见表3－10），近几年中国铝土矿进口主要来自澳大利亚和几内亚。2022年全年累计，中国自澳大利亚进口铝土矿7035.3万吨，澳大利亚连续四年超过几内亚成为中国最大的铝土矿进口来源国。此外，几内亚进口量近几年一直维持在3500万吨附近。几内亚、澳大利亚两大进口来源国进口总量占全部进口量近85%，比重与前一年基本持平。

2022年中国氧化铝进口量进一步下滑。其中进口来源国澳大利亚的进口量下滑到113.2万吨，同比降幅为49.3%，但澳大利亚仍是中国氧化铝进口来源第一大国；印度尼西亚进口量增长了187.7%，继续作为第二大进口来源国。美国作为过去中国氧化铝主要进口国之一，受前几年贸易摩擦影响，连续四年进口量降至近乎为零。

表3－10　　2021—2022年中国铝资源进口来源区域分布　　单位：万吨

铝土矿			氧化铝		
国家/区域	2021年	2022年	国家/区域	2021年	2022年
几内亚	3407.9	3409.1	澳大利亚	223.4	113.2
澳大利亚	5481.3	7035.3	印度尼西亚	16.2	46.6
印度尼西亚	178.2	189.8	印度	7.3	6.7
马来西亚	18.2	27.8	法国	2.4	1.7

续表

铝土矿			氧化铝		
国家/区域	2021 年	2022 年	国家/区域	2021 年	2022 年
			日本	2.4	2.3
			美国	0.3	0.3
其他	1651.8	1885.1	其他	81	28.5
全球	10737.4	12547.1	全球	332.7	199.0

资料来源：海关总署、中国金属矿业经济研究院。

四、市场均衡及价格

通过观察全球原铝库存（见图 3－4），这里观察的全球原铝库存为伦敦金属交易所、上海期货交易所库存，以及中国国内的社会库存，可以看到 2015 年以来，全球原铝库存总体呈下行走势。其中，2017—2021 年，全球原铝库存基本保持在 150 万～250 万吨，并没有明显的去库，但从 2021 年下半年开始，全球原铝库存继 2015—2017 年后，再一次开启去库趋势。2022 年全年，全球原铝库存由年初的 125.8 万吨降至年末的 54.6 万吨，减少 71.2 万吨，降幅达 56.6%。

分季度看，一季度虽然中国因春节出现累库，但由于海外库存下降更多，全球原铝库存一季度并未展现出往年的季节性累库。二季度随着海外需求发力，全球库存进一步降库，至二季度末全球原铝库存降至 62.5 万吨附近。下半年全球原铝库存先降后增，最低点出现在 8 月中旬，仅为 45.4 万吨，此后全球原铝库存触底回升，至年底小幅增至 54.6 万吨。

图 3－4　2015 年以来全球原铝库存变化

（资料来源：LME、SHFE、中国金属矿业经济研究院）

从供需均衡角度看，自 2015 年中国电解铝行业推行供给侧结构性改革以来，全球原铝市场长期处于供应短缺格局，2015—2018 年每年短缺量在 50 万 ~100 万吨之间。2019 年以后，随着中国电解铝产能置换项目陆续投产，全球原铝市场供应由短缺转为过剩，2020 年供应过剩规模进一步扩大，达到 154 万吨。2021—2022 年，全球原铝市场重回供应短缺格局，世界金属统计局数据（见图 3－5）显示，2021 年全球原铝供应短缺量达到 148 万吨，2022 年全球原铝继续维持供应短缺，但缺口收窄至 20 万吨。

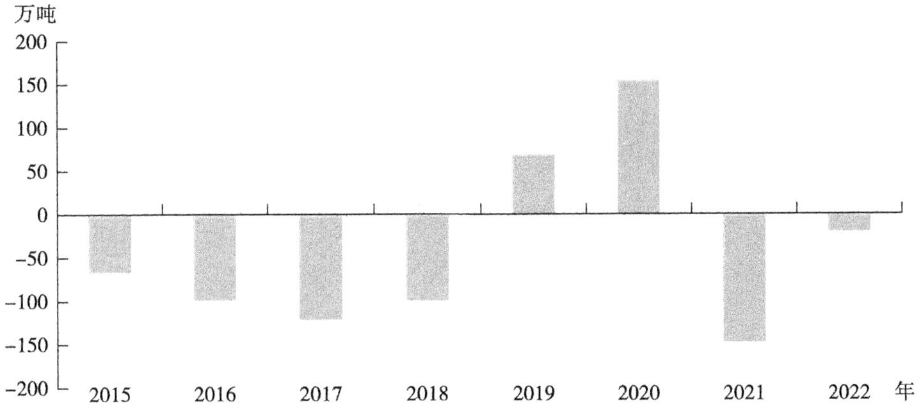

图 3－5　2015 年以来全球原铝供需均衡变化

（资料来源：WBMS、中国金属矿业经济研究院）

近年来，国际市场铝价走势和基本金属价格走势基本趋同（见图 3－6）。2016—2017 年受中国电解铝行业供给侧结构性改革支撑，全球铝价开启牛市。2018—2019 年

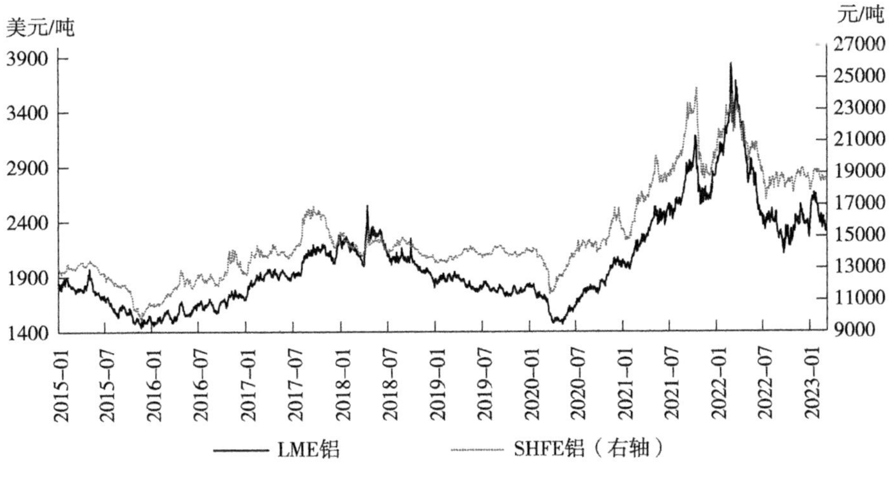

图 3－6　2015 年以来国际及国内市场铝期货收盘价变化

（资料来源：LME、SHFE、中国金属矿业经济研究院）

随着供给侧结构性改革去产能进入边际效用递减阶段，铝产业矛盾弱化，在宏观环境转向偏冷的大背景下，全球铝价转入熊市。2020年受新冠疫情引发的流动性泛滥影响，叠加新能源行业高速发展带来的电解铝消费预期增长，全球铝价再度开启牛市，且高点远超2017年。2022年，全球铝价先扬后抑，上半年国际铝价由年初的2830美元/吨，最高上冲至3250美元/吨附近；国内铝价则由年初的20000元/吨最高上涨至23000元/吨以上。此后，全球铝价转入下行趋势，至2022年末，LME铝价格较年初下跌了15.7%；SHFE铝价格较年初下跌了7.7%，LME铝价格跌幅明显高于沪铝价格跌幅。

五、全球原铝行业竞争格局分析

海外主要原铝生产企业包括俄罗斯铝业（UCRusal）、力拓集团（Rio Tinto）、美国铝业（Alcoa）、海德鲁（Hydro）、韦丹塔（Vedanta）、南方32（South32）等。其中俄罗斯铝业是全球最大的原铝生产企业之一。2022年增产项目中，俄罗斯铝业新建低碳铝产能43万吨，项目共三期，一期于2021年底投产；美国铝业2022年二季度复产Alumar冶炼厂45万吨电解铝产能；印度新大科、韦丹塔共计8万吨新扩建电解铝产能投产；力拓集团8万吨电解铝产能复产。在减产项目中，比较大的项目包括美国铝业San Ciprian冶炼厂23万吨产能关停；海德鲁Slovalco铝厂18万吨产能关停。增产项目合计增产产能120万吨，减产项目合计减产产能124万吨，增减数量相近，总体产能变化不大。

中国原铝行业近几年处于产能置换转移阶段。2022年，电解铝产能转出大省是山东，电解铝产能转入大省是云南，从山东转移至云南的电解铝产能接近200万吨。在置换产能中，已有指标的产能占比超过50%，虽然4500万吨产能天花板仍然存在，但近两年国内电解铝产量仍存在增长空间。

六、2023年全球铝市场展望

从供应端来看，氧化铝供应方面，短期内海内外仍难破解过剩局面。2023年，全球氧化铝供应过剩局面将进一步收窄，海外供应持续收缩，同比增速预计为－3.5%；电解铝供应方面，预计2023年国内电解铝产量仍将处于增长状态，在西南地区复产预期下，全年产量预计将达到4162万吨，同比增长3.4%。随着欧洲天然气价格的回落以及海外新产能的投放，预计海外电解铝产量同比增长4.1%。整体来看，2023年全球电解铝供应将持续增长，同比增速预计为3.7%左右。

从需求端来看，国内疫情防控措施优化调整一定程度上提振原铝消费，但由于全球宏观经济处于衰退预期中，下游需求将继续走弱，全球电解铝供应可能形成过剩局面。另外，新能源汽车、清洁能源行业也是拉动铝消费的主要板块，这些板块仍然存在增长空间。预计 2023 年全球铝消费增速为 1.8%，较 2022 年的 3.1% 有所下滑。

综合供需两端，在碳中和大背景下，铝供应瓶颈依然存在，但 2023 年全球电解铝市场将整体从去库转为累库状态，铝价承受一定压力。LME 铝价格预计为 1800～3000 美元/吨，SHFE 铝价格预计为 15000～22000 元/吨。

第三节　铅

2022 年，全球铅价先抑后扬。一季度，基本面相对平淡，LME 铅价格在 2100～2450 美元/吨区间震荡运行；二季度随着美联储加息进程加快，铅价格运行重心明显下移，但国内外市场对美联储加息的反应程度有所不同，至三季度 LME 铅价格运行重心下挫 300 美元/吨，SHFE 铅价格则只下挫了 500 元/吨，SHFE 铅价格表现更加坚挺。此后，两市铅价保持窄幅震荡，四季度受美联储加息预期放缓刺激，两市铅价大幅反弹，重新回到年初的运行区间。2023 年，全球铅供应仍过剩，基本面依然羸弱，预计全球铅价格运行重心较 2022 年有所下移。

一、全球铅市场供给

全球铅精矿供给区域高度集中。美国地质调查局（USGS）数据显示，全球铅矿资源主要分布在澳大利亚、中国、俄罗斯、秘鲁、墨西哥、印度、波兰和玻利维亚等国家。结合世界金属统计局数据（见表 3－11），2021 年全球铅精矿产量为 551.5 万吨（金属含量，下同），同比减少 2.8%。分国别看，中国产量全球占比超过 50%，居世界第一，除中国外，澳大利亚、美国、秘鲁、墨西哥和俄罗斯也是全球铅精矿主要的生产国。2021 年主要生产国多数产量有所增长，除中国以外主要生产国家中，减产幅度最大的是俄罗斯，2021 年铅精矿产量同比下滑了 15.5%；产量增长的国家中，增幅最大的是墨西哥，其 2021 年铅精矿产量同比增长 16.1%，其次是秘鲁，增幅为 12.9%，印度和美国产量也分别增长了 8.2% 和 5.1%。中国 2021 年铅精矿产量为 288.1 万吨，同比下滑了 9.8%。

近几年全球铅矿山处于复产增产周期，但 2022 年受疫情、环保、生产事故等因素扰动，全球铅矿产量有所下滑。根据国际铅锌研究小组（ILZSG）数据，并按照新统计口径，2022 年全球铅精矿产量 450.4 万吨，同比减少 4.3%。

表 3－11　　**2018—2021 年全球主要国家铅精矿产量变化**　　单位：万吨

国家/区域	2018 年	2019 年	2020 年	2021 年
中国	292. 9	296. 0	319. 3	288. 1
澳大利亚	46. 8	45. 7	48. 6	50. 3
美国	27. 7	29. 2	29. 2	30. 7
秘鲁	28. 9	30. 7	23. 3	26. 3
墨西哥	23. 7	25. 8	23. 6	27. 4
俄罗斯	17. 5	21. 7	20. 7	17. 5
印度	16. 8	19. 4	18. 2	19. 7
其他	87. 5	84. 9	84. 5	91. 5
全球合计	541. 8	553. 4	567. 4	551. 5

资料来源：WBMS、中国金属矿业经济研究院。

近几年，全球精炼铅产量增长明显。分国别看，中国是全球最大的精炼铅生产国，产量全球占比在50%左右，其次为美国和韩国，美国年产量规模在百万吨级别，韩国年产量在80万吨上下。此外，墨西哥、德国以及英国也是全球主要的精炼铅生产国，年产量规模均在30万吨级别。从增长速度看，除中国以外的国家中，墨西哥2021年产量增幅最大，达到10. 3%，其次是日本和澳大利亚，两国产量增幅分别为7. 2%和6. 3%，英国和德国产量也有所增长。在产量下滑的国家中，美国产量降幅最大，2021年产量下滑8. 0%，其次是加拿大，降幅6. 5%，韩国也有1. 2%的下滑。中国方面，由于近几年再生铅产能快速扩张，2021年精炼铅产量达到715. 6万吨，同比增长11. 3%。2021年，全球前五大精炼铅生产国合计产量近980万吨，全球占比接近70%，比重与上一年基本持平。

2022年全球原生铅产能相对平稳，过去几年增长较快的中国再生铅产能增长有所放缓，再叠加疫情冲击造成的影响，全球精炼铅产量有所下滑。根据国际铅锌研究小组数据，并按照新统计口径，2022年全球精炼铅产量1219. 0万吨，同比减少0. 4%。

表 3－12　　**2018—2021 年全球主要精炼铅生产国产量变化**　　单位：万吨

国家/区域	2018 年	2019 年	2020 年	2021 年
中国	509. 6	598. 9	643. 2	715. 6
美国	115. 7	118. 0	115. 4	106. 2
韩国	81. 3	76. 7	82. 7	81. 7
墨西哥	33. 7	35. 5	38. 7	42. 7
德国	31. 1	31. 6	33. 1	33. 5
英国	35. 0	35. 1	36. 0	37. 2
加拿大	26. 3	27. 1	18. 6	17. 4
日本	24. 0	23. 7	23. 6	25. 3

续表

国家/区域	2018 年	2019 年	2020 年	2021 年
澳大利亚	21.8	12.8	15.9	16.9
其他	298.3	300.9	314.5	336.5
全球合计	1176.8	1260.2	1321.8	1412.8

资料来源：WBMS、中国金属矿业经济研究院。

二、全球铅市场需求

中国是全球最大的精炼铅消费国。结合世界金属统计局数据（见表 3－13），2021 年全球精炼铅表观消费量为 1440.1 万吨，同比增长 8.5%。其中，中国消费量全球占比接近 50%；其次为美国，消费量超过 150 万吨。此外，韩国消费量在 60 万吨以上，德国、西班牙、日本、意大利消费量也大多在 20 万吨以上。从增幅来看，2021 年除中国以外的国家中，西班牙精炼铅消费增长较快，2021 年同比增长了 7.5%；美国仅增长 2.2%；而包括德国、意大利在内的欧洲国家消费均出现大幅下滑，降幅分别达到 18.9% 和 7.8%。中国 2021 年精炼铅表观消费 717.0 万吨，同比增长 10.9%。2021 年全球前五大精炼铅消费国合计需求量全球占比接近 70%，比重与上一年基本持平。

2022 年，全球精炼铅消费保持平稳。根据国际铅锌研究小组数据，并按照新统计口径，2022 年全球精炼铅表观消费量为 1216.7 万吨，同比减少 0.3%。

表 3－13　2018—2021 年全球主要精炼铅消费国表观消费量变化　单位：万吨

国家/区域	2018 年	2019 年	2020 年	2021 年
中国	513.0	610.8	646.5	717.0
美国	163.5	162.9	152.1	155.4
韩国	64.2	57.7	67.9	67.3
德国	37.7	37.2	38.6	31.3
西班牙	24.7	27.5	26.7	28.7
日本	27.3	23.8	27.7	25.4
意大利	23.1	20.5	19.3	17.8
其他	333.3	349.0	348.9	397.4
全球合计	1186.7	1289.3	1327.7	1440.1

资料来源：WBMS、中国金属矿业经济研究院。

三、中国铅资源进出口

2022 年中国铅资源对外依赖程度进一步下降。中国铅资源对外依存度相对较低，进出口规模相对于铜、铝要小很多，外贸领域业务主要为铅精矿（铅矿砂及精矿）进口，以及铅酸电池出口。海关总署数据显示（见表3－14），2022年中国铅精矿进口量为101.3万吨，同比减少15.7%；精炼铅净出口量为11.5万吨，同比增长23.7%；铅酸电池净出口量为2.13亿个，同比增长10.5%。铅资源进口量收缩的主因是中国国内再生铅产能扩大，产能占比提高，且原生铅冶炼厂更多使用再生铅进行配矿。中国精炼铅过去常年保持净进口，近两年扭转为净出口的主因是中国国内再生铅产能扩张，LME与SHFE比价长期低位，出口窗口频繁开启。

表3－14　2019—2022年中国铅资源进出口量变化

品种	2019年	2020年	2021年	2022年
进口量				
铅矿砂及精矿（万吨）	161.2	133.5	120.2	101.3
精炼铅（万吨）	9.4	2.0	0.2	0.2
铅酸电池（万个）	904.1	586.3	581.6	357.0
出口量				
精炼铅（万吨）	0.6	0.4	9.5	11.7
铅酸电池（万个）	17029.1	16943.4	19830.1	21633.9

资料来源：海关总署、中国金属矿业经济研究院。

从进出口区域分布来看（见表3－15），中国铅精矿进口主要来自俄罗斯、秘鲁、美国和澳大利亚，铅酸电池出口主要面向印度、美国、孟加拉国和意大利。2022年，俄罗斯继续作为中国铅精矿第一大进口来源国，进口量较上年小幅增长；美国超过秘鲁连续两年成为中国铅精矿进口第二大来源国，秘鲁跌至第四；此外，来自波兰和南非的进口量也有所萎缩。

表3－15　2021—2022年中国铅资源进口区域分布　单位：万吨

铅精矿进口		
国家/区域	2021年	2022年
俄罗斯	26.7	27.7
秘鲁	11.9	4.6
美国	19.0	11.7
澳大利亚	9.4	6.7
波兰	0.9	0.1
墨西哥	1.0	1.4
南非	3.1	3.0
其他	48.2	46.0
全球	120.2	101.2

资料来源：海关总署、中国金属矿业经济研究院。

四、市场均衡及价格

2021—2022 年全球精炼铅库存波动明显加剧（见图 3 -7）。2015 年以来，全球铅锭库存总体呈现下滑走势，2020 年跌至 10 万吨以内，处于相对较低水平。2021 年受累于中国国内再生铅产能扩张，全球铅市场供应过剩，铅库存出现较大规模上涨，由年初的不足 10 万吨上涨至 25 万吨附近，逼近 2017 年库存水平。2022 年，随着中国再生铅产能扩张速度放缓，以及海外铅需求恢复，全球铅库存下滑较多，至 2022 年末，全球精炼铅库存降至 6.0 万吨水平，较年初减少了 8.1 万吨，其中，伦敦金属交易所库存降至 2.5 万吨，上海期货交易所库存降至 3.5 万吨。

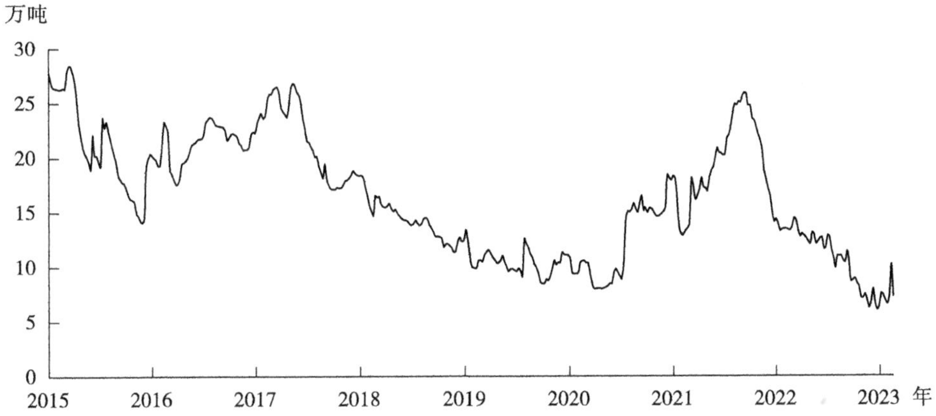

图 3 -7　2015 年以来全球精炼铅库存变化

（资料来源：SHFE、中国金属矿业经济研究院）

2021 年全球精炼铅市场供应延续小幅过剩。2017 年以来，全球精炼铅市场供应缺口逐年收窄，2020 年受新冠疫情影响全球精炼铅供应大幅过剩，2021 年随着疫情影响趋缓以及全球经济复苏，全球精炼铅供应过剩量有所缩小。2022 年，随着中国再生铅产能扩张速度放缓，全球铅锭供应过剩量进一步收缩。国际铅锌研究小组数据显示，2022 年全球精炼铅市场供应过剩 2.3 万吨，2021 年为过剩 3.5 万吨（见图 3 -8）。

从 2020 年二季度开始，海外铅矿山产量受到新冠疫情影响，铅精矿供应宽松环境逐步收紧，铅精矿加工费亦高位回落（见图 3 -9）。2021 年，随着新冠疫情对全球矿山影响边际弱化，大量海外铅矿山复产增产，海外铅精矿加工费开始进入上行通道，至 2021 年末，进口矿加工费（TC）由年初的 60 美元/干吨上调至 100 美元/干吨，涨幅接近 70%。然而同期国产矿加工费（TC）则持续维持在 1200 元/金属吨附近，并未跟随进口矿加工费上调。主要是因为新冠疫情虽然对矿山生产的影响有所弱化，但对海运的影响仍然严重，海外增产的铅精矿向中国出口受到阻碍，使得国内铅精矿供需

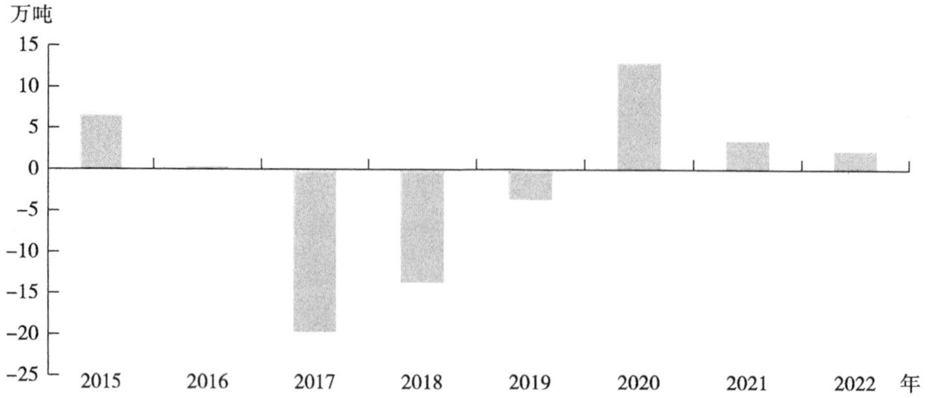

图 3－8　2015 年以来全球精炼铅供需均衡变化

（资料来源：ILZSG、中国金属矿业经济研究院）

平衡并未向过剩扭转，全年国内铅精矿供应持续偏紧。2022 年，国内铅精矿加工费维持低位，主产地中只有云南个旧加工费有所上调，由 1000 元/吨上调至 1300 元/吨，河南济源和湖南郴州加工费依然维持 1000 元/吨附近，处于相对低位。

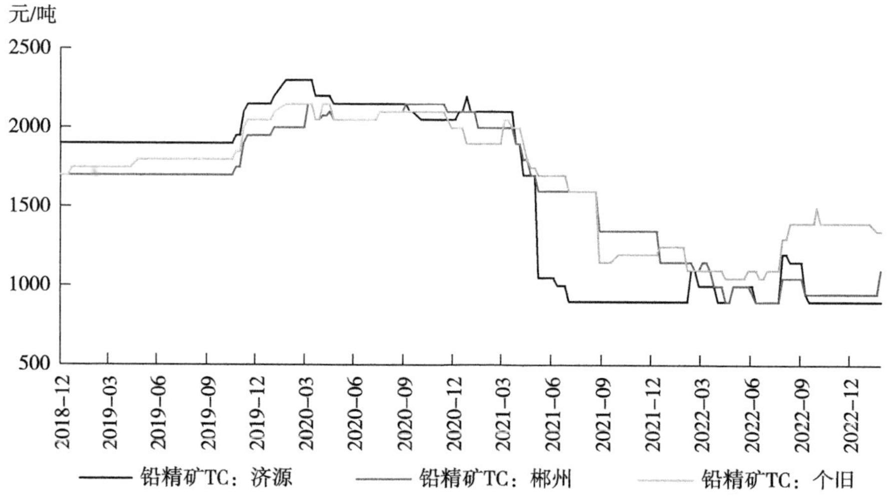

图 3－9　2018 年以来国内铅精矿加工费走势

（资料来源：上海有色网、中国金属矿业经济研究院）

2020 年以前，国际市场铅价同基本金属走势趋同。2016 年至 2017 年，由于供应端收缩，特别是在锌价拉涨的支撑下，国际市场铅价迎来牛市。2018 年后，在海外铅锌矿山持续复产、增产导致供需缺口收窄，基本面边际转弱的影响下，铅价见顶回落，转入熊市。从 2020 年开始，国内和国际铅价开始分化，LME 铅价格先扬后抑经历大起大落，沪铅价格则长期位于窄幅震荡区间横盘。2022 年，国际和国内铅价走势延续分化，LME 3 月期铅收盘价由年初的 2298 美元/吨至年末的 2292 美元/吨，基本维持不变；同期 SHFE 铅主力合约收盘价则由 15385 元/吨上调至 15925 元/吨，涨幅仅为 3.5%（见图 3－10）。两市铅价分化明显，原因主要是 LME 铅价格受全球宏观面影响较大，SHFE 铅价格受国内产业因素影响更大，2022 年是宏观大年，国内产业则相对平稳。

图 3－10　2015 年以来国际及国内市场铅期货收盘价变化

（资料来源：LME、SHFE、中国金属矿业经济研究院）

五、全球铅行业竞争格局分析

铅矿山方面，年产量超过 10 万吨的矿山企业主要是嘉能可、韦丹塔、泰科资源等。South32 旗下位于澳大利亚的坎宁顿矿山依然是全球最大型的铅矿山之一，年产铅精矿超过 10 万吨；其次是泰科资源旗下位于美国阿拉斯加的红狗矿，年产铅精矿也在 10 万吨左右。中国国内铅矿山多以中小型矿山为主。

铅冶炼方面，海外过去五到十年已经经历过原生铅冶炼产能向再生铅冶炼产能转移的过程，中国近几年正在经历这一过程。主要表现为再生铅合规产能快速扩张以及再生铅产业相互融合。相关国内机构数据显示，2020 年国内新增废电瓶处理能力达到 235 万吨，再生铅精炼产能达到 146 万吨；2021 年国内新增废电瓶处理能力和再生铅冶炼产能分别达到 250 万吨和 155 万吨，中国国内再生铅产能处于集中扩张期。2022—2023 年，国内共有 260 万吨新增废电瓶拆解产能投放，以及 160 万吨再生铅精炼产能投产，再生铅产能将进一步扩张，但扩张速度较 2020—2021 年有所放缓。目前中国再生铅冶炼产能占比已达到 50% 左右，从全球平均水平来看，未来中国再生铅产能占比一进步扩大的空间已经不大。

六、2023 年全球铅市场展望

从供应端来看，虽然受疫情、事故等各种因素影响，2022 年全球铅精矿产量受到抑制，但从趋势上看，全球铅矿山仍处于增产周期中，预计 2023 年全球铅精矿产量有望重回正增长。精炼铅供应的扰动因素来自原料紧张和环保政策，但近两年环保政策对铅供应的影响边际递减。产业链格局方面，中国国内再生铅产能扩张速度放缓，原生铅过剩产能退出缓慢，精炼铅总产能已有所过剩，再生铅原料紧张依然是限制铅产能释放的主要瓶颈。2023 年，再生铅冶炼利润中枢下移速度将放缓，再生铅供应弹性停止收缩，随着铅价下移跌破成本，再生铅企业可能更易减产，从而对铅价构成成本支撑。此外，废电瓶供应方面，由于再生铅产能的扩张速度放缓，对于废旧铅酸蓄电池的需求增速也随之放缓，但由于存量产能巨大，铅酸蓄电池产业链的循环能力建设依然是亟待完善的产业链环节。根据相关机构统计数据，国内铅酸蓄电池产量在 2014 年达到峰值，而汽车用电池和自行车用铅酸蓄电池报废期平均为 4 ~ 6 年，因此蓄电池报废高峰期可能在 2020 年前后，2023 年废旧铅酸蓄电池供应压力较大，再生铅企业原料获取依然存在困难，从而限制再生铅产能利用率的提高。

从需求端来看，铅的需求行业较为单一，全球 80% 左右的铅资源用于铅酸蓄电池生产。铅酸蓄电池按应用领域可分为动力型铅酸蓄电池、起动型铅酸蓄电池和固定型蓄电池，其中，动力型铅酸蓄电池应用于电动自行车行业，起动型铅酸蓄电池应用于汽车行业，固定型蓄电池应用于移动基站设备行业。近几年锂电池对铅酸蓄电池替代压力逐年增加，但不宜过高估计锂电池对铅酸蓄电池的替换速度。原因主要是锂电池稳定性较铅酸蓄电池差，在某些领域铅酸蓄电池更令人放心，比如汽车使用的电瓶，作为汽车的关键部件，如果使用锂电池，在极冷的气候条件下对整车设备的稳定性将构成影响。因此，短期来看，电动自行车所用电池和移动基站设备电池是锂电池替代铅酸蓄电池的主要领域。受累于终端消费行业增速放缓以及预计锂电池替代压力，预计 2023 年全球精炼铅消费承压。

综合供求两方面考虑，2023 年全球精炼铅产能有望小幅增长，增长速度较 2022 年有所放缓，受再生铅原料供应限制，精炼铅实际产量增长速度略低于产能增长速度。预计 2023 年全球精铅供应过剩 10 万吨，过剩量较上年有所缩小。总体来看，利空来自产业层面的过剩预期，利多来自再生铅成本支撑，如果铅价下跌较深，再生铅企业减产压力会快速累积，从而支撑铅价。此外，由于 SHFE 铅期货市场规模相对较小，若供应端受环保等超预期因素影响，不排除出现阶段性上涨的可能。价格方面，预计 2023 年全球铅价易跌难涨，LME 铅价格运行区间为 1700 ~ 2300 美元/吨；SHFE 铅价格运行区间为 13000 ~ 16000 元/吨。

第四节　锌

2022 年，全球锌价高位宽幅波动。一季度受能源危机驱动，全球锌价延续牛市，LME 锌价格最高冲破 4500 美元/吨，SHFE 锌价格冲破 28000 元/吨；二季度美联储加息预期走强，锌价跟随整个有色金属共振下跌，LME 锌价格跌至 3000 美元/吨以下，SHFE 锌价格跌至 20000 元/吨。整个上半年锌价走势大起大落，波动剧烈。进入下半年，随着美联储加息预期反复摇摆，以及能源危机缓解，全球锌价转入区间震荡，未再走出明显趋势。2023 年，全球锌精矿市场供应过剩缩小，精炼锌市场供应短缺改善，锌基本面矛盾趋缓，预计锌价整体承压。

一、全球锌市场供给

中国是全球最大的锌精矿供给国。美国地质调查局数据显示，全球锌矿资源主要分布在中国、澳大利亚、秘鲁、印度、墨西哥、加拿大和玻利维亚等国家。世界金属统计局数据显示（见表 3－16），2021 年全球锌精矿产量为 1346.4 万吨，同比增长 10.4%。分国别看，中国产量 495.5 万吨，全球占比接近 40%。除中国外，澳大利亚、秘鲁、印度、美国、墨西哥和玻利维亚也是全球锌精矿主要生产国。2021 年，全球前五大锌精矿生产国合计产量全球占比接近 70%，比重与上年基本持平。从产量变化看，除中国以外的国家中，增幅最大的是秘鲁，2021 年累计产量 154.6 万吨，增幅达到 47.8%；其次是玻利维亚和美国，增幅分别为 26.1% 和 15.4%；墨西哥、爱尔兰和印度供给量也有所增长。在产量下滑的国家中，降幅最大的是加拿大，2021 年产量 16.2 万吨，降幅为 31.1%；其次是俄罗斯和澳大利，产量降幅分别为 6.7% 和 5.8%；哈萨克斯坦产量与上年持平，仍维持在 37 万吨附近。

表 3－16　2018—2021 年全球主要国家锌精矿产量变化　　单位：万吨

国家/区域	2018 年	2019 年	2020 年	2021 年
中国	435.4	505.6	438.7	495.5
澳大利亚	104.9	134.9	141.6	133.4
秘鲁	147.4	138.5	104.6	154.6
印度	75.5	70.0	74.0	75.2
美国	83.3	77.9	66.7	77.0
墨西哥	64.1	68.3	61.9	70.5
玻利维亚	61.0	58.7	44.0	55.5
哈萨克斯坦	35.9	37.1	37.1	37.1
加拿大	26.3	33.5	23.5	16.2

续表

国家/区域	2018 年	2019 年	2020 年	2021 年
俄罗斯	28.4	29.8	31.3	29.2
爱尔兰	13.2	12.3	9.8	10.2
其他	227.5	203.8	187.0	192.2
全球合计	1302.9	1370.4	1220.0	1346.4

资料来源：WBMS、中国金属矿业经济研究院。

2022 年，受疫情、环保要求、品位下滑、矿山寿命结束和计划外的检修减产等因素影响，全球锌精矿供应增长弱于市场预期。结合国际研究机构数据，并按照新统计口径，2022 年全球锌精矿产量 1223.7 万吨，同比下滑 3.6%。中国方面，结合相关统计机构数据，并按照新统计口径，2022 年锌精矿产量达到 413 万吨，同比下滑 2.9%。

中国是全球最大的精炼锌生产国。世界金属统计局数据显示（见表 3－17），2021 年全球精炼锌产量为 1401.6 万吨，较上年同期微增 1.0%。分国别看，中国产量全球占比超过 40%；另一个产量百万吨级的国家是韩国，2021 年精炼锌产量为 93.3 万吨，是近五年来首次单年产量低于 100 万吨。此外，印度、加拿大也是全球主要的精炼锌生产国，日本、西班牙及澳大利亚的年产量规模均在 50 万吨附近。2021 年，全球前五大精炼锌生产国合计产量全球占比接近 70%。从产量变化看，除中国以外的国家中增速较快的是印度，2021 年产量 74.2 万吨，同比增长 7.7%。其余多数精炼锌主产国产量均出现不同程度下滑，其中降幅最大的是日本，2021 年产量为 44.3 万吨，同比下滑 12.3%；此外，俄罗斯、秘鲁、哈萨克斯坦、韩国也分别出现了 7%～9% 的降幅。

表 3－17　2018—2021 年全球主要精炼锌生产国产量变化　单位：万吨

国家/区域	2018 年	2019 年	2020 年	2021 年
中国	567.8	627.1	642.2	669.6
韩国	109.8	105.3	100.3	93.3
印度	77.6	73.8	68.9	74.2
加拿大	69.1	64.9	67.7	63.7
日本	52.1	52.7	50.5	44.3
西班牙	51.0	51.0	51.1	50.6
澳大利亚	49.7	47.4	45.8	46.3
秘鲁	33.4	35.6	34.8	32.2
墨西哥	33.6	38.5	35.2	34.0
哈萨克斯坦	32.9	31.9	31.7	29.4
俄罗斯	23.4	25.1	23.6	21.3
其他	237.9	237.6	235.9	242.8
全球合计	1338.2	1390.8	1387.5	1401.6

资料来源：WBMS、中国金属矿业经济研究院。

2022 年，全球精炼锌供应受限电和能源危机影响依然存在，但影响效果较 2021 年呈现边际效应递减，且 2022 年下半年随着欧洲各国对电价进行限制，能源问题对精炼锌供应的扰动总体呈缓和趋势。结合相关统计机构数据，并按照新统计口径，2022 年全球精炼锌产量为 1303. 8 万吨，较上年同期减少 4. 3%。其中海外精炼锌产量下滑较多，降幅达到 6. 4%，中国精炼锌产量也有所下滑，但降幅较小，为 1. 7%，中国产量下滑的原因来自疫情影响。

二、全球锌市场需求

锌主要用于生产镀锌板、压铸合金、锌的氧化物以及青铜、黄铜、电池等产品，应用于建筑、交通运输、耐用消费品、电力等领域。目前，全球 45% 的精炼锌被用于建筑领域，其次是交通运输，消费占比为 30% 左右，而耐用品领域锌消费占比为 20% 左右。相对于全球锌下游行业消费结构，中国建筑领域消费占比偏高（50% 左右），而耐用品领域消费比重偏低（15% 左右）。

中国是全球最大的精炼锌消费国。世界金属统计局数据显示（见表 3 – 18），2021 年全球精炼锌表观消费量为 1400. 9 万吨，同比增长 2. 4%。分国别看，中国 2020 年表观消费量为 718. 8 万吨，全球占比超过 50%；其次为美国，2021 年精炼锌消费量为 81. 2 万吨，全球占比接近 6%。此外，印度、韩国的精炼锌年消费量也在 60 万吨左右，日本和德国也是精炼锌的主要消费国。2021 年，全球前五大精炼锌消费国合计需求量全球占比接近 70%。

表 3 – 18　　2018—2021 年全球主要精炼锌消费国表观消费量变化　　单位：万吨

国家/区域	2018 年	2019 年	2020 年	2021 年
中国	632. 0	680. 6	698. 4	718. 8
美国	87. 8	91. 9	90. 5	81. 2
印度	70. 3	68. 6	59. 1	61. 4
韩国	72. 3	64. 9	53. 7	58. 8
日本	52. 5	51. 7	38. 8	45. 9
德国	44. 5	38. 5	39. 5	41. 7
意大利	23. 2	26. 0	26. 9	16. 6
其他	372. 5	378. 3	361. 1	376. 5
全球合计	1355. 0	1400. 5	1368. 0	1400. 9

资料来源：WBMS、中国金属矿业经济研究院。

2022 年全球精炼锌消费受新冠疫情影响转为负增长。结合相关机构数据，并按照新统计口径，2022 年全球精炼锌表观消费量为 1327. 3 万吨，较上年同期下滑了 4. 4%。

其中海外精炼锌消费相对平稳，2022 年小幅增长 1.4%；中国精炼锌受疫情冲击影响较大，2022 年降幅达到 10.6%。

三、中国锌资源进出口

中国锌资源进口主要是锌精矿和精炼锌的进口，锌合金以及氧化锌、锌粉、锌末等商品进口规模相对较小，出口则以加工产品镀锌板为主。海关总署数据显示（见表 3－19），2021 年中国锌精矿（锌矿砂及精矿）、精炼锌、锌合金和镀锌板进口量分别为 364.1 万吨（矿石量）、43.4 万吨、8.6 万吨和 175.2 万吨，精炼锌和镀锌板出口分别为 0.5 万吨和 1055.2 万吨，其他锌资源出口微乎其微。2022 年，中国锌精矿进口量为 412.8 万吨（矿石量），较上年增长 13.4%；精炼锌进口量为 7.9 万吨，较上年大幅减少 81.8%；锌合金进口量为 6.3 万吨，较上年减少 26.7%；2022 年镀锌板出口 842.8 万吨，同比下滑 20.1%。其中锌精矿进口量增至 400 万吨以上，表明中国对锌上游原料资源的依赖程度依然较高，同时也表明海外锌精矿市场相对过剩。精炼锌及锌合金进口持续减少，一方面表明中国对锌金属成品的依赖程度下滑，另一方面也表明海外精炼锌市场出现了比较大的供应缺口。镀锌板净出口量下滑，表明海外镀锌板需求有所走弱。

表 3－19　　2019—2022 年中国锌资源进出口量变化　　单位：万吨

品种	2019 年	2020 年	2021 年	2022 年
进口量				
锌矿砂及精矿	317.4	382.2	364.1	412.8
精炼锌	60.5	54.1	43.4	7.9
锌合金	8.7	7.3	8.6	6.3
镀锌板	187.3	172.7	175.2	140.4
出口量				
精炼锌	6.2	2.9	0.5	8.1
镀锌板	907.4	765.6	1055.2	842.8

资料来源：海关总署、中国金属矿业经济研究院。

从区域进口分布来看（见表 3－20），中国锌精矿进口主要来自澳大利亚和秘鲁。其中澳大利亚是中国锌精矿进口第一大来源国，2021 年自该国进口锌精矿 107.6 万吨，占总进口量的近 30%；2022 年中国自澳大利亚进口锌精矿量为 106.9 万吨，与上年基本持平。其他进口来源国进口量有增有减，下滑较大的是摩洛哥和秘鲁，降幅分别为 35.4% 和 14.9%；增长最大的是哈萨克斯坦，增幅达到 308.5%，缅甸、蒙古国、厄立特里亚也分别有 20% ~40% 的增长。2022 年中国自前五大锌精矿进口来源国进口量占进口总量的近60%，比重与上年差别不大。

表3－20　　2021—2022年中国锌资源进口来源区域分布　　单位：万吨

锌精矿（原矿量）			精炼锌（金属量）		
国家/区域	2021年	2022年	国家/区域	2021年	2022年
澳大利亚	107.6	106.9	澳大利亚	10.1	1.6
秘鲁	78.5	66.8	哈萨克斯坦	19.8	1.0
俄罗斯	22.3	23.5	韩国	6.9	1.4
蒙古国	10.3	12.4	西班牙	0.2	0
厄立特里亚	15.5	19	印度	0.8	0.1
摩洛哥	6.5	4.2	日本	0.8	0.3
缅甸	3.8	5.1	纳米比亚	0	0
哈萨克斯坦	4.7	19.2	墨西哥	0	0
其他	114.9	155.7	其他	4.8	3.5
全球	364.1	412.8	全球	43.4	7.9

资料来源：海关总署、中国金属矿业经济研究院。

中国精炼锌进口主要来自澳大利亚、哈萨克斯坦、韩国和西班牙。哈萨克斯坦继续作为中国精炼锌进口第一大来源国，2021年自该国进口精炼锌19.8万吨，全球占比超过50%；其次是澳大利亚，2021年进口10.1万吨。2022年，由于进口亏损高企，中国精炼锌进口总量大幅萎缩，自哈萨克斯坦和澳大利亚的进口量分别下降至1.0万吨和1.6万吨，其余进口来源国的进口量更是直接萎缩至近乎为零。2022年中国精炼锌进口大幅萎缩背后的原因主要还是海外锌市场受能源危机影响供应缺口较大，同时新冠疫情在2022年对中国国内消费市场冲击较大，这些都属于短期冲击，从长远看，由于供需缺口并未从根本上消除，中国依然是精炼锌进口依赖国。

四、市场均衡及价格

2022年全球精炼锌库存进一步下滑。全球精炼锌锭库存（包括伦敦金属交易所、上海期货交易所、中国国内社会库存和中国保税区库存四部分）从2017年初的接近80万吨持续下滑，至2020年初降至20万吨以下（见图3－11）。此后，受新冠疫情影响，全球精炼锌库存由降返升，累库一直延续到2021年二季度，库存最高达到50万吨。从2021年二季度开始，随着新冠疫情对全球精炼锌消费影响减弱，全球经济开始复苏，同时欧洲能源危机开始爆发，高电价导致欧洲锌冶炼企业纷纷减产，全球精炼锌库存转为下降走势，至2022年底全球精炼锌库存下滑至8万吨附近，较年初下降超22万，处于多年来的绝对低位。

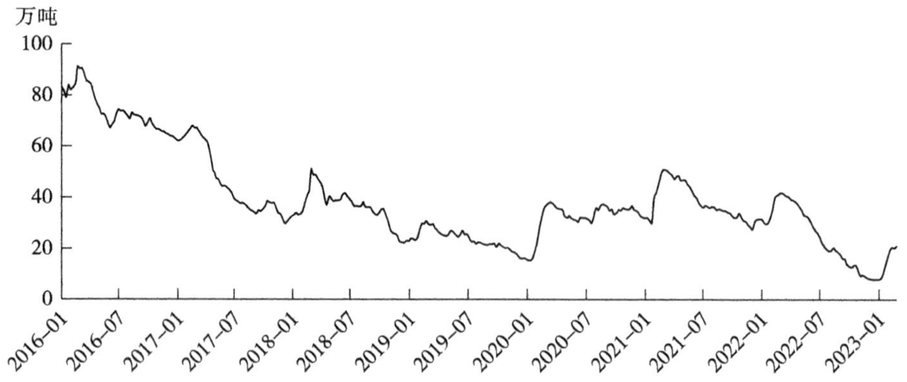

图3-11　2016年以来全球精炼锌库存变化

（资料来源：LME、SHFE、中国金属矿业经济研究院）

从供需平衡角度看，2016—2019年，全球精炼锌市场长期处于供应短缺格局，2017年全球锌市场供应短缺加剧，至2018年连续两年处于供应严重短缺局面。2020年受新冠疫情影响，全球精炼锌需求下滑较供应下滑速度更快，全球精炼锌供应由短缺转为大幅过剩。但从2021年开始，欧洲电价引发的精炼锌减产，使全球精炼锌供应再度回到短缺的格局。国际铅锌研究小组数据显示（见图3-12），2017年全球精炼锌市场供给短缺47.7万吨，为近几年来缺口最大的一年，2018年供应短缺45.6万吨，2020年过剩超过30万吨。2022年，欧洲能源危机进一步发酵，欧洲多国电价创历史新高，导致大量冶炼企业减产，全球精炼锌供应缺口达到40万吨左右。

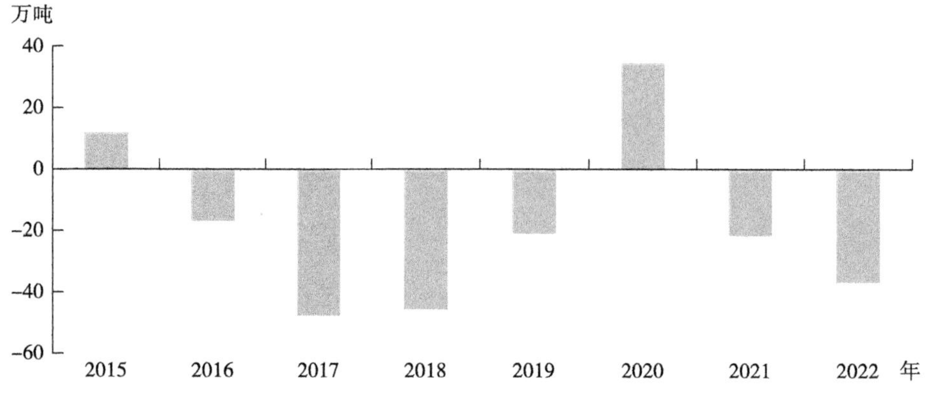

图3-12　2015年以来全球精炼锌供需均衡变化

（资料来源：ILZSG、中国金属矿业经济研究院）

2017—2018年，由于锌价走高，产业利润修复，全球铅锌矿山处于复产、增产周期，全球锌精矿供应呈恢复性增长趋势，锌精矿加工费（TC）筑底回升，此后一直到2020年上半年，锌精矿加工费一直维持在相对高位（见图3-13）。从2020年下半年开始，受累新冠疫情暴发对矿山生产的影响，锌精矿加工费快速下调，至2021年初，进口锌精矿加工费下跌至100美元/干吨以内，为2018年以来低位；国产锌精矿加工费跌至4000元/金属吨附近，同样为多年来低位。此后的一年时间锌精矿加工费一直企稳在底部，2022年由于欧洲冶炼企业减产导致锌精矿需求减少，全球锌精矿加工费再度返升。至2022年末，进口锌精矿加工费回升至200～250美元/干吨附近，国产锌精矿加工费维持4000元/金属吨，与年初基本持平。

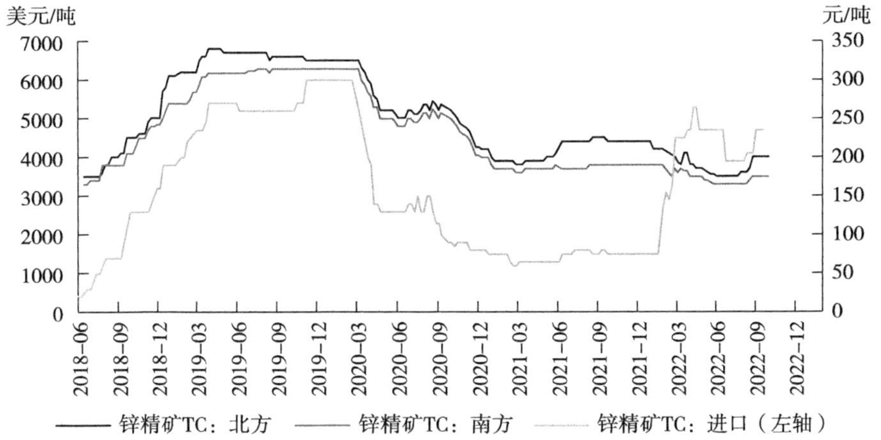

图3－13　2018年以来全球锌精矿加工费走势

（资料来源：上海有色网、中国金属矿业经济研究院）

2022年全球锌价震荡下行，上半年先扬后抑，下半年以窄幅震荡为主（见图3－14）。国际市场锌价自2020年二季度开启牛市以来，2021年在新冠疫情影响边际弱化的背景下，锌价延续震荡偏强走势，但由于锌矿复产预期的压制，在相当长的一段时间内锌

图3－14　2015年以来国际及国内市场锌期货收盘价变化

（资料来源：LME、SHFE、中国金属矿业经济研究院）

价处于横盘调整，9 月受到欧洲能源危机影响，多家大型精炼锌企业宣布大规模减产，全球锌价大幅上涨，涨势一直延续到 2022 年一季度，其间 LME 锌价格最高冲破 4500 美元/吨，SHFE 锌价格冲破 28000 元/吨；二季度美联储加息预期走强，锌价跟随整个有色金属共振下跌，至二季度末 LME 锌价格跌至 3000 美元/吨以下，SHFE 锌价格跌至 20000 元/吨。下半年，随着美联储加息预期的反复摇摆，以及欧洲电价回落，锌价主要驱动边际减弱，全球市场锌价转入窄幅震荡。

五、全球锌行业竞争格局分析

矿山方面，2022 年受疫情、环保、品位下滑、矿山寿命结束和计划外的检修减产等因素影响，全球锌精矿供应不增反降，大幅弱于预期。海外矿业巨头中，嘉能可旗下矿山产量减少超 16 万吨，其位于澳大利亚的 Mount Isa 矿山减产幅度较大。五矿资源、Hudbay Mineral、Trevali 等矿业公司旗下矿山产量也有不同程度的减少，秘鲁小型矿山产量也出现明显下降，仅印度韦丹塔和泰科资源旗下矿山生产增量较大。但是，上述矿山生产企业的产量下滑并未对其所公布的生产指引造成过大影响，说明矿山产能并未缺失，从中长期看，全球矿山增产格局未改，增量来自嘉能可位于哈萨克斯坦的 Zhairem 矿山、韦丹塔位于南非的 Gamsberg 矿山、伦丁矿业位于葡萄牙的 Neves corvo 矿山等近几年新投及扩建的矿山项目。

冶炼方面，海外精炼锌冶炼产能增长空间不大，关键是开工率受电价的影响能否恢复。2022 年能源价格上涨引起欧洲地区锌冶炼厂集中减产，托克旗下 Nyrstar 公司冶炼厂和嘉能可旗下冶炼厂均出现不同程度的减产，其中嘉能可欧洲产量减少 8 万 ~10 万吨。此外，除去欧洲因能源价格引发的减产，其他地区的锌冶炼产量也有不同程度的下降，韩国锌业旗下澳大利亚冶炼厂减产约 5 万吨，佩诺尔斯位于墨西哥的冶炼厂减产规模超 6 万吨。2023 年随着欧洲能源价格回落，减产企业有望重启产能，但产能能否完全恢复到减产前的状态目前仍是未知数。中国国内冶炼产能仍处扩张阶段，青海华鑫、河南金利、西能锌业、南方有色等企业未来 2 ~3 年都有扩产计划，国内冶炼产能仍有进一步增长空间。

六、2023 年全球锌市场展望

从供给端来看，锌精矿供应方面，每 6 ~8 年全球锌矿山会经历一个完整的供应周期（产能从增产到减产），过去 20 年分别经历了 2002—2009 年、2009—2016 年、2016—2020 年三次完整的全球锌矿供应周期，2016—2020 年周期只有 4 年，明显短于此前两个周期，主要原因是 2020 年全球新冠疫情对矿山生产造成扰动，同时锌价超跌打穿矿山利润，使得这一轮供应周期提前结束。从2020年下半年开始，随着锌价转入牛市，全球锌矿开启新一轮的供应周期，但2022年受多重预期外因素影响，全球锌矿供应并未沿着预期通道增长，反而有所下滑。2023年矿山生产扰动因素有望边际转弱，加之新增及扩建产能陆续投产，全球锌矿供应有望重回增长。预计2023年全球锌精矿供应增量约为30万吨，增幅为2.5%，增量主要来海外，中国产量平稳微增。精炼锌供应方面，随着欧洲能源危机缓缓，各国政府对电价进行干预，欧洲锌冶炼利润已恢复至正常水平，且中国国内冶炼产能仍有进一步释放空间，全球精炼锌产量有望迎来增长。预计2023年全球精炼锌增量为45万～90万吨，偏中性的估计为55万～60万吨，增幅约4%。其中，海外增加10万吨，中国增加35万～40万吨。

从需求端来看，锌消费主要集中在基建、房地产、汽车、家电等行业。2023年全球第二大锌消费国美国陷入经济衰退的概率逐渐增加，海外锌消费整体承压。中国基建投资仍是拉动锌消费的主要驱动，但受累于房地产消费不振，消费复合增长率承压。预计全球精炼锌表观需求增加25万吨，增幅约2%，其中海外锌消费增速下滑0.7%左右，中国国内锌消费同比增长5%。

综合供需平衡，预计2023年全球锌精矿供应继续保持过剩，过剩量为40万吨，较2022年有所收窄；预计2023年全球精炼锌供应由短缺转为紧平衡，欧洲冶炼产能恢复情况是超预期因素，若恢复超预期则全球精炼锌供应有可能转为过剩。从产业结构看，原料供需和金属供需结构性矛盾有望缩小，基本面矛盾总体趋缓。预计2023年全球锌价见顶回落概率较大，LME锌价格运行区间为2500～4000美元/吨；SHFE锌价格运行区间为15000～28000元/吨。

第五节　镍

2022年，全球镍市场出现大型风险事件，导致镍价剧烈波动。上半年镍价大起大落，3月初镍价受海外现货市场风险因素影响而异常上涨，创下历史纪录，随后镍价反复剧烈波动，在持续了近一个月的动荡后，随着市场交易情绪的逐渐稳定，二季度开始镍价回归理性，此后受疫情、宏观等多重因素影响转入下行。下半年，受不锈钢及新能源需求增长带动，以及镍市场结构性矛盾持续，镍价逐渐企稳回升。

一、全球镍市场供给

2021—2022年，全球镍矿供给连续两年保持增长。结合市场相关研究机构数据，并按照新统计口径，2022年海外镍矿供应为318.7万吨，同比增长15.2%；中国国内镍矿供应11.3万吨，同比增长2.9%；加总海外和国内，全球镍矿供应330万吨，同比增长 14.7%。

分国家和地区看，菲律宾曾经是全球最大的镍矿供给国。美国地质调查局数据显示，全球镍矿资源主要分布在澳大利亚、巴西、新喀里多尼亚、俄罗斯、古巴、印度尼西亚、菲律宾、南非和加拿大等国家和地区。2017 年以前，菲律宾一直是全球第一大镍矿生产国，但 2018 年印度尼西亚超越菲律宾，成为全球最大镍矿供应国，产量大约占全球的 30%。除菲律宾和印度尼西亚外，俄罗斯、加拿大、澳大利亚、新喀里多尼亚也是全球镍矿主要的生产地。

表 3－21　2018—2021 年全球主要国家镍矿产量变化　单位：万吨

国家/地区	2018 年	2019 年	2020 年	2021 年
菲律宾	35.7	35.7	30.2	40.9
加拿大	18.0	18.1	16.2	13.8
俄罗斯	20.7	22.1	22.7	19.2
澳大利亚	16.7	16.1	16.9	17.9
新喀里多尼亚	22.1	21.1	20.5	19.9
印度尼西亚	60.1	91.8	79.6	95.7
中国	9.8	10.5	10.3	10.7
其他	46.7	45.1	45.8	52.7
全球合计	229.7	260.5	242.1	270.8

资料来源：WBMS、中国金属矿业经济研究院。

2022 年，全球原生镍供应保持增长。结合相关研究机构数据，并按照新统计口径，2022 年海外原生镍供应 203.5 万吨，同比增长 19.3%；中国国内原生镍供应 86.7 万吨，同比增长 23.6%；加总海外和国内，全球原生镍供应 290.2 万吨，同比增长 20.6%。镍产品方面，全球电解镍供应增长超 6 万吨，增量主要来自海外国家，中国电解镍供应保持平稳；全球镍铁供应增量约为 25 万吨，其中印度尼西亚是镍铁供应增长的主要贡献国，中国国内受疫情因素影响，镍铁供应承压，根据上海有色网统计，2022 年中国镍铁累计产量 40 万吨，同比下滑 7.4%。

分国家和地区来看，中国是原生镍主产国。除中国外，俄罗斯、日本、加拿大和澳大利亚也是全球原生镍生产大国，四国近年来产量均保持在 10 万吨以上。此外，挪威、巴西以及新喀里多尼亚、马达加斯加也是全球重要的原生镍生产地。

表 3－22　2018—2021 年全球主要原生镍生产国产量变化　单位：万吨

国家/区域	2018 年	2019 年	2020 年	2021 年
中国	63.9	85.7	72.2	84.0
俄罗斯	15.0	15.4	15.4	11.6

续表

国家/区域	2018 年	2019 年	2020 年	2021 年
日本	18.9	18.4	17.2	17.2
加拿大	14.8	12.5	12.5	13.2
澳大利亚	11.4	11.2	11.7	11.9
挪威	9.1	9.2	9.2	9.1
其他	82.7	89.6	100.8	126.9
全球合计	215.7	242.1	238.9	273.8

资料来源：WBMS、中国金属矿业经济研究院。

二、全球镍市场需求

2022 年，全球原生镍表观消费量保持增长。结合相关研究机构数据，并按照新统计口径，2022 年海外原生镍表观消费量 115.6 万吨，同比增长 12.8%；中国国内原生镍表观消费量 177.2 万吨，同比增长 14.0%；加总海外和国内，全球原生镍表观消费量 292.8 万吨，同比增长 13.5%。

分国家和地区来看，中国是全球最大的原生镍消费国，消费量全球占比超过 55%。美国、日本、韩国处于全球第二大原生镍消费阵营，年消费量大多在 10 万吨左右。2021 年美国和日本消费量均有所下滑，降幅分别达到 10.2% 和 6.1%。此外，意大利、德国也是全球原生镍的重要需求主体，年消费量维持在 5 万吨左右。全球前五大原生镍需求国家和地区合计消费量全球占比超过 70%，比重近几年基本保持不变。

表 3-23　2018—2021 年全球主要原生镍消费国家和地区表观消费量变化　单位：万吨

国家（地区）/区域	2018 年	2019 年	2020 年	2021 年
中国	101.5	131.0	130.3	162.5
美国	18.8	10.6	9.8	8.8
日本	17.5	15.6	14.8	13.9
韩国	12.0	11.6	8.1	10.5
意大利	5.8	4.5	4.0	5.8
德国	6.2	5.7	4.7	5.4
中国台湾	8.8	7.4	8.8	5.5
其他	50.0	58.2	54.8	72.9
全球合计	220.5	244.6	235.4	285.3

资料来源：WBMS、中国金属矿业经济研究院。

三、中国镍资源进出口

近两年中国镍资源进口需求由镍矿、原生镍向镍铁转移。中国镍资源进口主要表现为镍矿、原生镍和镍铁进口，氧化镍、镍粉、镍末等商品进口规模相对较小。海关总署数据显示（见表 3－24），2021 年中国镍精矿（镍矿砂及精矿）、原生镍及合金、镍铁进口量分别为 4354. 1 万吨、26. 3 万吨和 370. 3 万吨，镍资源（包括镍制品）出口微乎其微。2022 年全年累计，镍精矿进口量为 4001. 8 万吨，较上年同期减少 8. 1%；原生镍及合金进口量为 16. 0 万吨，较上年减少 39. 2%；镍铁进口量 591. 5 万吨，较上年增长 59. 7%。

表 3－24　　2019—2022 年中国镍资源进口量变化　　单位：万吨

品种	2019 年	2020 年	2021 年	2022 年
镍矿砂及精矿	5613. 2	3912. 2	4354. 1	4001. 8
原生镍及合金	19. 4	13. 2	26. 3	16. 0
镍铁	195. 1	344. 4	370. 3	591. 5

资料来源：海关总署、中国金属矿业经济研究院。

从区域进口分布来看（见表 3－25），中国镍矿进口主要来自菲律宾，随着来自印度尼西亚的进口量大幅收缩，菲律宾进口量占比 2021 年、2022 年连续两年维持在 80% 以上，是中国镍矿进口第一大来源国。印度尼西亚镍矿进口到中国的数量连续三年大幅下滑后，2022 年企稳回升至 108. 7 万吨。镍铁进口主要来自印度尼西亚，2021 年进口量占中国总进口量接近 85%。2022 年，来自印度尼西亚的镍铁进口数量大幅攀升至 540. 2 万吨，较上年同期增长 73. 3%。此外，来自新喀里多尼亚和缅甸的进口量也有所增长。镍铁进口量排名前五的国家占总进口量的比重在 90% 以上，与上年差别不大。

表 3－25　　2021—2022 年中国镍资源进口来源区域分布　　单位：万吨

镍矿（原矿量）			镍铁（实物量）		
国家/区域	2021 年	2022 年	国家/区域	2021 年	2022 年
菲律宾	3905. 8	3322. 8	印度尼西亚	311. 8	540. 2
印度尼西亚	84. 8	108. 7	新喀里多尼亚	11. 3	15. 2
新喀里多尼亚	234. 9	269. 3	缅甸	5. 2	7. 2
危地马拉	10. 5	17. 8	哥伦比亚	5. 7	6. 5
澳大利亚	24. 2	23. 5	巴西	7	3. 2
俄罗斯	43. 8	99. 8	日本	6	3. 2
其他	50. 1	159. 9	其他	23. 3	16. 0
全球	4354. 1	4001. 8	全球	370. 3	591. 5

资料来源：海关总署、中国金属矿业经济研究院。

四、市场均衡及价格

2022年全球镍报告库存持续下滑且维持低位。伦敦金属交易所镍库存自2015年开始进入下滑通道，虽然在2017年有所企稳，但2018年再度回归去库存路径，至2019年12月降至6.8万吨低点（见图3－15）。2020年，受新冠疫情影响，全球镍消费陷入低谷，伦敦金属交易所镍库存低位返升。2021年，随着全球经济逐步恢复，以及新能源需求的高速增长，全球镍需求保持强劲，全球镍库存开始转入下行通道。2022年，伦敦金属交易所镍库存由年初的10.1万吨降至年末的5.5万吨，下降速度较前一年有所放缓，但库存水平已刷新低，处于绝对低位，且在低位维持时间较长。国内上海期货交易所报告库存自品种上市初期开始累积，2016年三季度达到峰值11.2万吨，此后进入下滑通道。2021—2022年，上海期货交易所镍库存同样经历了由累库到去库的完整周期，至2022年底上海期货交易所镍库存降至0.2万吨。加总两大交易所库存，2022年全球镍报告库存共下降4.9万吨，降至5.7万吨。

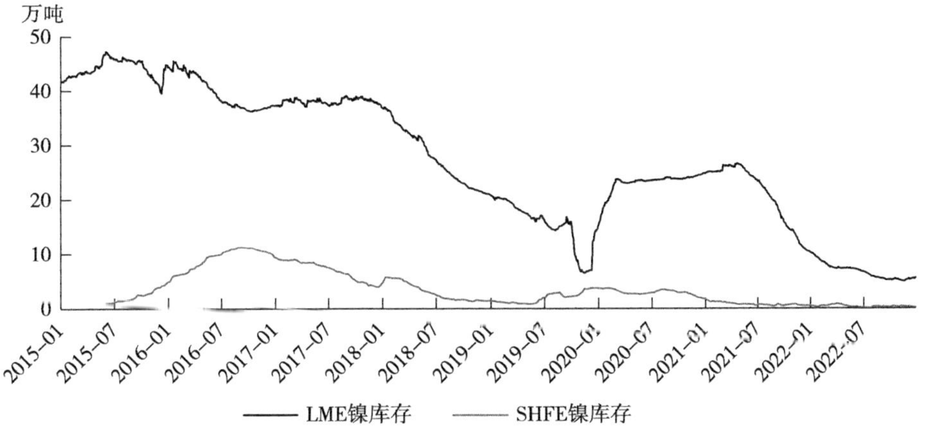

图3－15　2015年以来全球镍报告库存变化

（资料来源：LME、SHFE、中国金属矿业经济研究院）

全球镍市场面临供应短缺压力。长期以来，由于受到中国对冶炼端环保监管力度加大以及印度尼西亚原矿出口禁令实施等因素的影响，全球镍资源供应整体呈现收缩状态，并且随着不锈钢生产保持稳定增长持续拉动镍需求，全球原生镍长期处于供应短缺格局，仅在2020年因新冠疫情影响转为过剩。世界金属统计局数据显示，2022年，在全球新能源板块强劲需求带动下，全球原生镍市场供给继续维持短缺，短缺量为11.7万吨（见图3－16）。

国际市场镍价连续六年处于上行通道。2022年，国际和国内市场镍价格延续上行

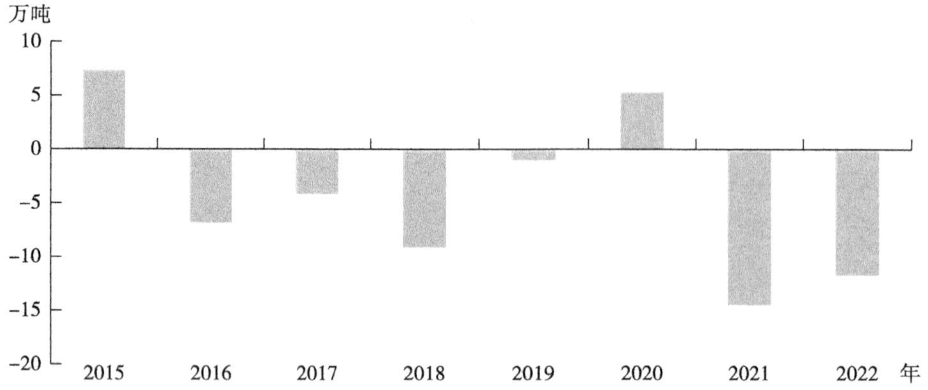

图3－16　2015年以来全球原生镍供需均衡变化

（资料来源：WBMS、中国金属矿业经济研究院）

趋势，3月LME镍价格甚至创下历史纪录，突破50000美元/吨，全年价格运行重心明显上移（见图3－17）。至2022年末，LME镍价格上涨至29920美元/吨高点，较年初上涨了8880美元/吨，涨幅为42.2%；SHFE镍价格涨至232000元/吨，较年初上涨了79430元/吨，涨幅52.1%，国际和国内涨幅较大。

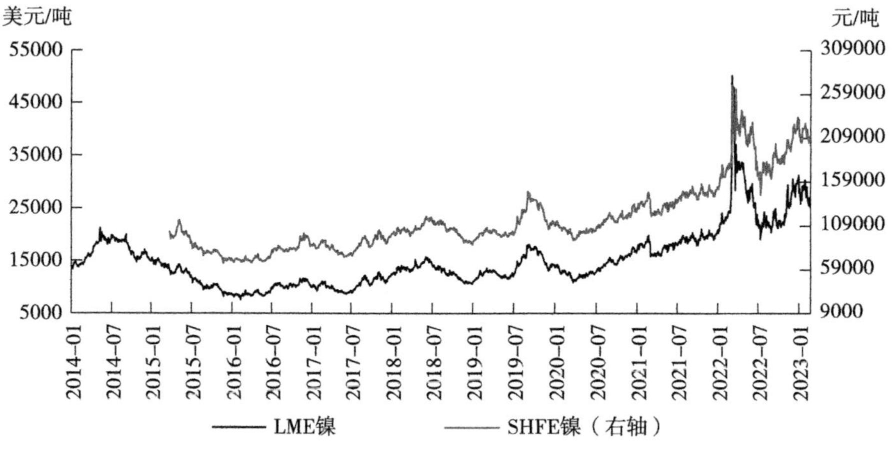

图3－17　2014年以来国际及国内市场镍期货收盘价变化

（资料来源：LME、SHFE、中国金属矿业经济研究院）

五、全球镍行业竞争格局分析

全球镍资源开发与冶炼一体化程度较高，重点原生镍矿生产企业包括淡水河谷（Vale）、俄镍（Norilsk Nickel）、金川集团、嘉能可（Glencore）、必和必拓（BHP）、住友金属（Sumitomo Metal）、埃赫曼（ERAMET）、英美资源（Anglo American）等。

俄镍和淡水河谷是最大的电解镍生产商，2021 年受劳资纠纷以及生产事故频发影响，两家企业电解镍产量分别下滑 3. 3 万吨和 1. 6 万吨。2022 年，淡水河谷加拿大工厂劳资纠纷问题有所缓解，产量较 2021 年恢复了 1 万吨，仍然没有完全恢复至正常水平。俄镍从透水事故中恢复过来，2022 年产量较 2021 年增加了 2 万吨。嘉能可位于挪威的电解镍工厂 2022 年遭遇罢工，产量受到影响减少 1 万吨。此外，必和必拓 2022 年电解镍年产量也有所下滑。展望 2023 年，根据海外精炼镍矿山上市公司披露的生产计划，各大矿山均有不同程度的增产计划。其中四大矿山合计增产 2. 25 万吨，包括嘉能可 1 万吨和俄镍 1. 25 万吨。此外，第一量子矿山复产再释放增量 1. 35 万吨，而华友新投产 2 万吨电解镍产能将带来 1 万吨供给增量。

镍铁方面，近几年随着冶炼技术的进步，镍产业链发生了较大的转变，除 NPI 项目大规模投产外，印度尼西亚高冰镍项目成功投产进一步加快了镍产业链的变迁。在过去传统镍产业链中，高冰镍主要是经由硫化镍矿冶炼产出，但印度尼西亚高冰镍项目打通了红土镍矿—镍铁—高冰镍—硫酸镍的产业链，极大地补充了硫酸镍的原料，从长期看也增加了镍的供应。2022 年，高镍价驱动低成本印度尼西亚镍铁产能持续释放，增产企业主要是青山、德龙，两家企业在过去几年投产了大量镍铁项目。尽管 2023 年印度尼西亚 NPI 新增产线数量边际回落，但印度尼西亚 NPI 新增产能的产量增量仍达到 14. 6 万金属吨。包括印度尼西亚青山新投产 14 条产线，印度尼西亚德龙三期新增产线 8 条，印度尼西亚力勤等企业继续投产剩余产线合计 12 条，叠加 2022 年投产产能在 2023 年释放 NPI 增量 4. 28 万金属吨，则 2023 年印度尼西亚 NPI 合计增量将达到 18. 9 万吨。

六、2023 年全球镍市场展望

2023 年全球原生镍市场很有可能呈现双过剩局面，即总量过剩叠加各产品线都过剩。

具体来看，电解镍供给提升，下游不锈钢和新能源行业需求萎缩。2023 年，根据部分矿山企业的生产计划，供应端仍有新增产量。此外，新能源汽车产销量的增长仍然是需求增长的主要引擎。因此，预计电解镍的供应和需求将维持小幅度增长。预计电解镍供应增长约为 3%，需求主要增长点在新能源，但是中间品替代速度比较快，电解镍的需求可能继续维持负增长（未来电解镍更多用于交割需求），供增需减，全球精炼镍大概率会由过去两年的短缺转为小幅过剩，预计过剩量为 5 万吨。

镍生铁预计全球维持产能过剩。预计 2023 年全球镍生铁产量 215 万吨，同比增长 14%。需求主要体现在不锈钢。海外受通货膨胀和货币政策紧缩影响，经济进入下行周期，需求承压，预计同比减少；而国内房地产政策提振和疫情防控政策优化调整，需求得到修复。镍铁供应增量主要还是印度尼西亚的中资企业，市场普遍预计这部分增量在20万吨，中国和其他国家NPI供应也将保持增长，但增量不多，加总后全球供应增量为25万~30万吨。根据不锈钢的增量测算，全球NPI需求增量为15万~20万吨。供需叠加后过剩量可能扩大到近20万吨。

硫酸镍和镍盐方面，受新能源需求带动，供应和需求仍将保持同比增长。2023年，受相关利好政策影响，新能源汽车和电池仍然是硫酸镍需求的主要增长点，预计需求同比增长26%，达到50万吨。中间品MHP和高冰镍2023年投产项目比较多，而近几年新能源汽车的增速高峰可能已经过了，2023年镍盐的供应增量大概率也是大于需求增量。

总的来看，2023年镍的基本面面临边际转弱，但是全球精炼镍低库存格局短期不会明显改善，镍价的波动性可能还比较大。伴随经济修复，预计镍价将有所回落，考虑到原生镍平衡总体过剩，国内市场镍价中枢预计下移至150000~160000元/吨区间。

（撰稿人：中国金属经济研究院　侯亚鹏）

第四章　工业类大宗商品

第一节　煤　炭

煤炭作为国民经济的基础能源，在我国一次能源利用中占有主导地位，并将长期为国民经济发展提供能源保障。煤炭供应也关系到我国工业乃至整个社会方方面面的稳定发展，煤炭是钢铁、化工等产业的重要工业原材料，是支撑我国国民经济发展最重要的基础能源。近年来，新能源的发展和技术进步带来下游煤耗下降，天然气、非石化能源在国内一次能源消费中的占比逐年提升，煤炭资源关系到我国的能源安全稳定，因此，中短期内煤炭作为能源支柱的地位不会动摇。

一、中国煤炭供需分析

（一）中国煤炭资源分布

中国煤炭资源分布极不平衡，北多南少，西多东少，中国煤炭资源和现有生产力呈逆向分布，从而形成了“北煤南运”和“西煤东调”的基本格局。集中分布在西北地区、华北北部和东北南部以及内蒙古东部，资源分布既广泛又相对集中。自然资源部编制发布的《中国矿产资源报告2020》显示，截至2019年底，我国煤炭新增查明资源储量300亿吨，同比增长0.6%，总储量为17522.93亿吨。

截至2022年底，我国共计3070座在产煤矿，分布在22个省份，主要集中在内蒙古、山西、陕西和新疆四个省份，四个省份合计在产煤矿1547座，占全国煤矿数量的50%；其中，内蒙古445座、山西720座、陕西284座、新疆98座。在产煤矿产能50.5亿吨，主要集中在内蒙古、山西、陕西和新疆四个省份，合计38.9亿吨，占全国煤炭总产能77%；其中内蒙古煤矿产能14.5亿吨，占全国产能29%、山西产能12.9亿吨，占26%、陕西产能7.5亿吨，占15%、新疆产能4.0亿吨，占8%。

表 4－1　2022 年全国分省份煤炭产能　单位：万吨

省份	煤矿数量	产能
内蒙古自治区	445	144945
山西省	720	129095
陕西省	284	75024
新疆维吾尔自治区	98	39843
河南省	198	15412
贵州省	281	15165
安徽省	43	13311
山东省	99	12991
宁夏回族自治区	27	10715
黑龙江省	125	8967
其他（12 省份）	750	39530
总计	3070	504998

资料来源：Mysteel 钢联数据。

2022 年以来，国家及地方相关部门在保障煤炭安全生产的前提下，坚决支持煤炭保供增产工作，并简化核准程序，压缩审核时间，加快新申请项目核准速度，推动手续不全矿井补办手续、尽快投产，为煤矿建设带来了良好的政策“窗口期”，使我国煤炭先进产能持续释放。2022 年 1—12 月，我国煤矿累计核增产能近 2.6 亿吨，主要以内蒙古、山西、陕西和新疆四个省份为主，其中，内蒙古核增产能 9560 万吨，涉及 67 座煤矿；陕西核增产能 6410 万吨，涉及 55 座煤矿；新疆核增产能 5510 万吨，涉及 10 座煤矿；山西省核增产能 4320 万吨，涉及 30 座煤矿。

表 4－2　2022 年全国煤矿累计核增产能　单位：万吨

省份	核增煤矿数量	累计核增产能
内蒙古自治区	67	9560
陕西省	55	6410
新疆维吾尔自治区	10	5510
山西省	30	4320
其他（18 省份）	2	370
合计	164	26170

资料来源：Mysteel 钢联数据。

（二）中国煤炭供应

国家统计局发布的数据显示，2022 年，我国生产原煤 45 亿吨，同比增长 9%；进口煤炭 2.9 亿吨，同比下降 9.2%。全国工业产能利用率为 75.6%，比上年下降 1.9 个百分点；采矿业产能利用率为 76.8%，比上年提高 0.6 个百分点；煤炭开采和洗选业产能利用率为 74.9%，比上年提高 0.4 个百分点。2022 年，规模以上工业增加值比上年增长 3.6%，采矿业增加值比上年增长 7.3%，煤炭开采和洗选业增加值比上年增长 7.9%。

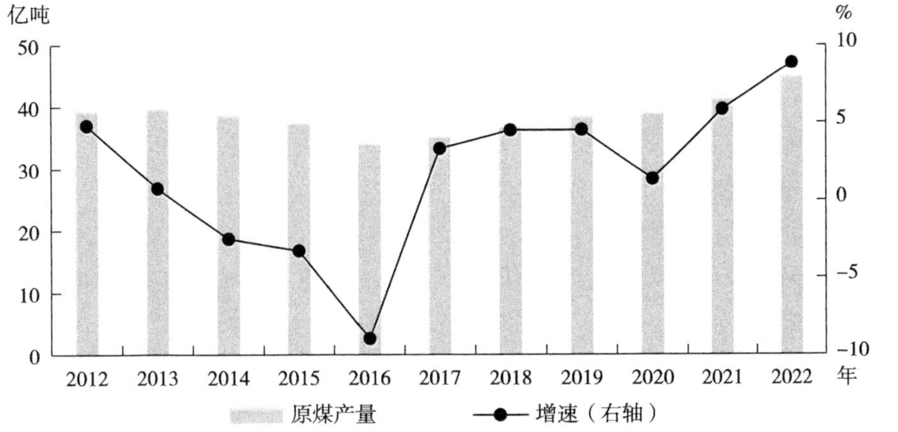

图 4-1 2012—2022 年度中国煤炭产量及增速

（资料来源：Mysteel 钢联数据）

中国是世界上最大的煤炭生产国和消费国，虽然我国煤炭资源储量相对丰富，但焦煤资源储量相对有限，优质焦煤更是稀缺，因此下游的消耗不仅依靠国内主产地的生产，还需要通过进口补充优质焦煤。近年来中国进口煤炭连续 6 年保持增长，2021 年中国煤炭进口量突破新高，2022 年煤炭进口量降至 2.932 亿吨。

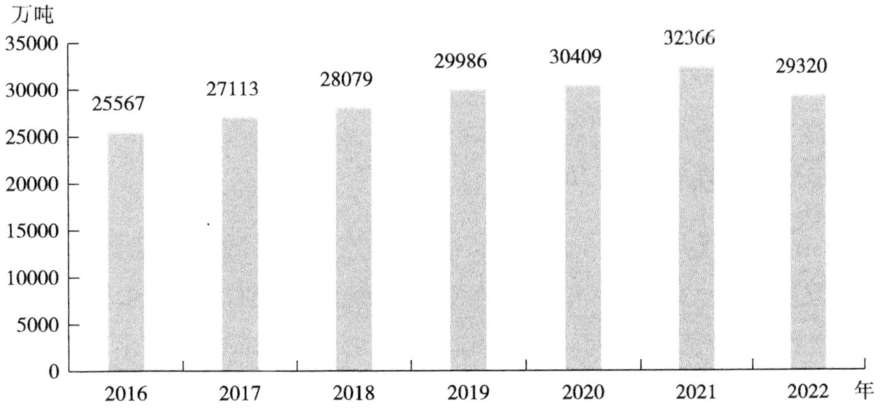

图 4-2 2016—2022 年度中国煤炭进口量

（资料来源：Mysteel 钢联数据）

（三）中国煤炭消费

1. 分行业煤炭消费

在我国，电力、钢铁冶炼、建材以及化肥行业是最主要的四大耗煤行业。其中，煤炭在电力行业的消费占比达到50%以上，钢铁等冶金行业约占20%。不过，由于受到中国“十二五”规划提出的经济发展转型升级策略影响，煤炭在传统工业中的消费增速明显放缓，尤其是钢铁冶金行业与建材水泥行业，在受到房地产市场冲击的影响下，出现较大幅度的负增长。

2. 分地区煤炭消费

中国煤炭消费地主要集中在华东、西北、华北、华中地区。受资源分布差异和经济发展需求等因素影响，煤炭省际调运量较大，主要调入区域为华东和华北地区。

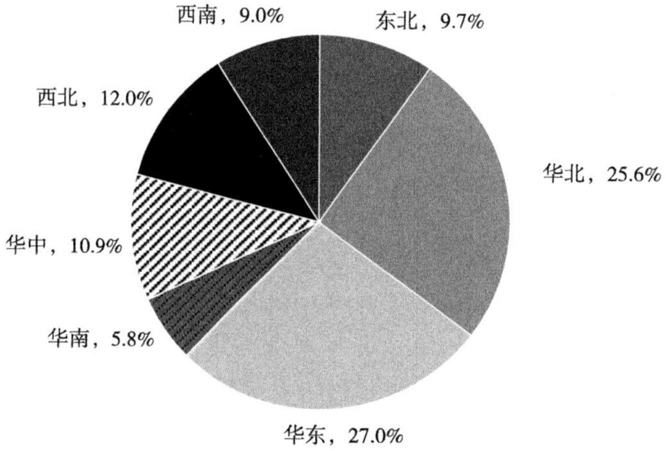

图4－3　2019年度中国各区域煤炭消费情况

（资料来源：Mysteel钢联数据）

二、2023年煤炭行业展望

2021年10月，《关于完整准确全面贯彻新发展理念做好碳达峰碳中和工作的意见》《2030年前碳达峰行动方案》两份纲领性文件发布，文件明确了“十四五”时期将严控煤炭消费增长，“十五五”期间将逐步减少煤炭消费，2025年非化石能源消费比重预计达到20%左右，2030年非化石能源消费比重预计达到25%左右，2060年非化石能源消费比重预计达到80%以上。经测算，煤炭预计于2025—2030年前后触及需求天花板，“双碳”政策限制未来煤炭消费预期。

碳达峰、碳中和已成行业共识，远期煤炭需求的大幅下降必将对现在煤企新建产能产生负面影响。一般煤矿开采期限为50年以上，新建矿井达产后将很快迎来碳达峰，可以预计在碳达峰后煤炭消费量将逐渐下滑，投资新矿达不到煤企设计的开采年限，新建煤矿已不是煤企的最优选择。2020 年以来，我国新批煤炭产能数量明显减少，煤企新建产能意愿亦大幅减弱，煤企更愿意将资金投入新能源、新材料等成长性领域，煤企能源转型大幕已经开启。预计未来新批产能依然受限，国家能源局明确力争到 2025 年国内能源的年综合生产能力达到 46 亿吨标准煤，2022 年为 45 亿吨标准煤，由于我国油气资源严重依赖进口，预计能源生产能力增量主要在于油气，且煤炭新建产能基本都需要产能置换，未来煤炭新建产能将非常有限。

展望 2023 年，随着疫情防控政策的优化调整，新冠疫情防控回归乙类乙管，疫情对群众生产生活秩序和经济社会发展的影响将进一步减小。随着优化调整措施的落实，中国经济增速将会持续回升，2023 年是全面贯彻落实党的二十大精神的开局之年，也是经济重回正常运行轨道的一年，稳增长将上升到更加重要的位置，要全力推动经济从疫情模式重回市场经济模式。2023 年 GDP 增长目标设置在 5% 左右，经济发展的总基调是坚持稳字当头、稳中求进，实施积极的财政政策和稳健的货币政策，宏观经济对煤炭需求的支撑呈恢复态势。供给方面，2023 年随着相关部门和产地企业优化煤炭企业生产、项目建设等核准审批政策，通过核增产能、扩产、新投产等方式，多措并举增加煤炭产能；铁路部门加快运输周转、提高运输效率，优先安排煤炭铁路运力确保电煤安全稳定供应，充分发挥重要煤运通道的干线作用，预计我国煤炭产能保持一定增长，煤炭供应保障能力继续增强。综合来看，后期煤炭需求逐渐回升，煤炭供应不断增长，2023 年煤炭供需将逐渐回归平衡。

第二节　焦煤、焦炭

2022 年煤焦价格呈现冲高回落，上半年受钢厂复产以及下游钢材利润上涨影响，煤焦需求增加，价格拉涨；下半年煤焦供应虽未出现明显失衡，但因下游钢材需求不振、钢厂持续亏损，高炉产能虽有新增，但产量呈下降趋势，带动煤焦价格大幅下跌。直至四季度市场在宏观预期走强引领下煤焦价格才又开始回涨，年末焦煤、焦炭价格基本与年初持平，全年走势呈现大幅波动。

一、焦煤

（一）焦煤供需分析

1. 国内焦煤供应

2022 年炼焦煤从供强需弱转变为阶段性供需双弱，原料煤库存整体依然呈下降的趋势，下游焦钢企业库存长时间保持低位水平，而上游端煤矿不同阶段表现出小幅累库。全年国内供给水平相对稳定，没有出现大规模减产现象，进口市场的增量在下半年较为突出。2022 年全年完成进口炼焦煤 6384 万吨，较上年增加了 915 万吨，进口增量有效补充了下游焦钢企业用煤之需。2022 年以来，炼焦煤需求用量比预期要差，一方面因我国投资建设恢复平缓，电力、钢铁、建材等产品需求受到抑制；另一方面因焦钢利润长期处于低位，企业生产积极性很大程度上受挫。在终端弱需求及限产政策的压制下，2022 年铁水、焦炭产量均保持低位，下游对原料煤采购态度也偏向谨慎。

根据国家统计局数据，2022 中国原煤产量为 45 亿吨，同比增长 9%。2022 年随着炼焦煤核增产能加速投放以及进口改善，炼焦煤总供给量有所增加，但由于动力煤保供，流入炼焦环节原料煤总供应量变动区间较小。2022 年焦煤供应增量主要来源于新建煤矿、产能核增、停限产煤矿复产等方式，新增煤矿建设周期较长，新建煤矿审批严格，需要淘汰落后产能指标，部分则为配套煤化工项目而建，因此实际开建的产能较少，即使有些项目落地也需要部分煤炭用作配套煤化工项目，实际贡献通过新建煤矿在 2022 年体现的增量有限。2022 年国内供应增量来源于山西主产区产能核增煤矿释放量以及部分停限产煤矿阶段性复产。

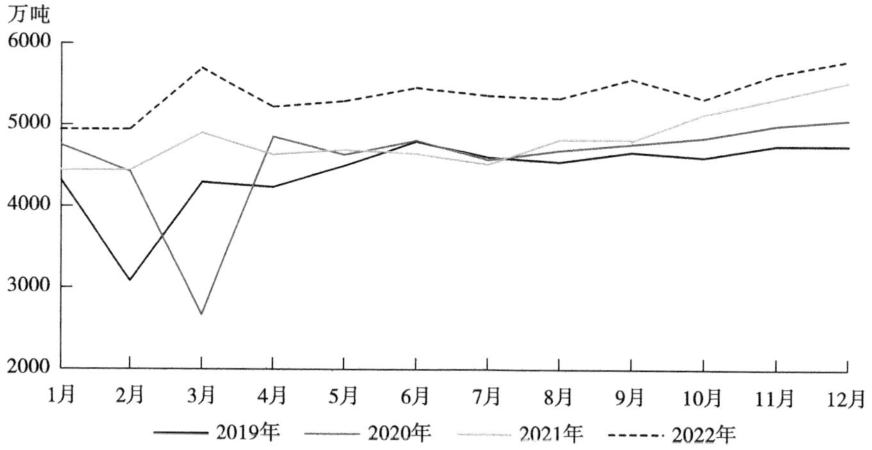

图 4－4　2019—2022 年度中国焦煤产量

（资料来源：Mysteel 钢联数据）

2. 进口焦煤供应

我国是世界上最大的煤炭生产国和消费国，虽然我国煤炭资源储量相对丰富，但炼焦煤资源储量相对有限，其中优质炼焦煤资源更是紧缺，难以满足日益增长的下游焦钢企业生产消耗。因此，下游的消耗不仅依靠国内主产地煤矿的生产，更需要通过进口来补充优质炼焦煤。

2018 年至今我国炼焦煤进口数量呈现先缓慢上升后快速下滑的趋势，2021 年受限于中澳关系恶化以及国际疫情形势紧张，进口炼焦煤主要来源国澳大利亚和蒙古国的炼焦煤进口量大幅缩减；2022 年澳煤进口仍无希望，但中蒙边境口岸疫情防控得力，进口蒙古国炼焦煤呈现缓慢增加的趋势。叠加2022 年4 月欧盟对俄罗斯实施煤炭禁运，俄罗斯煤流向中国数量明显增加。2022 年我国进口炼焦煤总量为6384 万吨，同比上年增加915 万吨，增幅为16.7%。

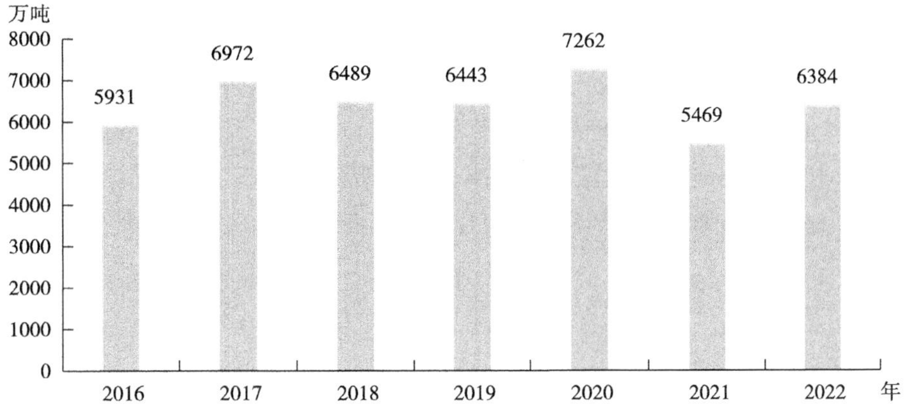

图4－5 2016—2022 年度中国炼焦煤进口量

（资料来源：Mysteel 钢联数据）

3. 焦煤需求

2022 年，地产销售下行、房企资金紧张、疫情反复、海外需求下行等因素制约钢材需求，钢厂利润持续收窄，谨慎采购原料，持续压制焦煤现实需求。受疫情影响，煤炭生产及运输偶有不畅，供应偏紧，炼焦煤价格先涨后跌，下游需求改善仍是炼焦煤价格提升的主要影响因素。一季度，受冬奥会、“两会”及采暖季影响，北方焦钢企业生产受限，焦炭产量持续处于低位，抑制焦煤需求。二季度，伴随政策限产弱化，疫情影响逐步缓解，生铁产量持续增长，焦企开工率随之提升，带动焦煤需求走强。下半年以来，焦钢企业开工率整体经历了较大波动，由于焦钢利润持续处于低位，现金流受限，焦煤库存可用天数持续下降，临近春节，下游冬储补库支撑焦煤短期需求。2022 年我国炼焦煤消费量约为57095 万吨，同比下降219 万吨。

2023 年，国内经济逐渐复苏，预计2023 年国内生铁产量同比微增500 万吨，经济的复苏会带来焦煤消费进一步增加。从需求节奏来看，基本遵循钢材终端需求的季节性规律，焦钢企业旺季复产补库原料将阶段性支撑焦煤需求。海外端，疫情后，海外极度宽松的货币氛围让海外发达经济体进入正循环模式，海外经济出现过热现象。当通胀水平升高至开始明显抑制消费者信心水平时，海外发达经济体政策重心开始转向抑制通胀，海外经济的正循环也随之打破，转向经济的负循环，海外经济加速下行，这将会削弱焦煤的需求。

（二）焦煤库存分析

从上游端库存的角度看，开工和库存呈现正相关，2022年煤矿端开工阶段性波动较小，总体维持平稳，全年均值高于上年水平，2022年Mysteel全国110家洗煤厂样本平均开工率为72.49%，同比增长2.37%。其原因有三：第一，在2021年底煤矿自身涉及核定新增产能的释放，核增的产能主要来源于山西主产区，山西产区产量增量明显；第二，自煤炭安全检查以及安全环保监管工作严格执行后，事故减少，因为事故以及工作面重大隐患等停止作业的停产行为减少；第三，从价格上看，2022年价格虽然反复震荡但仍处高位，高利润刺激焦煤企业维持高产量。2022年Mysteel统计全国110家洗煤厂样本数据显示，洗煤厂开工率为72.49%，较年初值增2.72%；日均产量59.63万吨，较年初值增1.96万吨；精煤库存184.95万吨，较年初增39.18万吨。

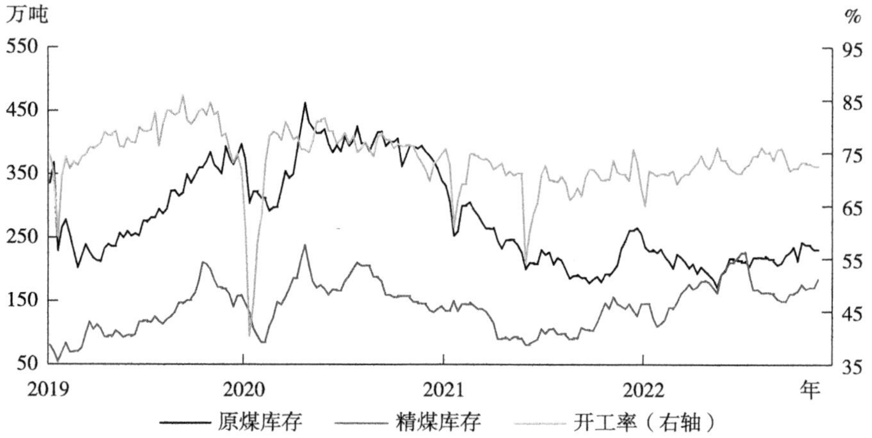

图4－6　Mysteel调研110家洗煤厂开工率及库存

（资料来源：Mysteel钢联数据）

从Mysteel调研的焦钢企业焦煤库存总和来看，2022年焦钢企业焦煤库存整体维持低位，企业效益较差，存煤量也比往年有所下移。随后冬季补库存也不明显，焦钢企业开工处于低位，实质用煤消耗短期难有明显回升。截至2022年底，Mysteel调研统计独立焦企全样本及统计全国247家钢厂样本焦煤总库存为2023.11万吨，较年初大幅下降352.39万吨。

2022年，港口进口煤库存持续下移，库存创近几年新低水平。截至2022年底，Mysteel调研沿海五大港口进口焦煤库存为114.47万吨，较年初减少329.53万吨。基于2022年港口基数，2023年港口库存或呈现缓慢回升的态势，港口资源到货有好转预期以及下游通过港口补库有所缓冲。

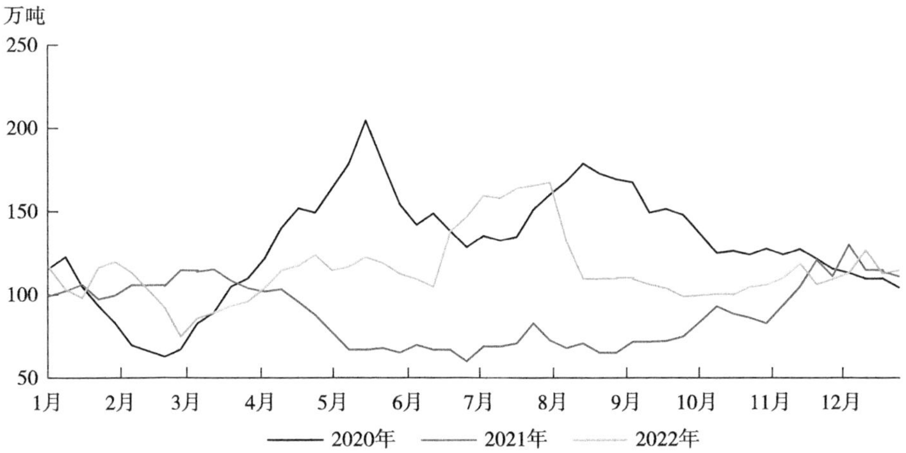

图 4-7 Mysteel 调研 110 家洗煤厂精煤库存

（资料来源：Mysteel 钢联数据）

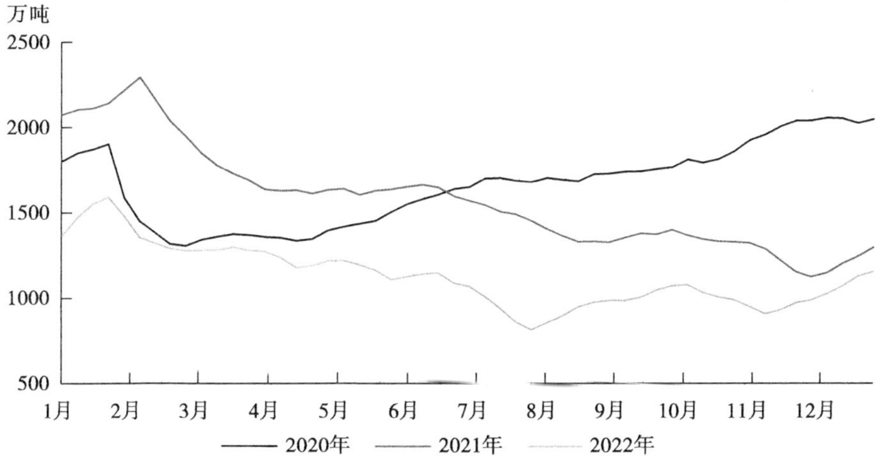

图 4-8 Mysteel 调研全国独立焦企焦煤库存

（资料来源：Mysteel 钢联数据）

（三）焦煤价格及行业利润分析

1. 国内焦煤价格走势分析

2022 年炼焦煤价格重心整体下移，涨跌空间不再像上年那样大起大落，但涨跌节奏和频率依然不低。随着竞拍市场逐渐活跃，越来越多的市场参与者将注意力转到线上，因此也间接提高了价格波动的频次，可以说“价格涨跌，竞拍先行”，产地线下成交略显滞后。纵观 2022 年炼焦煤市场变化，总体可以分为三个阶段：第一阶段为 1 月到 4 月下旬，炼焦煤价格波动上涨且创下年内高点；第二阶段为 4 月下旬到 8 月初，炼

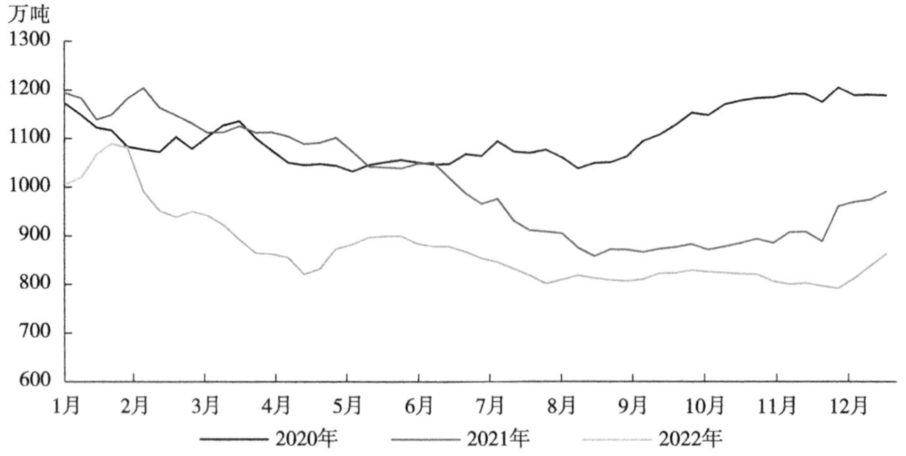

图 4－9　Mysteel 调研全国钢厂样本焦煤库存

（资料来源：Mysteel 钢联数据）

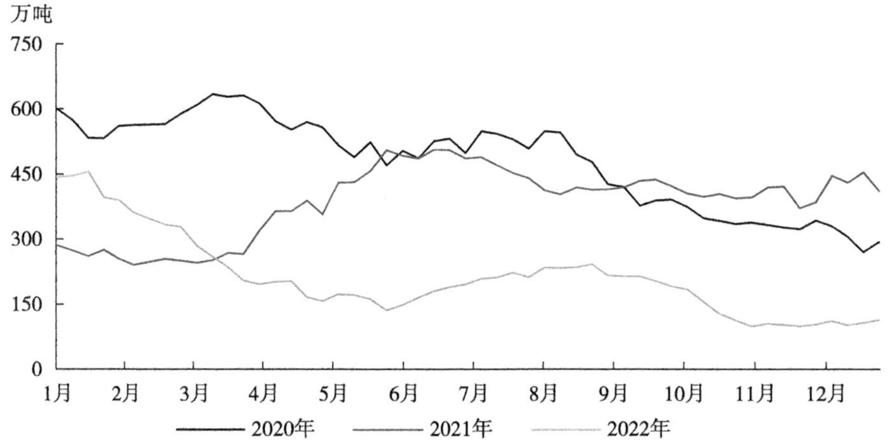

图 4－10　Mysteel 调研五大港口焦煤库存

（资料来源：Mysteel 钢联数据）

焦煤价格大幅下跌至年内低点；第三阶段为 8 月初至年末，炼焦煤价格表现出窄幅震荡反弹趋势。总结来看，贯穿全年价格涨跌的核心在于供需面的强弱变化。接下来具体梳理国内炼焦煤全年的价格情况及其原因。

第一阶段，1 月至 4 月下旬，炼焦煤价格波动上涨至年内高点。1 月初高炉复产拉动上游焦煤、焦炭需求回暖，炼焦煤价格回弹，至下旬冬储补库接近尾声加上冬奥限产预期加强，市场出现下行拐点，而春节后阶段性补库重演刺激价格上涨，叠加需求地产地疫情影响，拉运受阻，炼焦煤价格持续涨至 4 月中旬，整体价格处于年内最高位，以安泽低硫主焦为例，此时价格为出厂现汇含税 3550 元/吨。

第二阶段，4 月下旬至 8 月初，炼焦煤价格大幅下跌至年内低点。从 4 月下旬开始，原料持续价格上涨致终端利润见底，加上政策端进口煤炭关税调整为零，市场开始出现转弱信号，6 月初经历短暂上调后钢坯螺纹钢等品种价格大幅回落，负反馈逻辑开始，原料价格承压下跌，7 月钢材市场需求低迷，钢厂高炉限产程度加深，煤价深跌，至 8 月初钢厂利润好转高炉进入复产阶段，原料价格才止跌于此。整个第二阶段，炼焦煤价格大幅向下，安泽低硫主焦跌至出厂现汇含税 2200 元/吨，跌幅为 1350 元/吨。

第三阶段，8 月初至年末，炼焦煤价格窄幅震荡且整体上涨。可以说第三阶段属于炼焦煤市场的常态化调整，价格涨跌空间明显缩小。在此期间，炼焦煤价格波动因素归结为以下几点：一是终端铁水产量随钢厂利润变化的增减；二是疫情防控政策优化调整对原料拉运的影响；三是重大会议等政策影响带来短暂的供需错配；四是年底冬储补库及产业链利润分配的变化。炼焦煤价格波动空间有限，一方面产业利润分配不均，上游煤矿长期独享了大部分利润，下游焦钢企业长期处于微利或亏损状态、话语权较弱；另一方面炼焦煤长期高价给下游企业带来成本压力限制了采购的积极性；此外，焦炭 2 ~3 轮的涨跌空间成为阶段性调整的共识，由此带来的 200 ~300 元/吨的波动并不能对炼焦煤行情造成强烈干扰。第三阶段安泽低硫主焦出厂现汇均价在 2200 ~2400 元/吨之间波动。

国内主焦煤价格走势基本延续上述趋势，作为骨架煤种属性更为抗跌，主体价格 4 月中旬到达高点位置后震荡趋弱，且幅度逐渐收窄，值得注意的是，低、中、高硫主焦煤的价差在行情上涨时逐渐缩小甚至出现趋于一致的情况，例如，12 月 1 日柳林某煤矿 S2. 3G85 主焦报 2400 元/吨且已经有 2300 元/吨成交，而同一天安泽 S0. 5G88 主焦报 2300 元/吨，排除疫情等各种外部因素影响，高低硫价差在很多时候失去了原本的意义。

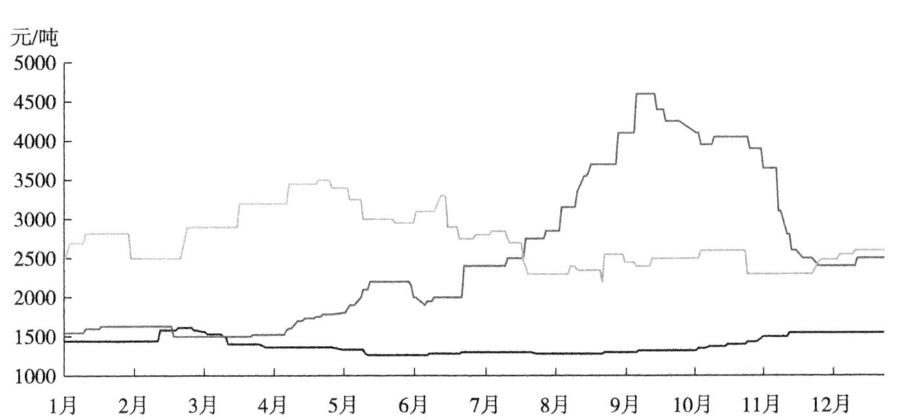

图 4 -11 2020—2022 年山西低硫主焦煤价格走势

（资料来源：Mysteel 钢联数据）

2. 进口炼焦煤价格走势分析

2022 年，远期澳大利亚海运炼焦煤市场整体呈现“L”形走势，年内价差表现明显，两者高低点最大相差 480.5 美元。3 月份前期由于国际政治局势变动，欧洲宣称禁止采购俄罗斯煤炭后，引起国际市场一度恐慌，在市场参与者纷纷抢购的带动下，价格攀升至 670.5 美元/吨。随着美联储不断加息，海外经济衰退，国际钢厂需求疲软，且呈现不同程度的停限产，采购热情急速下滑，直至价格跌至 190 美元/吨。截至 2022 年 7 月底，部分钢厂有意抄底，带动价格开启反弹。美国和加拿大煤多以执行长协为主，矿山多报价高位且坚挺，与国内同品质品种对比，优势不显，整体看 2022 年贸易商接货意愿不高。

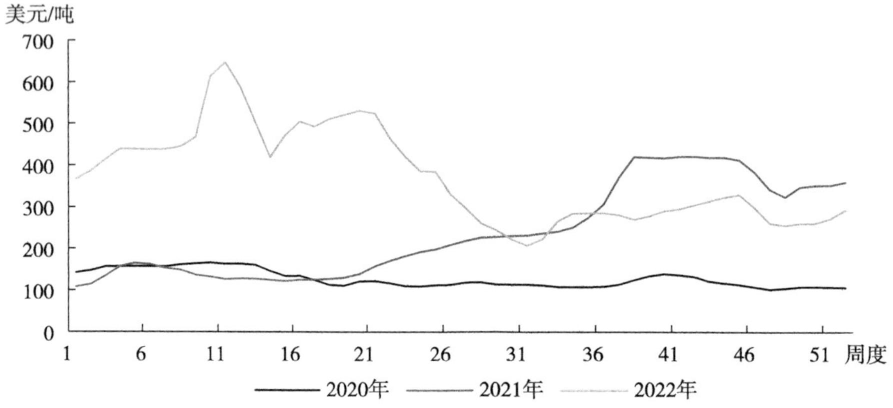

图 4-12　2020—2022 年澳大利亚低挥发一线主焦煤 FOB 价格走势

（资料来源：Mysteel 钢联数据）

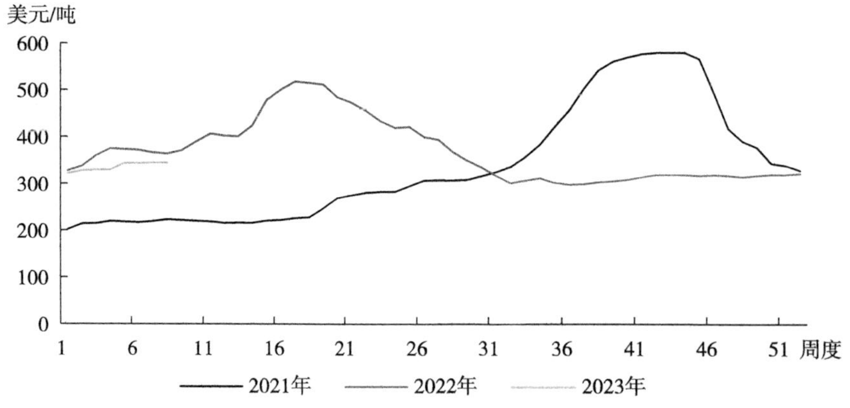

图 4-13　2021—2023 年进口美国蓝湾 7#价格走势

（资料来源：Mysteel 钢联数据）

港口进口炼焦煤2022年整体呈“宽V”形运行，上下窄幅波动不超1000元/吨。上半年在稳增长的政策基调和下游积极补库的情况下，4月中旬价格触顶。随着钢市承压，市场参与者信心受挫，焦炭价格连续下跌5轮，价格不断承压下行。9月份经过贸易商抛售，以及港口在售资源少量，焦煤价格迎来阶段性回暖，且在钢焦冬储补库、疫情影响产地运输时，港口贸易商多报价坚挺，且价格呈现不同程度反弹。

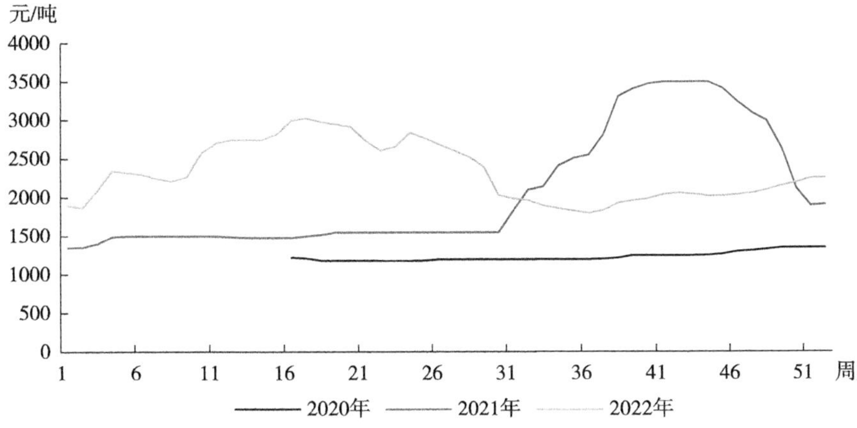

图4－14　2020—2022年进口俄罗斯港口K4主焦煤价格走势

（资料来源：Mysteel钢联数据）

2022年进口蒙古国煤价格整体呈现高位震荡反复格局，受国内炼焦煤市场走势影响，7月中旬后蒙煤价格大幅滑落，三季度起伏波动剧烈，近期价格行情小幅上涨但涨势平缓。截至2022年底，甘其毛都口岸蒙5#原煤价格为1595元/吨，较2022年初价格下降205元/吨，降幅为11.39%；较2021年最高值下降1555元/吨，降幅为49.37%；较2021年最低值上涨615元/吨，涨幅为62.76%。回顾2022年全年进口蒙

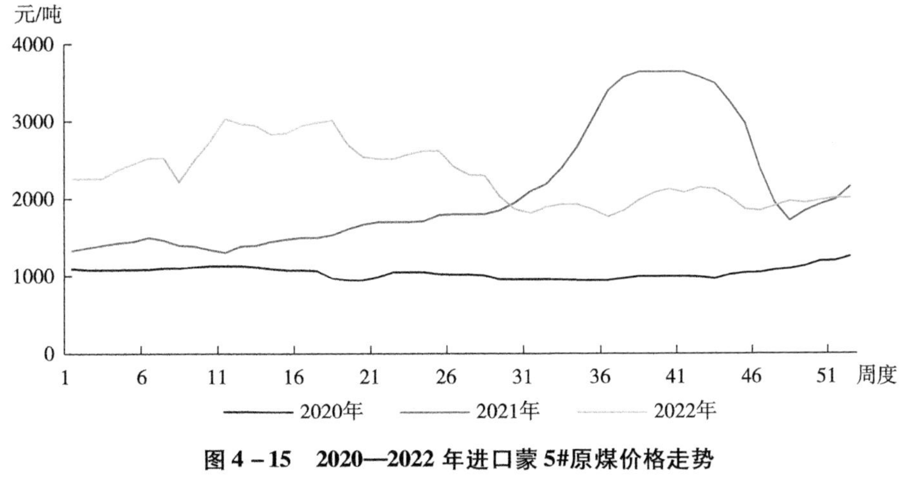

图4－15　2020—2022年进口蒙5#原煤价格走势

（资料来源：Mysteel钢联数据）

煤情况可知，三大主要进口口岸通关车数整体呈大幅上升趋势，供应方面得到充足保障。一季度钢厂铁水产量逐步提升，炼焦煤整体需求向好，议价权再次回归上游。对进口蒙煤的需求也同样增加，利润重心逐渐向上转移。二季度伊始国内疫情重新蔓延，终端市场煤炭调运受阻，蒙煤市场价格受到波及。随后钢材需求减弱，钢价持续下跌，市场进入负反馈运行逻辑。三季度下游焦钢博弈持续，双双陷入亏损，向原料端讨要利润，价格压力传导至炼焦煤。叠加口岸方面时常因疫情暂停国内方向外运，监管区库存持续累积，价格进入全年低谷期。四季度口岸成本端压力渐显，多数进口贸易企业面临利润倒挂风险，挺价意愿强烈。

表4－3　　　　进口蒙古国炼焦煤价格对比　　　　单位：元/吨

口岸	品牌	2022年12月	2022年1月	涨跌幅	2021年高点	涨跌幅	2021年低点	涨跌幅
甘其毛都	蒙5#原煤	1595	1800	－205	3150	－1555	980	＋615
	蒙5#精煤	1975	2265	－290	3640	－1665	1280	＋695
策克	马克A原煤	1250	—	—	2150	－900	620	＋630
	马克西原煤	1280	—	—	2250	－970	630	＋650
满都拉	主焦精煤	1720	1650	＋70	2950	－1230	900	＋820

资料来源：Mysteel钢联数据。

（四）2023年炼焦煤价格预测分析

展望2023年，基于钢材终端需求下行，铁水产量小幅增加，焦化利润持续低位，预计焦煤需求总量有所增加。供应端，煤炭保供政策尚未退出，核增产量陆续投入生产，预计国内焦煤供应呈缓慢增加趋势，存在进口量大幅增加的可能。总体来看，2023年炼焦煤供需趋于宽松，价格重心大概率继续下移。不过由于下游低库存，会放大价格弹性，在下游焦钢企业复产及阶段性补库拉动下，炼焦煤价格会有阶段性反弹，全年来看，处于宽幅震荡下行趋势。

主焦煤：随着高炉、焦炉大型化，高粘结性煤配比提高，对高粘结性煤需求进一步增大。展望2023年，在保供政策指导下供给或将环比回升，预计进口蒙煤增量比较明显，进口量预计在4000万吨以上，进口澳煤也将逐步放开，整体看低硫主焦煤、肥煤资源仍较为稀缺，预计山西低硫主焦煤价格在1800～2600元/吨之间波动，整体上呈现前高后低的走势，波动幅度放缓。

配焦煤：伴随着电煤供给缓解，部分被挤占的配焦煤资源也将陆续释放。配焦煤供应更为宽松，气煤、贫瘦煤、瘦煤价格将会逐步回归比往年正常价格略高水平，预计气煤价格在1300～1900元/吨之间波动。

二、焦炭

（一）焦炭供需分析

1. 中国焦炭产能及分布情况

中国焦化产能经过几年的淘汰置换，产能结构不断优化，从企业类型来看，独立焦化依旧占据主导地位，目前参与市场交易的主体全部来自独立焦化，钢厂配套焦化若无特殊情况基本全部自用，且 Mysteel 调研发现，钢厂焦化生产的焦炭普遍热反应强度和硫都偏高，与当前市场主要交易的指标有差异。同时由于历史原因，4.3 米焦炉产能基本多集中于独立焦化，而在目前主流认知中 4.3 米焦炉已经属于需要淘汰的落后产能，所以近几年焦化产能淘汰置换也都以独立焦化产能为主。钢厂焦化近些年也在不断新增焦化产能，市场方向朝着焦钢企业联合发展前进。铁和焦化企业要联合，这将是一个大的趋势，独立焦化企业数量太多，短时间内不可能把独立焦化企业全部关掉，这也不符合国家产业的实际情况，大的趋势是钢铁焦化企业要逐渐走向联合。2018 年，独立焦化产能占总焦化产能的 65% 左右，2022 年，独立焦化产能占比下滑至 61.29%。Mysteel 最新产能数据显示，钢厂焦化产能为 21599 万吨，独立焦化产能（含热回收）为 34194 万吨。从焦化炉型来看，5.5 米以下焦化产能均属于落后产能，是供给侧结构性改革以来重点整改对象，目前 4.3 米及以下（含热回收）焦炉产能为 11233 万吨，5.5 米焦炉产能为 19113 万吨，6 米及以上产能为 25447 万吨。

未来焦化行业朝着焦炉大型化、钢焦联合方向发展，同时随着高炉大型化发展，干熄焦需求量越来越高，从而促使干熄焦比例、定制化焦炭比例上升，高品质焦炭将会成为市场主流。2021 年干熄焦占总焦化产能的 47% 左右，湿熄焦占比为 53%。2022 年底全国湿熄焦产能为 26365 万吨，干熄焦产能为 29428 万吨，干熄焦产能占比已经超过湿熄焦。在市场供需调节和政府环保要求的共同推动下，2022 年干熄焦占比已达 52.74%。

表 4-4　　2022 年中国焦化产能结构　　单位：万吨、%

总产能	钢厂焦化	独立焦化	干熄焦	湿熄焦	碳化室高度	产能	占比
55793	21599	34194	29428	26365	4.3 米及以下	11233	20.13
	占比				5.5 米	19113	34.26
	38.71	61.29	52.74	47.26	6 米及以上	25447	45.61

资料来源：Mysteel 钢联数据。

2. 中国焦炭产量分析

2022 年焦炭的生产一直处于不饱和状态，产能虽然处于扩张中，但产量增长却不及产能增加得快。国家统计局数据显示，2022 年焦炭产量 4.73 亿吨，较上年增加 900 万吨，跟往年相比，2022 年的焦炭产量增加不及预期更多是自己主动选择的结果，焦企长期在亏损线以下，在利润引导下主动减产。2 月、7 月和 10 月以来的焦企出现明显减产的驱动都是源于焦企亏损后进行的主动减产行为。当然其中的核心逻辑在于产业链终端市场不佳，需求下降后焦价回调造成企业亏损。此外，煤价相对处于高位，以成本为参考，Mysteel 调研显示，2022 年焦企平均吨焦成本为 2983 元/吨，同比增长 24.39%，成本增幅明显。所以即使上半年焦炭价格大幅上涨也没能带来焦企利润的明显增加，低利润的现实长期存在，微利下的焦企增产积极性有限，而一旦焦企陷入亏损，很快就会有减产动作，当亏损达到边际减产地步，其主动减产行为会更明显。

表 4-5　2018—2022 年独立焦化平均吨焦成本　单位：元/吨

年份	2018	2019	2020	2021	2022
平均成本	1707	1716	1514	2398	2983

资料来源：Mysteel 钢联数据。

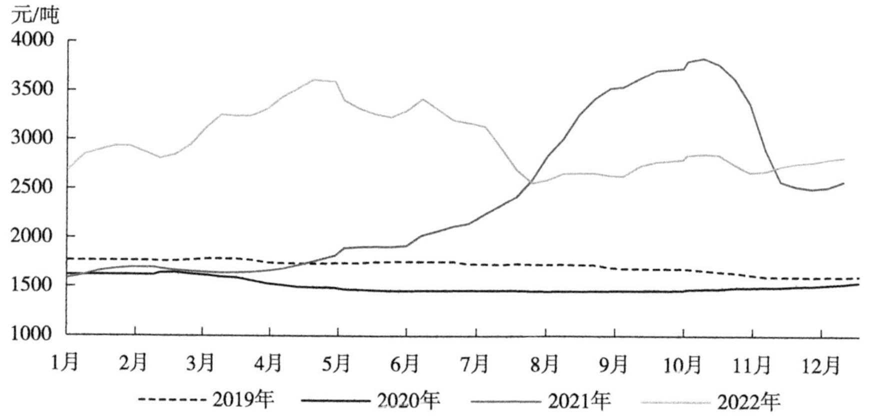

图 4-16　2019—2022 年独立焦化平均吨焦成本

（资料来源：Mysteel 钢联数据）

对于焦炭供应而言，2022 年 3 月 15 日之前处于常规秋冬季限产阶段，焦企的开工整体受环保压制，其间伴随着春节和冬奥会这些特殊事件，使得焦企无法满负荷生产，供应增加受限。但 2 月中旬过后春节和冬奥会这些外部影响因素相继减弱，焦企开工小幅提升，另外，下游钢厂复产节奏加快，对原燃料刚需提升，一定程度上带动了焦炭产量的上升。不过在 3 月中下旬，疫情出现点状暴发，山西出现疫情影响了物流运输，造成部分焦企采购原料煤受阻，为保证正常生产，部分焦企进行了主动减产。进入二季度，高炉复产加快，同时疫情仍在阻碍原燃料的正常运输，不过疫情发生点从山西转移至河北，出现钢厂高炉复产与焦炭补库速度的不匹配变化，在推动价格上涨的同时也提高了焦炭产量，不过5月过后的市场强预期并未转为强现实，市场负反馈带动焦炭产量下降，不过此时的市场依旧对于宏观环境有所期待，焦炭市场整体乐观谨慎，焦炭产量整体处于增产状态；步入下半年，美联储加息，全球流动性收紧，中国不可避免地受到影响，加上此前国内市场强预期进一步证伪，下游钢材市场深陷亏损泥潭，高炉率先主动减产，需求降低后焦炭产量也同步下降；但在8月后，前期主动减产的高炉陆续结束检修，原燃料价格下跌和钢价旺季小幅反弹，使钢厂利润得到修复，且有部分钢厂也需要进行国庆前的补库，需求回升带动供应增加。四季度以来，市场进入淡季，钢材市场负反馈进一步加剧，焦炭产量快速下滑，不过随着宏观新一轮强预期刺激，弱现实的钢价也得到一定提振，叠加节前钢厂的补库冬储预期，下游释放部分采购增量，供应小幅反弹。

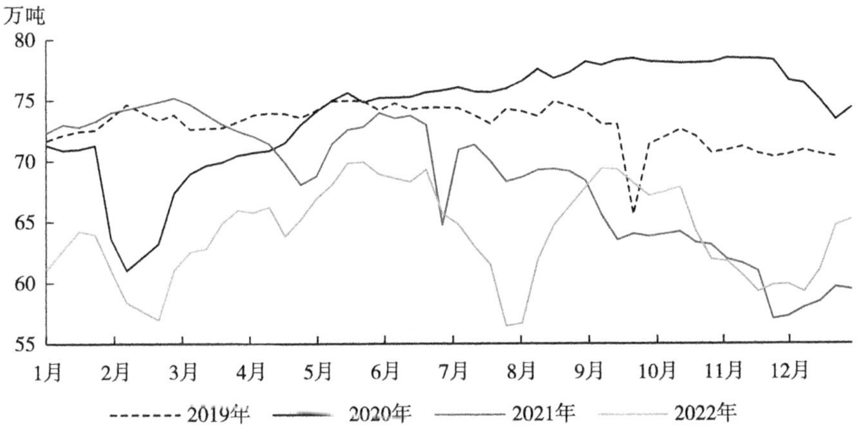

图4-17　2019—2022年全国独立焦化焦炭日均产量

（资料来源：Mysteel钢联数据）

3. 中国焦炭进口市场分析

回顾2022年，随着海外需求恢复和国内粗钢政策压产，焦炭需求同比回落，叠加2021年进口基数较大，2022年焦炭进口量呈现较大幅度回落。2022年全年焦炭进口量为51.46万吨左右，同比下降61.4%。

中国一直是焦炭净出口国，往年焦炭进口量相对较少，2020年焦炭进口量达到历年来高位，主要原因是受海外疫情影响，国际供给过剩需求减少，叠加国内产能置换造成供需错配缺口，焦炭内外价差走阔，海外低价优质资源流入国内。

焦炭进口量主要受三方面影响，一是国内供需环境变化；二是进口运输周期；三是焦炭内外价差。

4. 国内供需环境变化分析

从供需环境变化来看，2022 年受国内外多重因素扰动，焦炭需求总体冲高回落后保持低位震荡。对内主要归因于疫情扰动导致各地防控加严，下游生产运输受阻；地产销售疲软，“房住不炒”政策贯穿全年；加之疫情反复，国内虽采取积极政策扩大内需，下游钢材及焦炭的现实需求仍表现较弱；叠加“双碳”背景下粗钢持续压产，煤焦钢产业链供需进一步收紧，焦炭进口需求回落。对外受海外宏观预期走弱、美联储加息流动性收紧和全球地缘政治等国际复杂局势影响，全球通胀压力较大，国际能源价格居高不下，海外焦炭市场存在供需错配缺口。焦炭出口需求走强，进口焦炭需求转弱。

从供应端来看，我国是焦炭生产大国，进口量长期处于低位水平。据统计，世界上有 40 余个国家生产焦炭，前十大焦炭生产国产量占全球产量的 90% 以上。其中中国、俄罗斯、印度、日本、韩国是世界前五大焦炭生产国。2021 年全球焦炭产量为 6.85 亿吨，同比增长 0.004%；2021 年中国焦炭产量为 4.64 亿吨，占全球产量的 67.74%。

焦炭是重要的工业原材料，近年来在我国钢铁等下游产业发展的拉动下，中国焦炭产量稳中有升，2019 年中国焦炭产量达 4.71 亿吨，较 2018 年增加 0.33 亿吨，同比增长 7.53%，2020 年中国焦炭产量为 4.7 亿吨，与 2019 年基本持平；2021 年中国焦炭产量为 4.64 亿吨，较 2020 年减少 0.07 亿吨，同比减少 1.49%。2022 年我国焦炭累计产量为 4.73 亿吨，同比增加 0.09 亿吨。从供需平衡来看，中国焦炭产量基本稳定，国内焦炭产能整体保持宽松甚至过剩。

表 4－6　　2018—2021 年度焦炭进口量

年份	焦炭进口量（万吨）	同比（%）
2018	9.09	8.12
2019	52.31	475.47
2020	297.97	469.62
2021	133.34	－55.25
2022	51.46	－61.41

资料来源：Mysteel 钢联数据。

2022 年焦炭进口来源主要是日本和俄罗斯，另外还包括哥伦比亚、印度尼西亚等国家。2020 年因供给侧结构性改革，中国净淘汰焦炭产能 2984.6 万吨，供需缺口较大，加之受疫情影响，钢铁企业复工复产较快，进口需求呈现大幅上升态势；进口焦炭内外价差扩大至 1000 元/吨，创造了一部分投机需求。

国际焦炭供应主要以中国、哥伦比亚、俄罗斯、日本、波兰等国为主。2021 年全球焦炭出口量为中国 645 万吨、哥伦比亚 403 万吨、俄罗斯 300 万吨、日本 277 万吨、

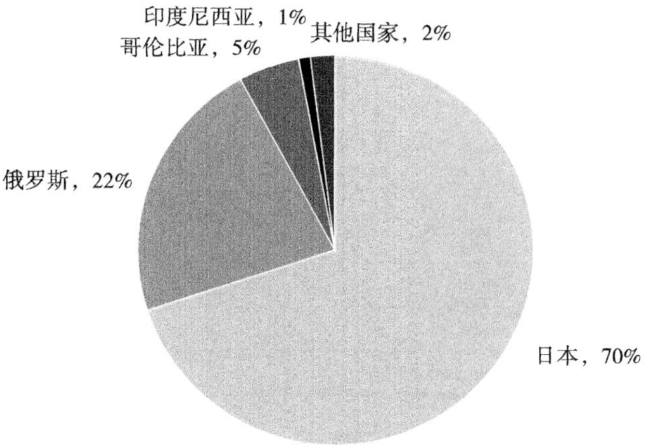

图 4-18 2022 年中国焦炭进口分国别数据

（资料来源：Mysteel 钢联数据）

波兰 712 万吨。中国多辐射东南亚、南亚、南美洲、欧洲国家；哥伦比亚多辐射中南美洲国家；俄罗斯多辐射中亚、欧洲国家；日本多辐射南亚和其他亚洲国家；波兰多辐射欧洲、南亚国家。

后期焦炭供给的增量空间仍在东南亚和东亚国家。东南亚方面，印度尼西亚在 2023 年底前将建设投产 1720 万吨的焦化项目，目前印度尼西亚本国焦炭供应缺口量仅为 20 万吨/年，新建焦化项目投产后扣除钢厂自用焦化产能，后期约有 1600 万吨的焦炭可对外销售。同时，东南亚国家也在匹配相应的钢铁项目，根据东南亚钢铁协会（SEAISI）的数据，到 2026 年，东南亚粗钢产量预计增加 9080 万吨，增长近 1.3 倍，粗钢总产量预计将增至 1.626 亿吨/年。

以印度尼西亚德信集团为例，目前集团在印度尼西亚已投产及在建的钢铁产能达到 700 万吨，焦化产能将达到 750 万吨。德信集团计划将重点投资海外钢铁及配套项目建设，预计总产能将达到“2600 万吨钢铁 + 1500 万吨焦化”的产量规模。根据印度尼西亚钢铁工业协会（IISIA）长期规划，2025 年之前印度尼西亚年粗钢产量将由目前的 1120 万吨提高到 2000 万 ~ 2500 万吨，占到接近东南亚需求的四分之一，全国粗钢产量计划在 2035 年之前进一步提升到 5000 万吨。

此外，印度尼西亚南钢焦化项目也已部分投产，建设项目初期是以保南钢国内生产自用为主，但受海外煤价成本较高，焦炭海外价高于国内价，海外部分国家需求较好，2022 年多以出口东南亚、南亚、南美洲国家为主，2023 年在内外价差合适的情况下，仍有机会进口到国内。短期来看，因东南亚钢铁项目落地仍需时间，印度尼西亚仍将主要作为焦炭出口国以辐射周边钢铁需求国家为主。

表4-7　　印度尼西亚焦炭产能情况　　单位：万吨

焦化厂	产能	投产时间	备注
旭阳伟山	480	2023年底	外售
德天焦化	470	2023年底	外售
金祥焦化	390	在建待定	外售
金瑞焦化	260	2022年2月投产	外售
德信焦化	140	2022年10月投产	自用
PT. KRAKATAU POSCO	120	在建待定	自用
INDOUCOKE	60	—	外售
KRAKATAU	36	—	外售

资料来源：Mysteel钢联数据。

从国内需求端来看，2022年全国生铁累计产量8.64亿吨，同比下降0.8%，粗钢累计产量10.13亿吨，同比下降2.1%。2023年国内焦炭需求的变量仍然是钢材终端需求和限产政策对生铁产量的影响。从终端钢材需求来看，在全球经济下行压力较大，货币紧缩、国内财政压力增大、地产下行等背景下，钢材终端需求趋弱的局面难有较大改善。从粗钢压减政策来看，2023年粗钢继续压产的政策顶仍在，铁水产量降幅约为1000万吨，不利于焦炭进口。但若海外煤炭成本价格下移，进口焦炭价格优势显现，2023年焦炭进口将会保持小幅增加，但整体增量空间有限。

（二）焦炭价格分析

1. 国内焦炭价格走势分析

2022年焦炭市场价格呈现冲高回落，上半年受钢厂复产以及下游钢材利润上涨影响，焦炭需求增加，价格拉涨；下半年焦炭在紧平衡状态下，因成材需求下降、钢厂持续亏损，焦炭市场价格震荡。根据Mysteel焦炭价格指数，2022年准一级焦炭价格指数全年均值为3009，较2021年均值2878上涨4.6%，过去的一年市场矛盾仍然集中于焦煤上面，所以焦煤涨幅明显要胜于焦炭。

2022年1—5月下游需求逐步上升，叠加下游利润尚可，焦炭需求较好，焦炭价格整体表现强势；5—8月在疫情下，终端市场预期迟迟没有兑现，终端需求负反馈影响原燃料市场，价格持续下跌，累计跌幅达1600元/吨。8月钢厂复产预期增多，钢厂集中补库带动焦炭价格企稳反弹；9—10月焦炭维持紧平衡状态，受上下游利润影响，9月湿熄焦跌100元/吨（干熄焦跌110元/吨）、10月湿熄焦涨100元/吨（干熄焦涨110元/吨），焦炭价格呈现相对平稳状态；10月底11月初受成材市场下跌影响，市场再次走负反馈逻辑，焦炭价格承压下跌，跌幅为300元/吨。11月下旬随着成材市场好转、钢厂开始补库，焦炭需求启动，市场止跌反弹。

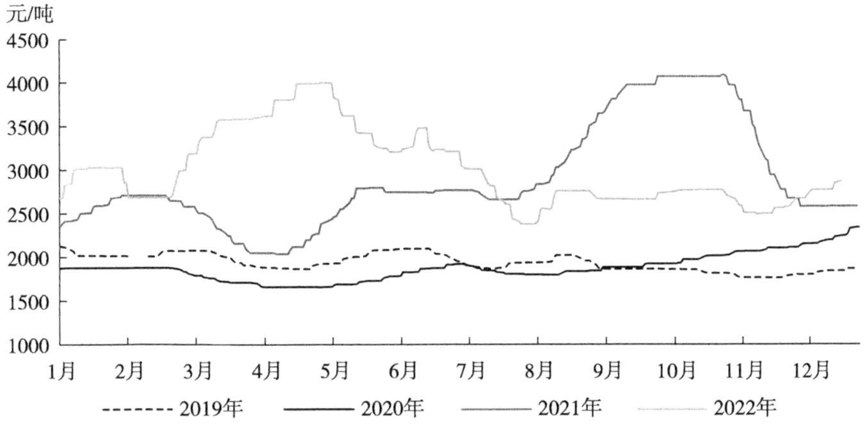

图4－19　2019—2022年Mysteel焦炭绝对价格指数

（资料来源：Mysteel钢联数据）

2. 进出口焦炭价格走势分析

2022年焦炭海外价格多高于国内价格，主要因为海外通胀高企，煤炭成本居高不下，再加上前三季度全球海运价格基数较高，进口焦炭成本较高。而国内焦炭产能相对过剩，焦企全年亏损较大，产能利用率走低，同时又受到压减粗钢产量政策影响，国内焦炭供需双降。

我国焦炭进口多为长协量，市场询盘量较少。个别进口国船期周期时间较长，钢厂资金占用成本较大，全年在钢厂现金流比较紧张的情况下，基本维持低库存刚需补库，远期进口焦炭风险较大，钢厂买货意愿较低。2022年主流钢厂和南方钢厂有买少量进口日本一级冶金焦，进口焦炭价格在CFR 350～360美元/吨。钢厂对进口焦价格接受程度基本保持在CFR 370美元/吨以下，低于或与港口一级冶金焦价格持平。进口焦炭资源在没有绝对价格优势的情况下，很难进入国内市场。

从焦炭的出口价格来看，上半年焦炭出口利润走阔，焦炭出口量挤压部分国内焦炭需求，上半年焦炭市场维持紧平衡状态，价格中枢上移。2022年3月和5月港口外贸焦炭价差达到高位，为800～900元/吨，焦炭出口高利润，叠加地缘政治冲突海外补库需求，出口订单量暴增，焦炭出口需求火爆，出口焦炭价格高点可达到FOB 700美元/吨以上。

前三季度海外需求较好，出口报价能维持中高位。三季度后，国内出口贸易商报价相比海外较高，出口价格优势并不明显，海外需求走弱，焦炭供给过剩，冲击国内焦炭出口价格。2022年底港口实际成交询报盘较少，不仅外贸成交量回落，内贸价格整体走低。贸易商年底资金回笼，对远期焦炭预判并不乐观，从2022年12月的补库情况也能看出，贸易商拿货积极性较弱，集港运输维持中低位水平，产地焦化持续亏损，提产积极性不高，库存维持较低水平。

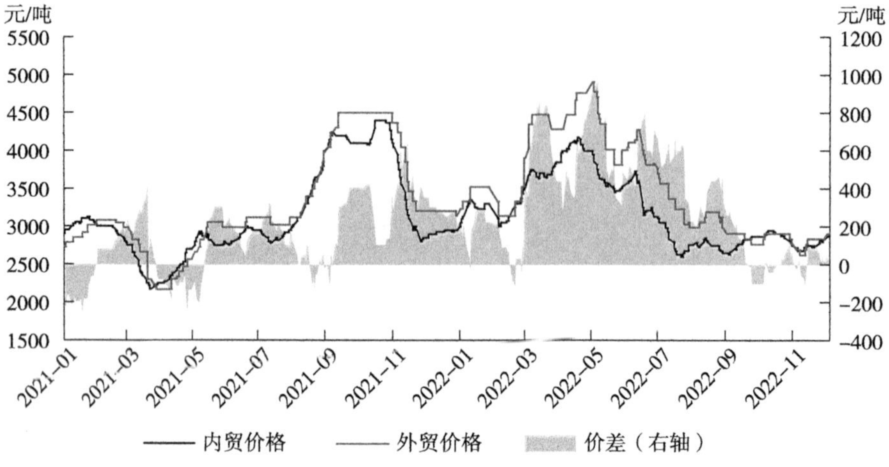

图 4－20　2021—2022 年中国焦炭内外贸易价格及价差

（资料来源：Mysteel 钢联数据）

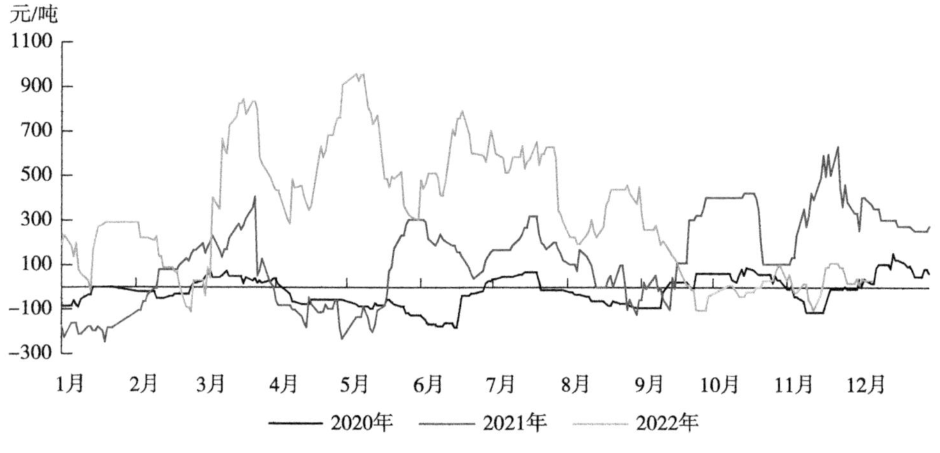

图 4－21　2020—2022 年中国焦炭出口利润

（资料来源：Mysteel 钢联数据）

在全球经济增速放缓，通胀高企和美联储持续加息背景下，国内外下游钢厂需求走弱，钢厂持续亏损减产增多，部分国家焦炭供应相对过剩。从 2022 年 10 月 PMI 数据来看，全球主要经济体整体 PMI 继续收敛，仅印度需求表现较好，其中部分国家跌破枯荣线，海外经济衰退制约焦炭需求。

2022 年国内受疫情防控和房地产寒冬影响，逆周期调控下内需拉动效果有限，加之“双碳”背景下经济转型升级发展等制约焦炭需求。四季度，内外贸焦炭价格持续走低，价差收敛，出口焦炭 10 月价差转负，出口量下滑回落明显。

展望2023年，在全球经济宏观环境脆弱和货币政策紧缩的情况下，经贸环境不容乐观。随着2023年海外炼焦煤矿产能投产，煤炭供给增加，2023年焦炭价格成本将逐步下移。进口煤利润逐步恢复，海外焦炭成本价格优势或将显现。此外，澳煤通关暂无确定时间，不排除2023年焦炭进口量呈现小幅增加趋势，但由于政策粗钢压减需求减少，焦炭进口增量空间有限。

下游钢材终端需求改善预期较差，海外生铁产量同比仍将延续弱势，焦炭需求同步减少，预估海外生铁产量减少3000万吨左右，焦炭需求将减少1500万吨，海外焦炭需求量将有所下滑，进出口焦炭价格将跟随产业季节性周期波动，价格仍有下移空间。

3. 焦炭行业利润情况分析

2022年全年焦化行业处于低利润，甚至多数处于亏损状态。2022年原料炼焦煤供应较为紧张，全年处于去库存状态，炼焦煤价格较为坚挺，配煤成本居高不下。据调研，2022年某焦企月均配煤成本均值为2834元/吨，较上年增加894元/吨。

二季度焦企焦炭平均售价以及炼焦煤成本为全年最高，因煤炭涨幅不及焦炭涨幅，此时焦企盈利最好；其他时期因焦炭价格涨跌幅与焦煤成本涨跌幅不匹配，炼焦价格跌幅低于焦炭价格跌幅，因此多数时间焦企处于亏损状态。

以山西焦化为例，2022年一季度焦炭销量88.7万吨，销售收入23.17亿元，平均售价2612元/吨，炼焦煤单位采购成本为1954.79元/吨，一季度焦化毛利（焦炭销售收入－炼焦煤采购金额）仅0.72亿元，一季度盈利最高。

二季度焦炭销量92.32万吨，焦炭平均售价为2960.5元/吨，炼焦煤单位采购成本为2254.57元/吨，同比增长58.2%，环比增长15.34%。由于成本端价格增速高于焦炭价格增速，焦炭主业盈利下滑，二季度焦化毛利（焦炭销售收入－炼焦煤采购金额）仅0.69亿元，略有盈利。

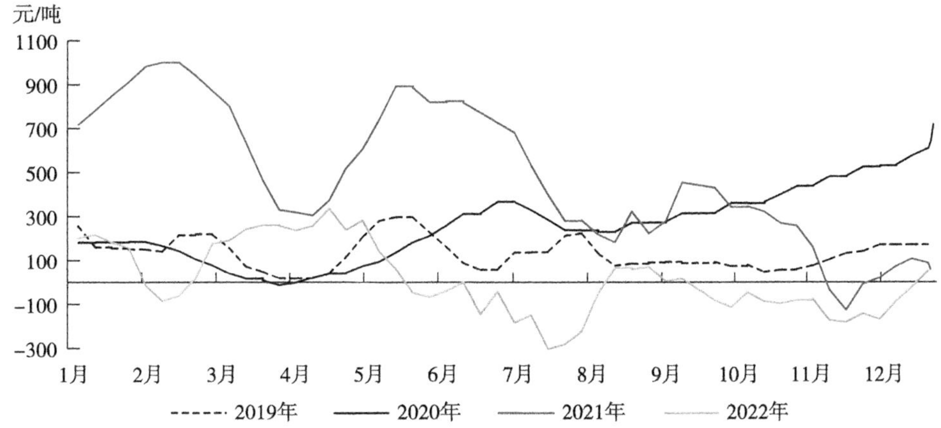

图4－22 2019—2022年独立焦化吨焦平均利润

（资料来源：Mysteel钢联数据）

三季度实现焦炭销量 85.62 万吨，焦炭平均售价为 2282.96 元/吨。成本方面，第三季度炼焦煤单位采购成本为 1917.93 元/吨，环比下降 14.93%。由于价格端下降幅度高于成本端，焦炭主业盈利下滑，第三季度焦化毛利（焦炭销售收入 - 炼焦煤采购金额）为 -1.94 亿元，陷入亏损。

（三）焦炭市场行情展望

1. 影响焦炭价格的主要因素

在制约焦炭产量释放的几个原因中，目前影响最大是焦化利润，对于 2023 年的焦炭供应同样需要注意这个问题。根据 2022 年 Mysteel 统计调研，国内现有焦化产能为 5.58 亿吨左右，产能已经相对过剩，初步预计 2023 年淘汰焦化产能 4000 万 ~ 4500 万吨，新增 4500 万 ~ 5500 万吨，净新增 500 万 ~ 1000 万吨，产能过剩问题继续存在。当一个品种处于过剩状态时，它的议价权在产业链上处于低位。从利润角度考虑，对于产能过剩的品种，只要利润足够，那么产量会立马上去，这意味着产量也会很快过剩，产量过剩就注定不会有高的价格，所以焦炭在产能过剩的时间里，未来大概率焦化厂利润都会维持低位运行，甚至处于长期亏损状态。考虑到未来焦企将长期面临低利润甚至亏损的情况，焦炭产量还会在利润引导下进行生产调节，焦炭长期过剩状态不会出现，低利润会制约焦炭产量增加的积极性。

除利润因素外，对于焦化行业而言，环保是影响焦企生产的重要外部原因。不过从 2022 年环保对焦企生产的影响结果来看，焦企环保政策性限产力度较弱，且执行时间较短，相信在 2023 年后疫情经济复苏阶段中，环保对企业生产的影响力度依旧较弱，企业生产主要受自身调节。同时，预计 2023 年原料端焦煤供应小幅增加，焦煤对焦炭生产的影响边际减小，焦炭供应将主要跟随下游需求变化。

目前对下游铁水需求的预估是 2023 年继续减少 1000 万吨左右，反馈到焦炭消费上也将减少 500 万吨左右，考虑到 2022 年钢厂库存连续下降，2023 年继续主动去库空间有限，焦炭会有所累库，但是也要注意到在市场行情向下的过程中，钢厂主动补库的动力不足，所以 2023 年焦炭补库预估空间也相对有限，库存预计将达到 2021 年初水平，即增库 100 万吨左右。对 2023 年焦炭进出口市场的预估是进口增量 50 万吨左右，出口减量 100 万吨左右，进出口量差 150 万吨。

2. 焦炭出口情况

海外新建焦化项目较多，海外供应增加。2023 年海外焦炭供应净增加，焦化新投产能大于需求新增产能，有回流中国的可能。根据 Mysteel 调研统计，2022 年海外新增焦化项目产能约 3000 万吨，其中 1700 万吨新建项目集中在印度尼西亚苏拉威西岛青山工业园区，预计 2023 年投产 520 万吨。根据 Mysteel 调研统计，2022 年海外新增高炉生铁项目产能5400万吨，多数产能处于尚未动工状态，2023年投产概率较小，预计2023年投产100万吨，其余产能投产时间待定。

表4-8　Mysteel调研海外新建焦化项目情况　单位：万吨、%

序号	国家	新建焦化产能	占比	已出焦	规划新建生铁产能
1	印度尼西亚	1750	61	65	1150
2	菲律宾	500	17	0	1000
3	越南	300	10	0	
4	缅甸	200	7	0	400
5	马来西亚	80	3	10	630
6	蒙古国	60	2	0	

资料来源：Mysteel钢联数据。

3. 2023年焦炭供需平衡预测

展望2023年焦炭供应，考虑到焦企利润，新建焦炉或有延期投产可能，因此预计2023年焦炭产能增加700万吨，达到5.65亿吨。在产能增加的情况下，2023年焦企延续低利润状态，预计产量小幅增加。2023年焦企依然保持限产状态，焦炭全年产量预计增加300万~500万吨。焦炭进口方面，因海外供应增加以及进口利润影响，2023年进口焦炭数量上升，预计增加50万吨。

2023年焦炭需求方面，在政策以及成材需求影响下，下游铁水或小幅增加，预计国内焦炭需求增加200万~300万吨。焦炭出口方面，因海外新投焦化增加以及出口焦炭利润缩小，焦炭出口量减少，预计减少100万吨左右。总体来看，2023年供需双增，需求降幅大于供应降幅，焦炭开始累库。

4. 2023年焦炭价格预测分析

基于上述分析，2023年维持供需双增格局，但供应增加明显还是大于需求的增长，这样就会导致整体供应趋向宽松。进出口方面，由于海外焦化产能投产以及海外需求下降，焦炭出口会收缩，同时进口焦炭可能会增加。总体来看，预计2023年焦炭产能保持继续增长的局面，由于自身的供需趋向宽松，整体焦化行业利润处于低位。焦炭价格方面，预计全年震荡幅度收窄，价格重心下移，预计价格区间为2200~3200元/吨。

（撰稿人：上海钢联电子商务股份有限公司　熊　超）

第三节　铁矿石

一、全球铁矿石供应情况概览

2022 年新冠疫情持续影响全球经济、生产的恢复，叠加俄乌冲突引发的欧洲能源危机影响，全球经济通胀加剧。在黑色大宗商品中，铁矿石价格波动尤为剧烈。2022 年 Mysteel62% 澳粉指数年均价回落至 120 美元/吨，降幅达 24.5%。回顾 2022 年铁矿石供需数据，海外端由于俄乌冲突影响，乌克兰铁矿石产出减量成为全年供应端最大变量之一；因为矿山安全事故的影响，国内部分地区矿山出现连续一个多月的停产，最终导致国内供应总额相比年初预期出现大幅缩减。但原料需求上，疫情的反复使得稳经济需求仍保持在第一顺位，环保等限制性因素对钢厂高炉影响减弱，铁矿石年度消耗量出现同比近 2200 万吨的增量，这也最终导致年底累库不及预期，库存线低于年初值。

（一）矿价走弱导致 2022 年全球矿山产量及发运同比下滑

2022 年，全球铁矿石发运总量 15.16 亿吨，同比下降 5180 万吨，降幅为 3.3%。其中，澳大利亚和巴西的铁矿石发运量降幅最为明显，全年发运量为 2.40 亿吨，同比减少 5111 万吨，降幅为 17.6%；其次是印度、乌克兰，分别减少 1974 万吨、2357 万吨；其他国家波动相对较小。

2022 年全球铁矿石产量约为 24.10 亿吨。以 2022 年产量统计为基准，全球前 15 大主要铁矿石生产地主要分布在澳大利亚、巴西、中国、印度、俄罗斯、南非、加拿大、马来西亚、伊朗、乌克兰、美国、哈萨克斯坦、瑞典、秘鲁、墨西哥。其中，乌克兰受地缘政治影响产量排名自 2021 年的第六名降至 2022 年的第十名，其他国家排名未变。截至 2022 年，澳大利亚和巴西产量占比分别高达 38.2% 和 16.5%，两大铁矿石生产巨头依旧占据全球铁矿石生产的半壁江山。

（二）澳大利亚、巴西铁矿石供应情况概述

2020—2022 年，澳大利亚铁矿石产量呈现先减后增，边际的产量波动除受新项目投产周期影响之外，价格对产量的影响更甚。Mysteel 统计口径下 2022 年其铁矿石总产量达 9.26 亿吨，较上年增加 541 万吨左右，较 2020 年减少 430 万吨左右。

2020—2021 年，巴西铁矿石产量波动主要来自淡水河谷产能恢复，以及高矿价刺激下中小矿山的积极增产。进入 2022 年，巴西铁矿石产量增加渐入瓶颈，加之矿区老

化，矿价下跌，产量止增，处于基本平稳状态。从数据表现来看，产量从 2020 年的 3.72 亿吨左右增加至 2021 年的 4.01 亿吨，2022 年产量窄幅波动，产量为 4.00 亿吨。

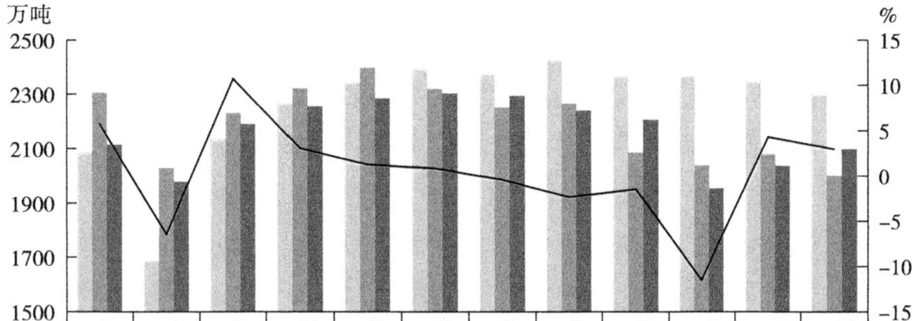

	1月	2月	3月	4月	5月	6月	7月	8月	9月	10月	11月	12月
2020年（万吨）	2087	1687	2137	2269	2345	2395	2377	2430	2369	2370	2348	2299
2021年（万吨）	2307	2030	2233	2325	2400	2322	2253	2267	2086	2040	2082	2001
2022年（万吨）	2115	1979	2191	2257	2286	2305	2296	2242	2209	1955	2039	2100
—— 环比增幅（%）	5.73	-6.46	10.75	3.02	1.25	0.84	-0.41	-2.33	-1.47	-11.51	4.33	2.98

图 4－23　2020—2022 年全国 332 家矿企月度精粉产量

（资料来源：Mysteel 钢联数据）

（三）中国铁矿石产量

从月度产量变化的趋势来看，以 Mysteel 调研统计的 332 家矿企铁精粉产量为例，整体趋势符合季节特性，即春节后逐步复产并增产、经过二季度到三季度的稳产后，四季度产量开始下降，但 2022 年由于突发事故的影响，年底前存在产量的回补。由于冬奥会、疫情、矿山事故等非市场因素的拖累，2022 年国内矿山产量整体水平出现下滑，并没有实现年初预期的增产目标。

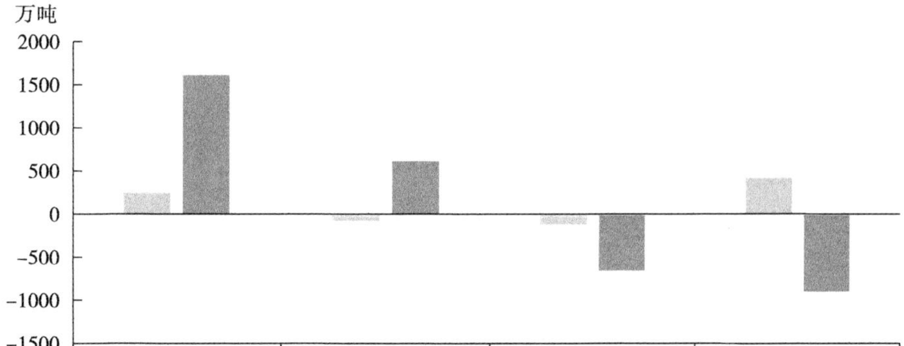

	2019年	2020年	2021年	2022年1—11月
国有（万吨）	249	-74	-113	424
民营（万吨）	1615	619	-652	-897

图 4－24　全国 332 家矿企铁精粉产量年同比（分企业性质）

（资料来源：Mysteel 钢联数据）

从国企和民营的角度来看，近五年国有矿企产量以增长为主，不过整体波动幅度不大，从趋势来看，增速先降后升，2022 年增速有所提高，主要是国有矿企产能规模大，保供任务重，当出现前述非市场因素干扰时，各地政府部门会优先支持国企复工复产，再就是国有矿企掌握了国内优质铁矿资源，同时不断提高工艺水平，近两年在基石计划的驱动下，国有矿企积极增产动力强。对于民营矿企而言，其增速呈现下降趋势，一方面铁矿石价格，以 Mysteel 远期 62% 价格指数为例，从 2018 年 70 美元的均价上涨到 2019 年 93 美元，民营矿企生产对价格更加敏感，生产动力有所加强，而民营矿企掌握的铁矿石资源相对有限并且分散，难以在产能增长上做较多突破，因此尽管后面几年矿价连上台阶，其增速却是逐渐下降的；另一方面是相对于国企，民营矿企生产受前述非市场因素干扰更大，近两年发生的矿山事故也全都集中在民营矿企，停产后的复产难度更大，尤其是 2022 年，导致民营矿企同比减量再度扩大。

（四）中国铁矿石需求分析

中国是铁矿石需求大国，但由于资源禀赋的问题，我国超过四分之三的铁矿石来源于海外进口；在地理位置上我国 80% 的钢厂主要建设在沿海城市或国内矿产量丰富的地区；从炉型大小来看，我国钢厂主要以中小型高炉为主，因此在用料结构上对高品矿依赖程度不高，吨铁矿耗要高于欧洲以及日韩等发达国家。中国钢厂对铁矿石需求占全球铁矿石的需求的 60%，其中 77% 的铁矿石来自进口，对进口依赖性比较高，因为中国钢厂生产原料需求量较大，并且对铁矿石品位要求不高，不像欧洲以及日韩等国家以高品矿为主，因此从实际情况来看，中国钢厂平均每生产 1 吨生铁所需要消耗 1.6～1.65 吨的铁矿石。

从当前的情况来看，Mysteel 247 家钢厂 2022 年的生铁产量约 8.32 亿吨，与 2021 年相比小幅下降，较 2020 年减少 4300 万吨；折合成铁矿石需求，预计 2022 年长流程钢厂对铁矿石消耗量约为 13.94 亿吨，较 2021 年增加约 1900 万吨。2022 年在用料配比过程中钢厂其他铁元素的量明显下降（热压铁块、面包铁、废钢等），因此在相近的生铁产量的情况下，钢厂对铁矿石的需求反而高于 2021 年。

（五）中国铁矿石需求分布特点

近年来，虽然北方的钢铁产能持续南移，但是北方钢厂生铁产能仍占三分之二以上的比例；从产能大小来看，排名前五的省份有河北、江苏、山东、辽宁、山西，分别占全国总生铁产量的 23.26%、11.54%、8.66%、8.09%、6.89%，排名第六的省份仅占全国总生铁产量的 3.47%，造成这种差异的主要原因有以下两点：

一是地理位置。河北、江苏、山东、辽宁主要为沿海省份，在进口铁矿石运输方面具有天然的优势，在运输方面能有效减少钢厂的生产成本。

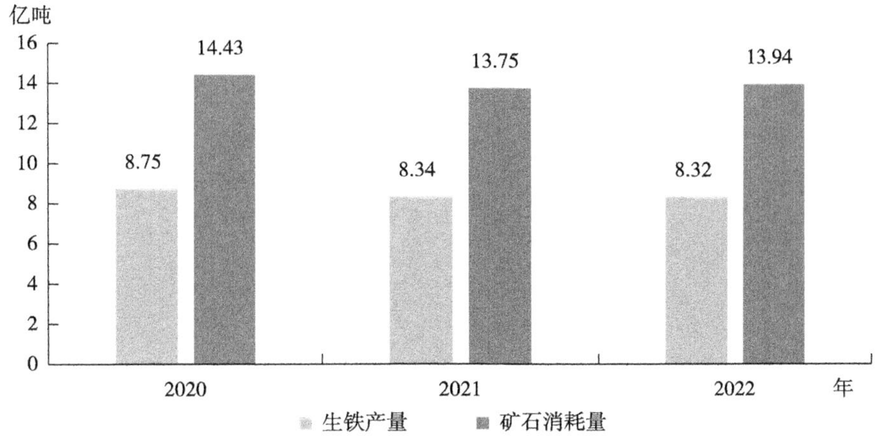

图 4－25　2020—2022 年中国钢厂铁矿石需求

（资料来源：Mysteel 钢联数据）

二是国内资源分布。河北、辽宁、山西三省具有丰富的铁矿石资源，其省内铁矿石年产量在全国排名均为前三，同时山西也是我国煤炭生产量相当大的省份，炼铁所需要的燃料充足，多数钢铁企业与焦化企业结合，降低了钢厂生产过程中的燃料成本，以弥补非沿海省份的不足。

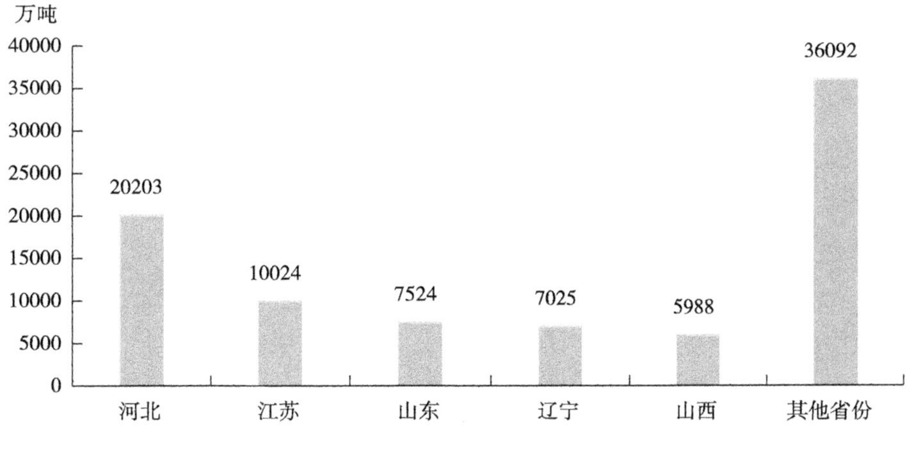

图 4－26　2022 年中国钢厂产量分布

（资料来源：Mysteel 钢联数据）

生铁产量下降、铁矿石消耗上升的主要原因是 2022 年钢厂利润较 2021 年明显下降，甚至大多数时候处于亏损阶段，导致钢厂在用料配比上发生明显变化，最明显的在于几个方面：一是钢厂高炉中铁元素之外的比例下降；二是粉矿需求增加，块球减少；三是低品矿配比增加。

钢厂利润下降，对产量的追求相对减弱，对成本控制更加精细化，最为明显的就是利润高，对废钢、块矿、球团、高品粉等增加出铁的品种配比提升；当钢厂利润低于200元甚至面临亏损时，对产量的追求减弱，对成本控制加强，最为明显的就是与前两年相比，2022年钢厂对废钢的使用比例大幅下降，除此之外，对粉矿的需求（变成烧结矿之后，性比价较低）加大，替换价格高的块矿、球团，以达到降本的目的。

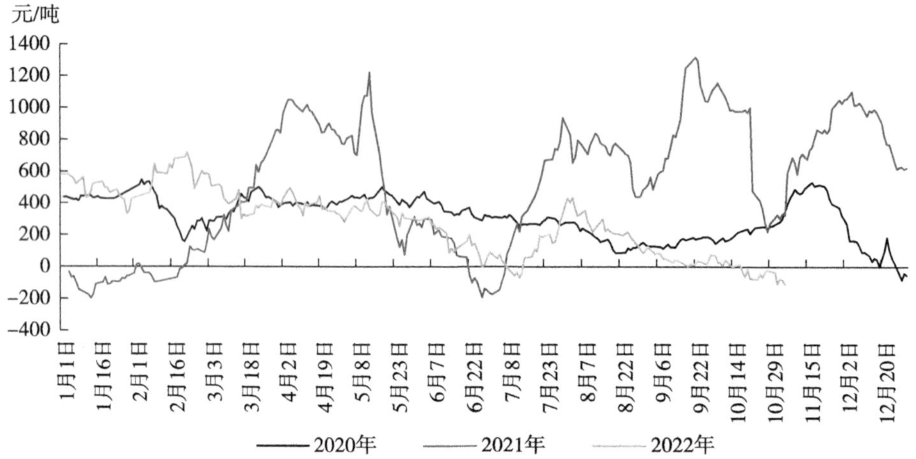

图4-27　2020—2022年钢厂利润变化

（资料来源：Mysteel钢联数据）

从当前世界钢协数据来看，2022年海外生铁产量约为4.17亿吨，同比下降4100万吨，降幅为9%；折合对铁矿石的需求，大约为6.68亿吨，同比减少6500万吨，与2020年国外疫情时基本一致。

详细来看，受2020年疫情影响，国外多数钢厂停产，生铁产量下降明显，高利润高需求刺激钢厂大范围复产，对铁矿石需求剧增，但明显这种需求不具有可持续性，2022年国外钢厂生铁产量又继续降至2020年的水平。

2022年生铁产量下降，主要是两个方面的原因：一方面是地缘政治因素对俄罗斯、乌克兰的钢厂出口影响显著，而这两个国家的成材50%左右用于出口，所以当出口受到影响之后国内钢材大范围减产；另一方面是能源价格导致炼铁成本上升，叠加终端需求疲软，欧洲、日韩等多数地区钢厂陆续进行减产。

大环境的需求疲软，叠加原料价格高位，多数地区的钢厂被迫减产，但也有例外，如印度。印度是超10亿人口的大国，这些年随着经济的飞速发展，对钢铁需求日益增加，这为钢厂生产提供了动力；同时，2022年印度铁矿石出口加税政策，导致国内铁矿石价格暴跌，而印度钢厂对铁矿石需求主要来自国内，这使得其原料成本较其他国家低五六十美元（运费+出口税收），为钢厂利润提供了保证，因此出现多数国家生铁产量下降，而印度生铁增量的现象。

钢厂高炉用料结构主要受配套烧结机产能、钢厂利润、环保措施、高炉型号的影

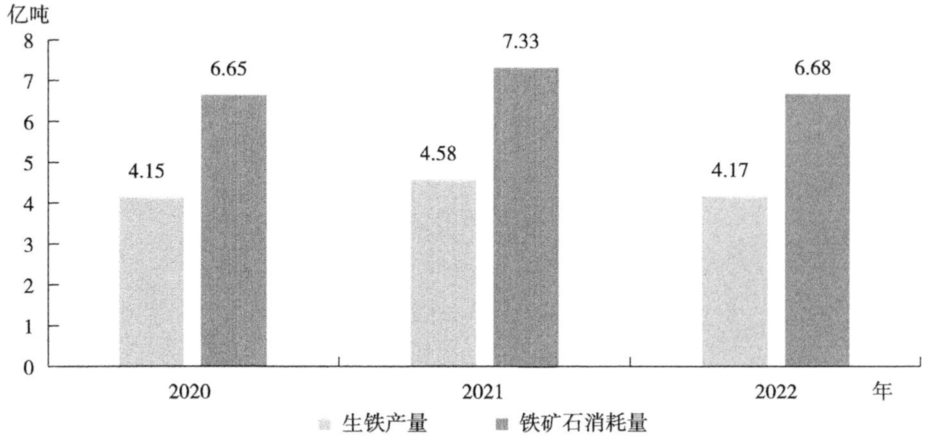

图4－28 2020—2022年海外钢厂铁矿石需求

（资料来源：Mysteel钢联数据）

响。在烧结机产能方面，国内的钢厂烧结矿配比比较充裕，基本为70%～75%，故影响中国钢厂高炉配比的因素主要是另外三个方面。从表4－9可以看到，在2019—2021年，基本上政策限产力度相差不大，钢厂利润相对可观，受高炉型号逐步大型化的影响，为保证高炉的稳定生产，块矿、球团的配比逐年增加，烧结矿的入炉配比逐年下降；而2022年，虽然高炉大型化仍在推进，但环保原因限产政策明显减少（环保限产主要影响烧结），钢厂烧结机供给充裕，同时钢厂利润也开始进入低谷，甚至长期亏损，可以看到，降本成为2022年钢厂的主旋律，从全国平均来看，烧结矿入炉配比达72.96%、块矿入炉比例为11.36%、球团入炉配比为15.68%，分别增加1.45个、降低0.59个、降低0.86个百分点。

表4－9　　2019—2022年64家钢厂高炉配比　　单位：%

年份	烧结	块矿	球团
2019	73.09	11.43	15.47
2020	72.20	11.81	15.99
2021	71.51	11.95	16.54
2022	72.96	11.36	15.68

资料来源：Mysteel钢联数据。

二、全球铁矿石价格走势分析

（一）2022年铁矿石价格走势

2020年铁矿石价格单边上行，疫情影响之下上半年供需错配，下半年在高需求下铁矿石开始新一轮上涨，铁矿石的价格波动率也明显高于其他黑色品种，成为2020年表现最强势的品种。全年价格最高点176.05美元/吨，年同比涨幅达到93.24%，创下2013年以来的最高值。

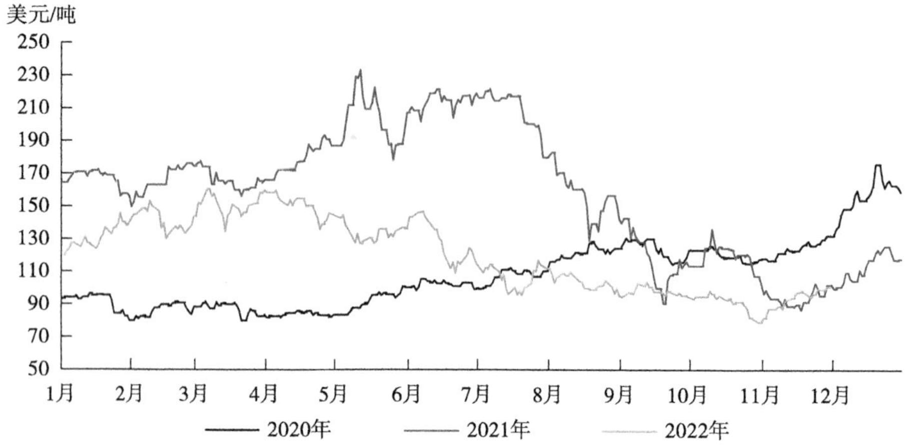

图4-29 2020—2022年Mysteel 62%澳粉指数走势图

（资料来源：Mysteel 钢联数据）

2021上半年在全球经济复苏以及货币宽松的宏观背景下，整个大宗商品市场价格整体上行，多数品种价格纷纷创下历史新高点；上半年铁矿石在自身的基本面供需差以及品种结构性矛盾多重作用下，价格突破历史高位，突破200美元/吨大关，至全年价格最高点233.7美元/吨。下半年，在粗钢压产及能耗双控压力下，原料需求见顶，供需格局转变，供应过剩幅度加大后，价格均线随之下移明显，11月下旬刷新全年最低，为86.85美元/吨。

2022年铁矿石价格走势先扬后抑，上半年修复性反弹，下半年达到近三年的新低，截至12月9日，Mysteel 62%澳粉指数均价为120.53美元/吨，较2021年下跌38.28美元/吨，Mysteel 62%澳粉全年价格最低点出现在10月，为79.4美元/吨，创下近三年以来的最低值。

（二）中国港口人民币市场铁矿石价格走势分析

回顾2020年与2021年，港口人民币市场铁矿石价格的变化趋势基本与前述美元市场基本相似。但是从整个变化的趋势及两个市场的成交情况来看，多数情况港口人民币市场的波动幅度相对小一些。从2020年和2022年两个价格波动变化情况较为相似的年份来看，美元市场的低点相较于高点的波动幅度在这两年分别为54.62%和50.64%，人民币市场的波动幅度分别为49.16%和37.32%。这种情况的出现多是与钢厂对两个市场的依赖程度不同有关，其中对港口人民币市场的依赖程度远远高于美元市场，尤

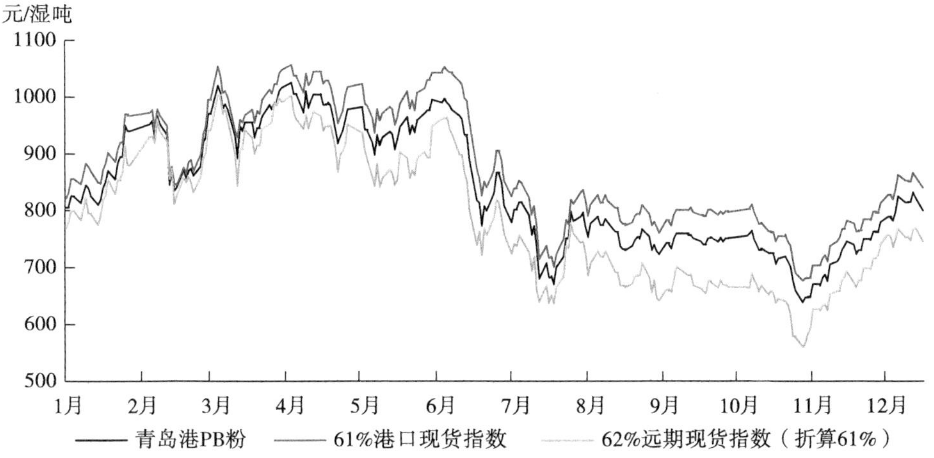

图4－30 2022年铁矿石综合指数走势

（资料来源：Mysteel钢联数据）

其是不管钢厂的体量规模如何均会在港口人民币市场进行货物采购，这提高了市场的流动性，较高的流动性更有助于市场发现铁矿石真正的价格，维护价格更加平稳地运行。而2021年则相对特殊一些，因为价格的剧烈波动导致更多的投机性机会出现，带动了两个市场的贸易活跃情况。

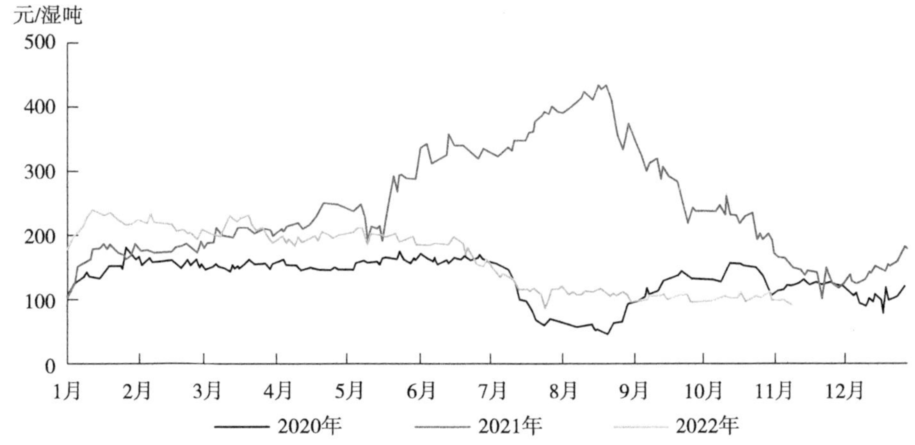

图4－31 2020—2022年铁矿石中高品价差（65%～62%）

（资料来源：Mysteel钢联数据）

中低品62%～58%价差在2020年一直在50～200元/吨之间波动，在2020年7月，品种结构矛盾激发，在中品较为缺乏的环境下，中低品价差达到历年前三季度新高187元/吨。中品的缺乏主要来自澳矿中“两拓”的供不应求，而这种情况一直延续到2022年。2022年，在利润扩张下，铁矿石的需求偏好逐步向铁品更好的品种递进，到2021

年5月，钢材利润增至高位，中低品价差也扩大到历史最高位410元/吨，此时也是进口铁矿石价格最高的时候。

进入2022年后，一季度中低品价差运行较为平稳，但在进入二季度后，由于钢厂利润被持续压缩至亏损状态，钢厂配料偏好也从性价比优先转向绝对低价优先，也正是因此中低品价差从3月初的高点一路下行；三季度与四季度钢厂利润维持低位，市场多方波动，最终中低品价差开始低位震荡过程，但是值得一提的是，低品印粉的恢复供应对于其他主流低品粉矿的价格也产生一定的抑制，导致中低品价差出现了一定幅度的震荡。

三、2023年铁矿石市场展望

2023年全球铁矿石产量仍有进一步增加的趋势，但因为矿山从投资到立项需5～6年时间，整体周期较长，虽然当前有投资项目，但产量增量规模未能马上体现，较之前会继续出现收缩。同时，从我们观测的矿山资本支出情况来看，2013—2020年矿山资本支出绝对值一直保持在低位状态，按照“资本支出—产能建设—产出”的五年周期来看，年度产量增长较慢的状况将持续到2025年。预计2023年全球铁矿石产量为24.51亿吨，年同比增加4090万吨。

进入2023年，考虑到全球经济环境，同时结合世界钢协最新发布的钢铁预测来看，全球除中国外的钢铁需求预计将同比增长2%；折合至铁矿石需求，2023年增量接近1150万吨。中国在粗钢平控背景下，高炉及电炉的产能很难高于往年，再加上工信部要求的提高铁元素自给率的目标，高炉在与电炉的产量博弈中处于劣势；叠加高炉的高比例置换，预期铁水产量将有所下降。

表4－10　2022—2023年全球铁矿石产量及增减量　单位：百万吨

产量预计	2022年	2023年	2023年增减量
澳大利亚	926.8	937.3	10.5
巴西	395.1	405	9.9
俄罗斯	87.1	87.1	0
南非	61	62.5	1.5
加拿大	61.5	64.5	3
乌克兰	43	43	0
中国	285	288	3
其他国家	550.2	563.3	13.1
全球总计	2409.7	2450.6	40.9

资料来源：Mysteel钢联数据。

表 4－11　　2023 年中国铁矿石市场供需平衡展望　　单位：万吨

年份	铁精矿产量	进口	出口	消费	供需差
2020	27900	116950	1564	141686	1600
2021	28500	112444	2334	132896	5714
2022	28500	110444	2349	136957	－362
2023（预计）	28800	112444	2390	136556	2298

资料来源：Mysteel 钢联数据。

2023 年海外矿山产能仍将继续释放，且得益于印度出口关税政策调整，实际上 2023 年海外矿山产量增量要高于预期值，不过目前国际地缘冲突的变化前景仍不明朗，俄罗斯和乌克兰两国的铁矿产量将成为 2023 年供应端最大的变数之一，尤其是对球团和精粉产量的影响；中国铁精矿在新产能项目进入后，产量同比增幅或达到 800 万吨，综合预计 2023 年全球铁矿石产量增量为 4090 万吨。2023 年随着美联储加息的缓和以及制造业的复苏，预计钢铁需求将会得到 0.2%～0.5% 的恢复；对应到钢铁需求上，发达国家生铁预计共增长 250 万吨，铁矿石需求预计增长 400 万吨，这也会导致中国进口增量低于预期值，综上我们认为 2023 年中国海外铁矿石进口增量同比增加 2000 万吨。但是在国内粗钢平控的背景下，生铁产量很难高于 2022 年，并且在统计高炉产能置换进度后，我们认为 2023 年中国高炉生铁产量同比继续小幅下降，目前给到的减量幅度在 300 万吨，国内需求持续走弱，整体看国内铁矿石供需延续过剩格局，年内铁矿石均价在 100～105 美元/吨之间。

（撰稿人：上海钢联电子商务股份有限公司　肖　薇）

第四节　钢　铁

一、钢铁市场概览

2022 年钢铁产业经历严峻挑战，俄乌冲突引发全球能源危机，推高通胀，全球主要宏观政策由抵御疫情冲击转为抵御通胀冲击，货币政策由空前宽松转为迅速收紧，美联储在 2022 年内实施历史上罕见力度加息，对大宗商品价格造成巨大压力。此外，国内疫情蔓延加重市场悲观情绪，部分地区出现长时间封控，严重影响经济活动，导致经济增长不及预期，市场情绪更为悲观。2022 年钢铁价格跌幅较大，原因在于钢铁最大的下游行业房地产进入深度调控，导致钢铁消费持续下降。与 2021 年不同的是，

2022 年并未出现行政式限产，在钢铁行业缺乏自律的情况下，供给长时间保持高位，未及时主动快速匹配需求变化，从而加剧供需矛盾，导致钢价大幅下跌，行业利润微薄。

国家统计局数据显示，2022 年全年生铁产量 8.64 亿吨，同比下降 0.8%；粗钢产量 10.13 亿吨，同比下降 2.1%；钢材产量 13.4 亿吨，同比下降 0.8%；钢材出口 6746 万吨，同比增长 0.8%，连续两年增长，钢材进口也同时下降 26.2% 至 1057 万吨；粗钢表观消费 9.6 亿吨，同比下降 3.3%。

2022 年国内钢材价格呈现重心下移、高点下移、低点下移的“三下”局面。2022 年国内钢材价格重心为 4658 元/吨，同比下跌 14%；年内价格高点、低点分别为 5394 元/吨、3993 元/吨，较 2021 年高点、低点分别下跌 18.7%、13.4%。截至 2022 年 12 月 31 日，国内钢材综合价格报 4297 元/吨，较 2021 年末下跌 13.5%。

二、我国钢铁生产情况

（一）我国钢材产量变化

1. 生铁产量变化

2022 年国内部分头部房地产企业出现资金链断裂，房地产行业各主要指标全线下滑，叠加疫情反复、出口大幅回落等因素，国内用钢需求低迷，导致钢价下跌过程中钢厂被动减产。国家统计局数据显示，2022 年我国生铁产量 8.6 亿吨，较 2021 年下降 0.8%。

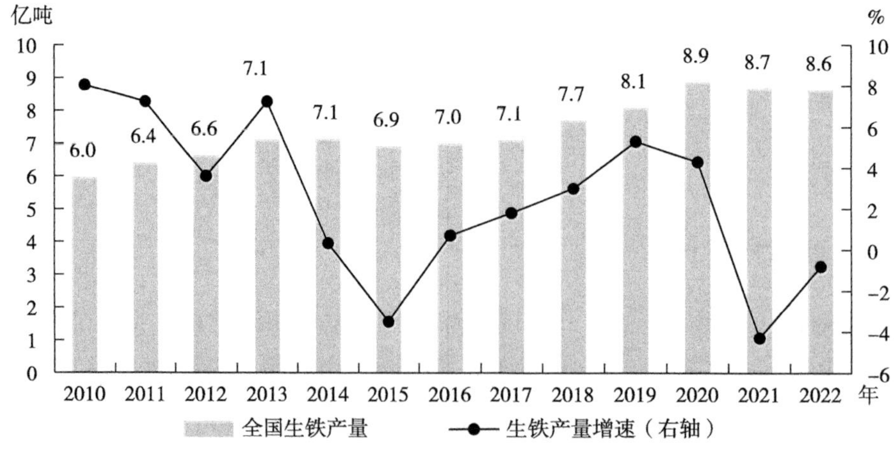

图 4-32　2010—2022 年中国生铁产量变化情况

（资料来源：Mysteel 钢联数据）

2. 粗钢产量与钢材产量变化

上海钢联统计数据显示，2022 年国内 247 家高炉产能利用率年均值为 84.53%，较 2021 年下降 0.95 个百分点。国家统计局数据显示，2022 年我国粗钢产量继续下降，但降幅有所收窄，全年粗钢产量 10.13 亿吨，同比下降 2.1%；钢材产量 13.4 亿吨，由 2021 年的峰值转降 0.8 个百分点。

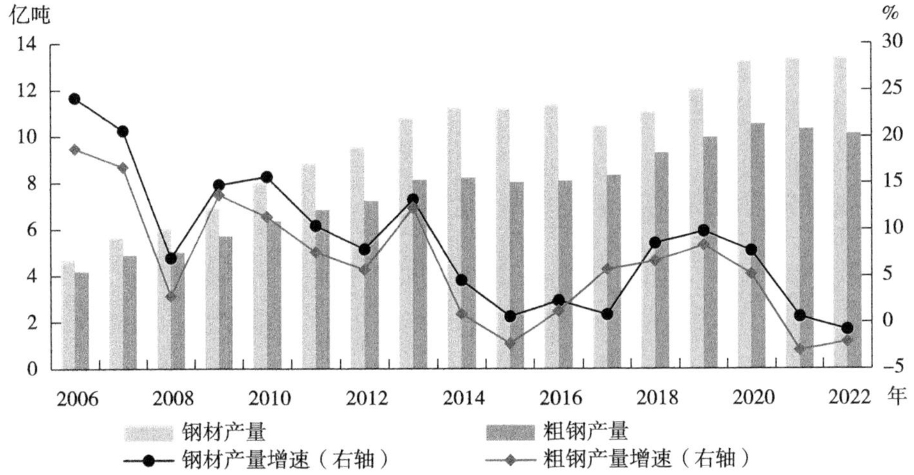

图 4-33　2006—2022 年中国粗钢与钢材产量变化情况

（资料来源：国家统计局、Mysteel 钢联数据）

（二）主要省市钢材产量变化情况

2022 年钢材产量排名前十的省份产量较 2021 年有所提高，前十省份产量合计 9.6 亿吨，年同比提高 4 个百分点。其中，2022 年河北省钢材产量在阶段性压减产量完成

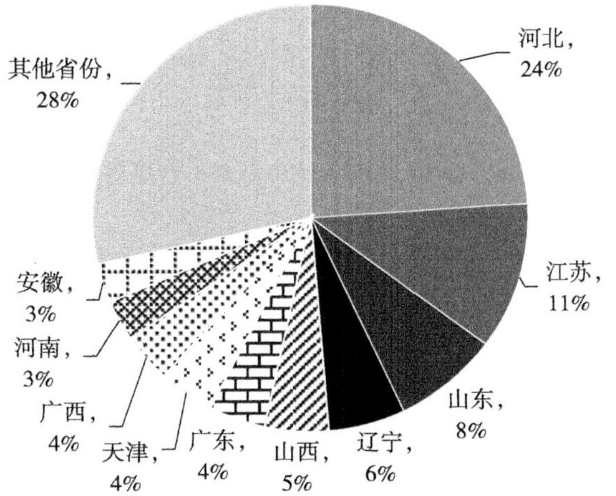

图 4-34　2022 年中国钢材产量排名前十的省份占比情况

（资料来源：国家统计局、Mysteel 钢联数据）

后出现一定程度的恢复性增长，全年钢材产量3.2亿吨，同比增长8.8%，与全国钢材减量形成截然不同的局面。其他产量大省如江苏、山东、辽宁等钢材产量同比分别下降5.2%、1.3%、0.4%。2022年广东省因宝武钢铁集团新建高炉投产，钢材产量提升明显，年产量达到5627万吨，同比增长10.1%。

2022年国内钢铁产出在房地产调控、疫情反复等多重因素影响下需求下滑而被动减量，2023年在国内经济恢复性增长的情况下，需求逐步回复，产出或小幅增长。

三、我国钢材进出口情况

（一）我国钢材进出口变化及主要进出口国

2022年我国钢材进口因国内需求低迷出现明显下滑，全年钢材进口1057万吨，同比下降26.2%。出口在国内钢材供应阶段性过剩、出口价格优势扩大的基础上小幅增长，全年钢材出口6746万吨，同比小幅增长0.8%。2022年我国钢材净出口5689万吨，同比增长9.3%。

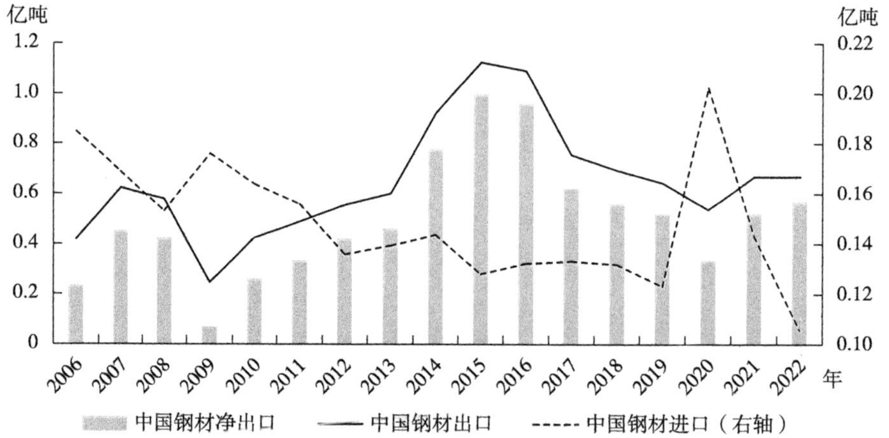

图4-35 2006—2022年中国钢材进出口情况

（资料来源：Mysteel钢联数据）

从出口国国别来看，2022年我国前十出口国家和地区较2021年变化不明显，东盟、中东地区和韩国依然为主要出口地区，其中沙特阿拉伯、印度尼西亚、阿联酋再度回升至我国前十出口国，提升较为明显。

当前出口至韩国、越南的钢材总量仍然居于第一和第二位，但出口韩国量有所下降。2022年我国钢材出口韩国640万吨，同比下降10%，占我国钢材总出口量比重下降至9.5%；出口越南、菲律宾、泰国分别为546万吨、392万吨、385万吨，同比分别降低3.2%、增长9.8%、增长3.5%。

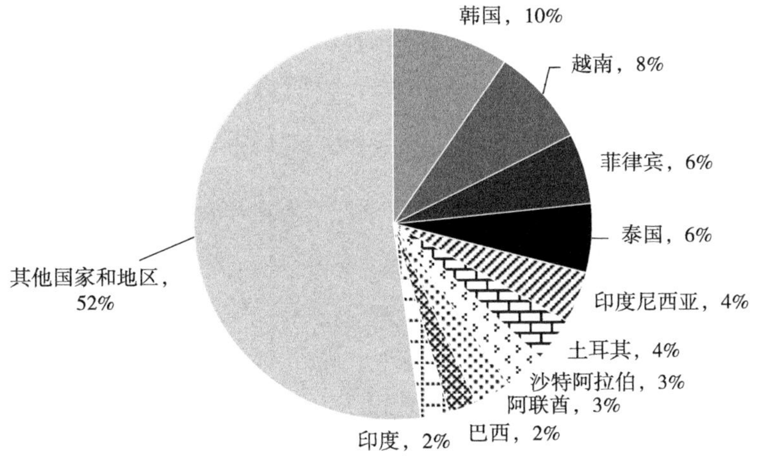

图 4－36　2022 年中国排名前十钢材出口国

（资料来源：Mysteel 钢联数据）

2022 年我国进口钢材主要来自日本、韩国、印度尼西亚以及中国台湾，四者进口量占我国钢材进口总量的 82.5%，较上年提高 9.5 个百分点。2022 年我国自日本进口钢材 383 万吨，同比下降 17.9%，自韩国进口钢材 284 万吨，同比下降 11.5%；但自印度尼西亚进口钢材 126 万吨，同比增长 6.6%，近几年一直处于增长趋势中。

（二）主要进出口品种

在我国进口钢材中，随着汽车、机械等行业的发展需要以及其他诸如高强板等特钢需求的增加，板材进口占比最大。虽然 2022 年因国内疫情反复，制造业用钢需求放缓，对板材进口量下降 14.1%，但其他品类也出现下滑，尤其是棒线材进口同比下降

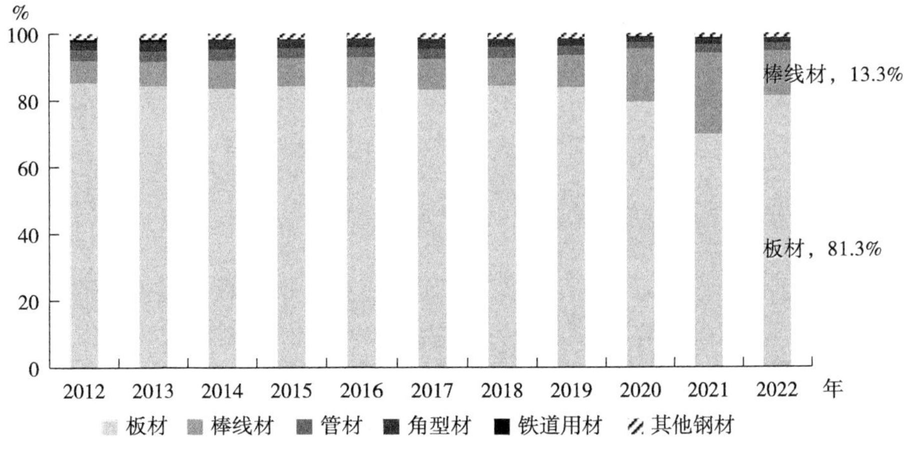

图 4－37　2022 年中国进口钢材品种结构占比

（资料来源：Mysteel 钢联数据）

59.5%，导致板材在钢材进口中的占比反而提高 11.4 个百分点。

2022 年在海外经济增幅放缓的情况下，板材出口出现下滑，全年共计出口 4307 万吨，同比下降 4.5%，占钢材出口的比重降至 63.8%，而管材与棒线材出口占比出现提升。

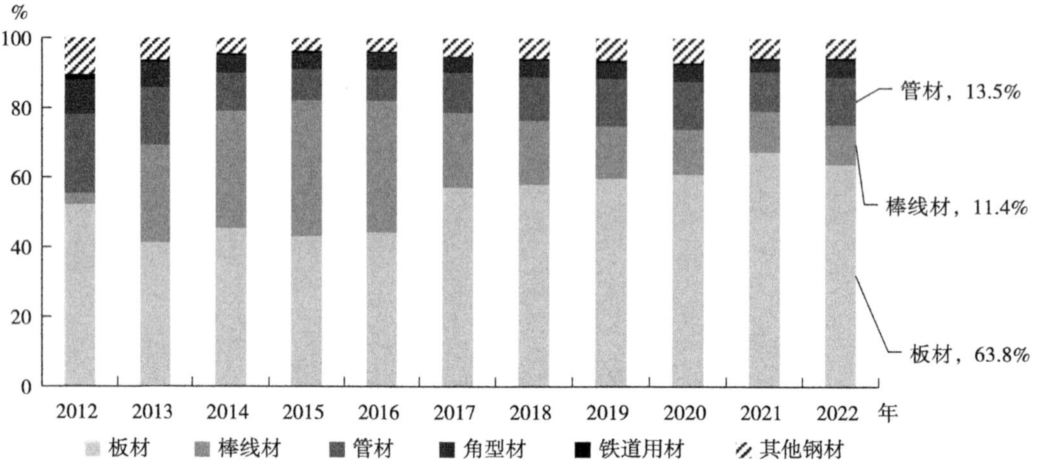

图 4－38　2022 年中国钢材出口品种结构占比

（资料来源：Mysteel 钢联数据）

四、我国钢铁消费情况

（一）粗钢表观消费变化情况

2016 年钢铁行业供给侧结构性改革逐步深入以来，国家统计局口径内的我国粗钢表观消费增速逐年提高，且在 2020 年财政政策及货币政策刺激下达到阶段性高点。2021 年房地产调控加严，拖累整体钢材消费。2021 年国家统计局口径粗钢表观消费 9.93 亿吨，同比下降 4.6%。2022 年国内粗钢产量因需求低迷而被动下降，在出口明显增长的情况下，国内粗钢表观消费 9.6 亿吨，同比下降 3.3%。

（二）分行业用钢量变化情况

Mysteel 分行业用钢量数据显示，2022 年我国建筑行业用钢（包括房地产、钢结构和基建）6 亿吨，占总需求的 63% 左右，其中房地产需求较上年占比下滑 6.4 个百分点；汽车、家电、造船和机械四大制造行业用钢 2.48 亿吨，占比约 26%。

2023 年全球经济复苏艰难，国内经济或慢复苏，整体钢材消费或小幅回升。分行业来看，房地产行业仍难全面恢复，下半年将好于上半年。基建投资有望继续成为经济企稳的重要压舱石，拉动钢材消费；造船行业景气度虽然下降，新接订单下降，但

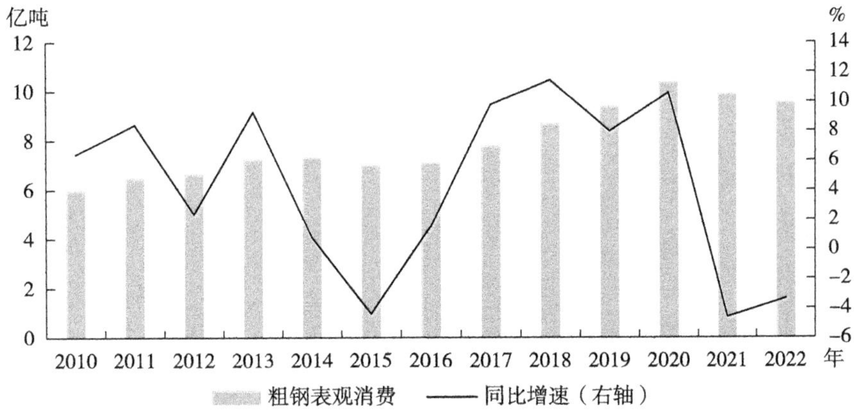

图 4－39　2010—2022 年中国粗钢表观消费量变化情况

（资料来源：Mysteel 钢联数据）

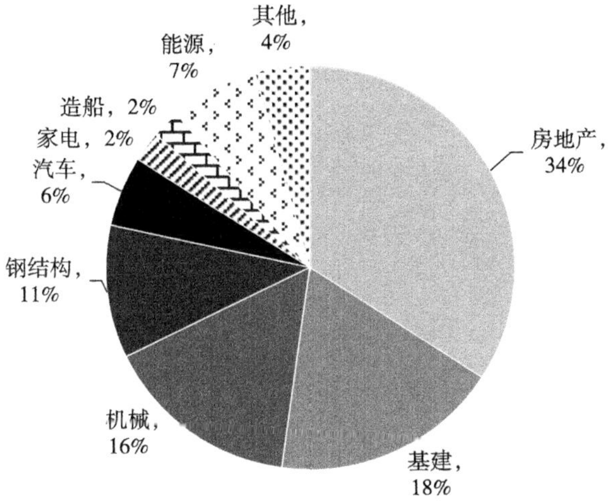

图 4－40　2022 年分行业钢铁消费占比情况

（资料来源：Mysteel 联数据）

存量订单能保持用钢平稳；汽车产销随着新能源汽车的高增长带动，继续保持恢复性增长；家电与工程机械消费回落。

五、我国钢材价格情况

（一）钢材现货市场价格

2022 年国内钢材价格呈现重心下移、高点下移、低点下移的“三下”局面。2022

年国内钢材价格重心为4658元/吨，较上年下跌14%；年内价格高点为2022年4月初的5394元/吨，但较上年价格高点下降18.7%；价格低点为10月末的3993元/吨，较上年价格低点下降13.4%。截至2022年12月31日，国内钢材综合价格报4297元/吨，较上年末下跌13.5%。

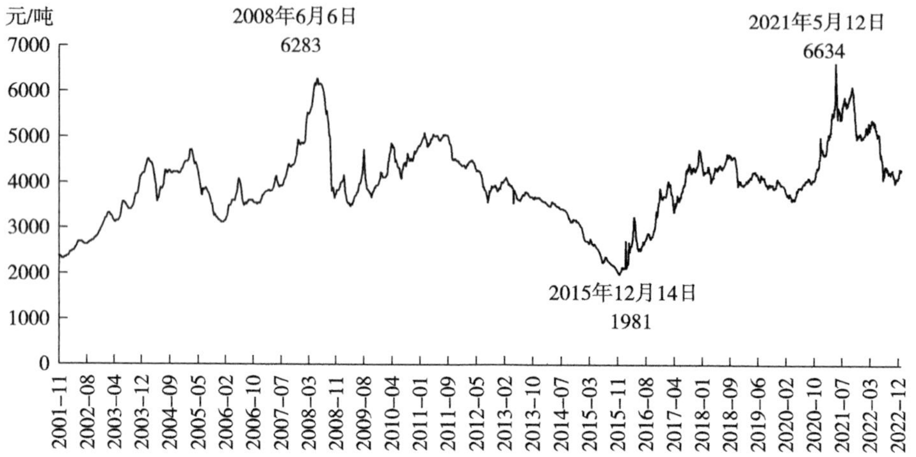

图4-41　2001—2022年中国钢材价格走势情况

（资料来源：Mysteel钢联数据）

分品种来看，2022年螺纹钢、线材、热卷、冷轧、中厚板、型钢年均价分别为4484元/吨、4843元/吨、4462元/吨、4927元/吨、4611元/吨、4691元/吨，年均价跌幅分别为12%、11%、16%、18%、14%、12%。就年末价格而言，截至2022年12月31日，螺纹钢、线材、热卷、冷轧、中厚板、型钢价格指数分别为4171元/吨、4524元/吨、4154元/吨、4509元/吨、4158元/吨、4222元/吨，较2021年末分别下跌12%、11%、13%、16%、17%、16%。

考虑到2023年全球经济进入加息周期，国内房地产行业恢复仍需要较长时间，国内钢材价格重心或继续下移。

（二）钢材期货价格

2022年螺纹钢期货价格在全球进入加息周期、国内需求持续下滑等多重因素影响下持续走低，价格波动幅度较2021年明显收窄，基差波动并不明显。截至2022年12月31日，螺纹钢主力合约收盘价为4100元/吨，较年初下跌13.9%。

2022年一季度受旺季需求预期带动，期货价格持续上涨，但进入5月份之后由于钢材产量增长较快，叠加需求旺季证伪、上海疫情封控等多重影响，钢材期货价格出现连续调整至三季度。四季度随着国内钢厂产量被动压减、国内疫情防控措施优化调整、需求恢复等利好因素出现，期货价格出现反弹。

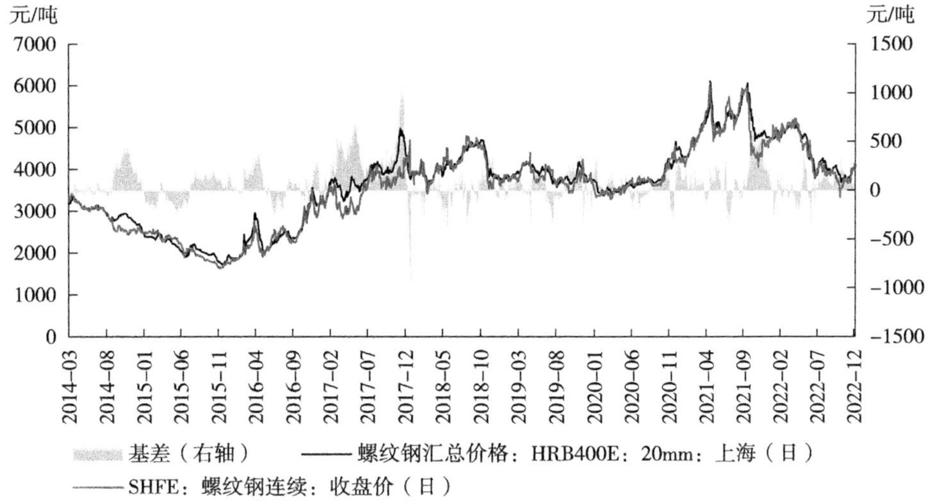

图 4-42　2014—2022 年螺纹钢期货与现货价格对比

（资料来源：Mysteel 钢联数据）

热卷期货价格趋势与螺纹钢一致，全年维持震荡回落走势。

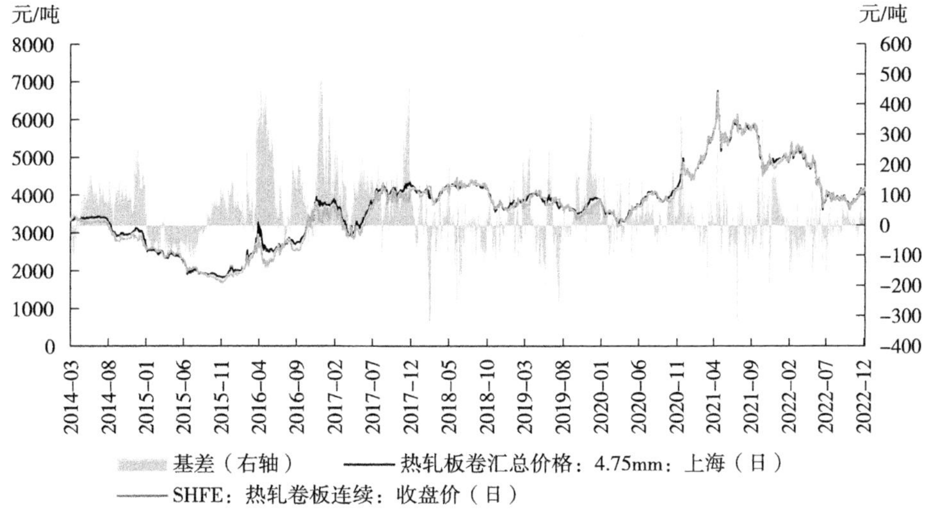

图 4-43　2014—2022 年热卷期货与现货价格对比

（资料来源：Mysteel 钢联数据）

六、中国钢铁供需平衡分析

2022 年我国钢铁供需双降。需求方面受房地产市场拖累而明显下降，导致行业出现阶段性产能过剩，行业利润一度处于亏损局面，钢厂被动减产。根据 Mysteel 调研数据，2022 年全国粗钢产量为 10.13 亿吨，同比下降 1979 万吨，降幅为 1.9%；全国粗钢表观消费为 9.6 亿吨，同比下降 3242 万吨，降幅为 3.3%。

表 4－12　　2018—2022 年中国粗钢平衡计算　　单位：万吨、%

年份	粗钢产量	钢材出口	钢材进口	钢坯出口	钢坯进口	粗钢表观消费
2018	92826	6934	1317	1	105	87117
2019	99634	6435	1230	3	306	94550
2020	106477	5368	2023	2	1833	104847
2021	103279	6691	1431	3	1371	99387
2022	101300	6746	1057	103	637	96145
绝对量变化						
2018	9654	－610	－13	1	57	10327
2019	6808	－499	－87	2	201	7433
2020	6843	－1067	793	－1	1527	10297
2021	－3198	1323	－592	1	－462	－5460
2022	－1979	55	－374	100	－734	－3242
增速变化						
2018	11.6	－8.1	－1.0	123.3	116.4	13.4
2019	7.3	－7.2	－6.6	113.3	191.4	8.5
2020	6.9	－16.6	64.5	－42.4	499.0	10.9
2021	－3.0	24.6	－29.3	50.0	－25.2	－5.2
2022	－1.9	0.8	－26.1	3333.3	－53.5	－3.3

资料来源：Mysteel 钢联数据。

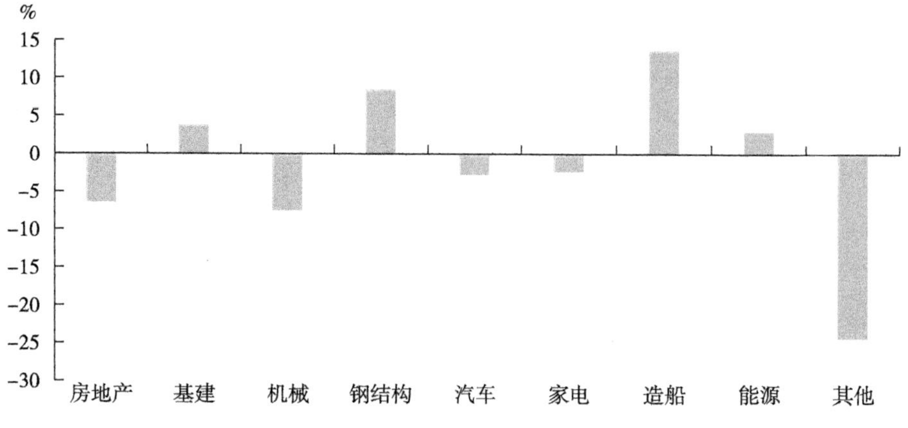

图 4－44　2022 年分行业消费增速

（资料来源：Mysteel 钢联数据）

据 Mysteel 的下游行业用钢需求模型测算，2022 年国内钢材消费量继续下降，这与供需平衡表所推算的粗钢表观消费表现一致。分行业来看，房地产、机械、汽车、家电均呈现下滑态势，基建、钢结构用钢有所增长。

七、2023 年钢铁产业格局展望

（一）稳经济下，钢铁限产实施力度小，供给小幅减量

2023 年在全球地缘冲突加剧、民粹抬头等诸多不利于经济发展的因素下，我国经济在“三重压力”下面临的挑战更加严峻，实施限产的力度小。首先，当前全球仍处于高通胀环境，尽管美联储多次加息，而全球通胀依旧高企，国内政策聚焦在稳物价和防通胀，不太可能实施大规模限产。其次，2022 年大范围的限产政策并未出台，甚至连常规的秋冬季限产也并未实施，个别粗钢产量超过上年的省份如江苏被要求平控。最后，考虑到 2023 年要完成全年经济增长 5% 左右的目标，而限产属于限制性政策，不符合政策方向，实施可能性不大。故 2023 年钢铁供给的变化主要受需求变化的影响。预计 2023 年全国粗钢产量小幅下降 300 万 ~500 万吨。

（二）海外需求走弱，钢材出口下降

2023 年全球仍处于加息周期，经济或转入衰退。2022 年 12 月摩根大通全球制造业 PMI 环比回落 0.2 个百分点至 48.6%，为连续第 10 个月环比回落且连续第 4 个月低于荣枯分界线。重要机构或经济组织最新预测结果显示，2023 年全球经济增速将出现下滑，IMF、OECD、标普和 UNCTAD 2023 年预测均值为 2.4%，较 2022 年下滑 0.6 个百分点，其中美国和欧元区经济增速均将持续下滑。海外经济下滑将直接影响我国钢材直接和间接出口。

此外，受 2022 年能源价格上涨导致欧洲以及部分中东国家的钢材生产成本抬升影响，我国钢材的出口价格优势凸显，但在全球需求走弱的背景下，预计 2023 年全球原油、天然气和煤炭等主要能源价格将有所下降，直接使得钢铁生产成本随之下移，间接导致中国与海外钢材的价差缩小，海外买家对于采购中国资源的积极性将减弱。

综合来看，2023 年海外经济衰退，中国经济复苏，在内需好于外需的情况下，未来钢材出口将继续下降至 6000 万吨左右。

（三）国内受房地产调控影响，2023 年整体内需将有所下降

房地产：自 2021 年四季度中央经济工作会议调整房地产政策以来，房地产托底政策范围及力度不断扩大，但 2022 年房地产回暖迹象不明显，主要是房企资金空前紧张

导致大量房屋停工，未及时交付，影响居民购房情绪。另外，疫情蔓延导致居民对未来收入的不确定性增强，购房消费意愿下降。2022 年房地产开发企业到位资金 148979 亿元，同比下降 26%。在资金端巨大压力下，地产主要指标如投资、新开工、施工、竣工和销售均全线下滑。

考虑到 2021—2022 年房地产经历深度调控，地产快速"瘦身"，调控已取得一定效果，并且房地产在未来一段时期内仍是国民经济的支柱，且 2020 年末地产调控政策逐渐解除，政策开始支持房企在信贷、债券和股权融资方面的需求，但房地产市场的恢复并非一朝一夕，预计 2023 年房地产投资略增，新开工面积同比下降 5%，地产行业用钢需求仍将继续缓慢下滑，降幅进一步收窄。

2023 年基建投资有望发力稳增长。2022 年基建投资同比增速为 9.4%，其中水利管理业投资增长 13.6%，公共设施管理业投资增长 10.1%，道路运输业投资增长 3.7%，铁路运输业投资增长 1.8%。用钢量较大的"铁公基"投资增速较低，对基建用钢拉动作用不强。进入 2023 年，政府的工作重点将转为着力发展经济，并且随着防疫政策的优化调整，政府的防疫支出将明显减少，将有更多财力支持经济发展，预计基建将继续发力，形成更多实物工作量。预计 2023 年基建投资同比增长 7% 左右。

汽车：预计 2023 年我国汽车产销保持小幅增长。2022 年国家继续对汽车行业进行政策扶持，对购置不超过 30 万元的 2.0 升及以下排量乘用车减半征收车辆购置税，同时新能源市场依然保持旺盛需求，全年汽车产销分别完成 2702.1 万辆和 2686.4 万辆，同比增长 3.4% 和 2.1%。2023 年国内燃油车乘用车购置税减半政策退出，仅保留支持新能源汽车购置税全免至 2023 年底，政策的退出或将抑制汽车市场的消费。但考虑到当前继续扩大内需战略的政策基调，相关政策不排除延续的可能。预测 2023 年中国汽车产销总量在 2760 万辆，同比增长 2%。

家电：俄乌冲突以来，欧美通胀加剧，消费购买力下滑。此外，欧美消费补贴退坡以及高基数因素亦制约外需表现。在全球经济衰退预期下，家电出口预计回落，但内需在国内消费政策刺激和存量更新换代下有一定支撑。由于冰箱出口回落，其产量将继续下降，但空调、洗衣机在行业低库存背景下有一定补库需求。预计 2023 年空调产量同比增长 1.3%，冰箱产量同比下降 5.5%，洗衣机产量同比增长 3.5%。

工程机械：预计 2023 年我国工程机械产销量同比小幅增长。一是基建延续高增长，房地产市场略微回暖，2023 年工程机械行业内销降幅有望收窄。二是作为工业耐用品，2023 年工程机械出口增速或将放缓，但出口占比继续提升。2023 年工程机械主要看点仍在出口，未来工程机械出口增长的主要驱动力有望逐步由海外需求切换为国产品牌竞争力的增强。

造船：鉴于地缘政治风险、不断上升的通胀压力和不断恶化的经济前景，预计海运贸易将放缓，而经过前期船东集中下单和因检疫塞港情况有所缓解，全球运力有望增加，预计2023年新船订单继续下滑。目前船企订单比较饱满，手持订单量居近年同期高位，用钢稳中有增。

从各个下游行业用钢消费来看，2023年房地产行业新开工表现仍难以明显恢复，将继续拖累用钢需求；基建在2022年较高增速下表现依然亮眼；汽车在政策刺激以及新能源市场旺盛需求下，保持小幅增长；家电用钢小幅下降；工程机械景气度略好转，但行业用钢或仍下滑；造船行业在手持订单大增加持下，用钢需求略增。2023年整体钢材表观消费或维持小幅增长，预计增量为500万吨左右。

（四）2023年钢铁原料端整体供需偏宽松，价格重心下移

铁矿石或维持供需宽松局面，在供给明显增加、需求继续下降的预期下，铁矿石价格承压，预计年度均价为95～110美元/干吨。

2023年全球铁矿石供应同比增加4000万吨。印度铁矿石出口关税在2022年经历两次重要调整，导致2022年印度铁矿石出口大幅减量，目前政策恢复2021年的常态，预计2023年印度铁矿石供应将增加1000万吨；高矿价下，澳大利亚和巴西铁矿石供应仍有明显释放的预期。

铁矿需求放缓。2022年由于国内各地疫情蔓延，物流受阻，废钢供应下降，减缓了铁矿石需求的下降速度，2022年铁钢比为85.3%，较上年同期提升1.2个百分点。进入2023年，随着防疫政策的优化调整，各种限制条件解除，废钢供应将逐渐恢复，将挤压铁矿石需求，叠加海外需求走弱，预计2023年全球铁矿石需求下降4500万吨左右。

煤炭供应紧张将缓解，煤焦重心下移。2023年，随着煤炭的积极保供，煤炭产能将出现一定释放，其中绝大部分以动力煤为主。如果没有极端天气发生，水电也将恢复，火电支撑减弱，届时动力煤供应偏紧局面将能一定程度缓解，前期被火电挤占的焦煤资源将出现回流；另外，焦煤产能也有一定增量，预计增量在3000万吨左右，而焦炭实际产能预计增加1000万吨左右，主要以产能置换为主，产能总体充足。目前焦煤在产业链利润分配中占有较高份额，在焦煤供应偏紧局面缓解的情况下，将面临焦化厂和钢厂的挤压，预计2023年焦煤、焦炭价格重心明显下移。

（五）预计2023年钢材价格重心将下移

展望2023年，宏观方面不乐观，由于欧美通胀尚处高位，全球仍处于加息周期，经济或进入衰退，其中美国和欧元区经济增速均将下滑，但中国经济将因政策调整而出现复苏。但不可忽视的是，全球整体经济的下行和潜在衰退风险仍将导致钢价承压。

就钢铁市场而言，预计2023年国内外需求将呈现内增外降局面。整体上，全球钢铁需求继续下降，而全球钢铁产能出现增加，供给缺乏有效约束，供需矛盾较为突出，

钢铁利润在未来一段时期内继续保持低迷状态，压力逐渐向上游传导，铁矿石和焦煤供应紧张局面逐渐缓解。

整体来看，预计2023年Myspic普钢绝对价格指数均价为4400元/吨左右，同比下跌5%左右，钢材利润合理区间在-100~300元/吨。

（撰稿人：上海钢联电子商务股份有限公司　宋小文　宋　赛）

理论篇

第五章 碳达峰、碳中和与大宗商品

第一节 引 言

纵观人类历史，文明的发展总是伴随着自然环境的破坏，工业机器不断高速运转，随之而来的是温室气体的无节制排放，两次工业革命带来生产力的巨大飞跃，经济指标快速跳动的背后却是自然界的千疮百孔。联合国发布的一项关于世界减排报告指出，尽管过去几年全球的温室气体排放量趋于稳定，但在疫情肆虐的2022年仍出现了微幅增长，二氧化碳年排放量达到375亿吨。为了应对气候变化和全球变暖带来的环境问题，各国政府已经在过去几十年间采取多种行动，减少二氧化碳等温室气体的排放。许多国家采取了一系列控制碳排放的措施，例如，开发新能源、提高能源利用效率和碳交易等。同时，市场机制的高效性和自主性也引起了各国的注意，利用市场机制为企业实现碳减排目标提供激励，从而使高碳企业自发降低碳排放，这就是碳排放权交易体系（简称碳交易）的设立初衷。

根据《京都协议书》，碳交易的定义为在规定期限内，不同地区或国家对碳排放权进行买卖。在这个过程中，碳排放权的价格得以通过市场机制充分体现，从而对参与碳减排的主体提供激励。碳交易体系主要包括五个部分，分别是碳排放总量设置、碳排放权配额分配、碳排放权的核准注册、碳交易规则制定和惩罚机制。其中，碳排放权配额的分配是保证整个碳交易体系顺利运行的前提，也是该体系的核心。

目前，全球环境状况不容乐观，中国作为世界主要的碳排放国，面临的减排压力巨大。国务院印发的《“十四五”节能减排综合工作方案》指出，到2025年，全国单位国内生产总值能源消耗需比2020年下降13.5%。此外，我国人均碳排放量是世界平均水平的1.4倍。随着经济的发展，我国已经成为世界上最大的能源消费国，碳排放总量位居世界第一。全球气候观察统计数据显示，在过去的50年间，中国碳排放额从432.22百万吨急剧增加至10064.69百万吨，增长了23倍。为了彰显中国去碳减碳的决心，中国政府承诺在2005年的基础上，将碳强度在2030年下降60%～65%，并力争于2030年实现碳达峰；在2060年前，通过植树造林吸收二氧化碳以及其他节能减排的方式抵消人为活动产生的二氧化碳排放，以此实现碳中和。为此，中国大力发展低碳经济，并于2011年引入碳交易体系，在全国范围内选取了七个省市作为碳排放权交易中心试点。目前，中国碳交易市场面临机遇与挑战。一方面，中国作为碳排放大国，温室气体排放量位居世界高位，减排任务艰辛，同时受疫情影响，全球经济持续下行压力大，我国经济增速不足，大量限制企业碳排放将进一步加大经济下行风险；另一方面，我国产业结构丰富，历史碳排放数量大，能源利用率低，具有较大的改善空间，因此，中国碳交易市场具有极大的发展潜力，有望成为新的经济增长点，并促进产业优化与变革。同时，中国碳交易市场的发展势必带来新的投资机会，碳排放权的商品化、标准化也将为企业带来更多的交易手段，进而促进碳交易市场良性发展。

一、相关概念

（一）碳排放权

碳排放权是一种新型权利，是一种自然资源使用权，是指由法律赋予排放主体的，使排放主体能进行二氧化碳温室气体排放的权利。一个区域内二氧化碳温室气体排放总量恒定，因此碳排放权既是排放主体的私有资源，又是全体社会成员的公共资源。由于具有私有资源的属性，其是具有价值的资产，可以作为商品在碳交易市场上进行交易。

（二）碳交易

碳交易的原理基本如下：拥有碳排放权或者碳交易资格的控排主体进入市场，利用市场机制将某一控排主体拥有的碳排放额度转让给缺乏碳排放额度的控排主体，即将碳排放权作为商品，利用市场机制进行交易，使得前者通过出售富余碳排放权配额获得收益，后者购买碳排放权配额以完成指标，在降低整体碳排放的过程中实现双赢。随着碳交易的主体越来越多，交易的配额数量越来越大，碳交易市场就能逐步建立。

（三）碳排放权配额分配

碳排放权配额的合理分配规则是建立完善碳交易体系的基础。碳排放权配额既包括某一地区一定时期内所能排放的二氧化碳总量，也包括针对某一行业或某一企业一段时间内能排放的二氧化碳总量。一般的分配方式包括免费分配和有偿拍卖两种。

目前，我国的碳排放权配额规则主要是由中央政府根据经济发展、产业布局以及整体减排情况，为各个省份设立碳减排目标，各省份根据此目标拟定辖区内的碳排放权配额数量，并抄送至生态环境部审批；审批通过后，各省份根据其辖区内产业结构、行业布局的不同，采用不同的方法为省份内的重点排放行业分配碳排放权配额。

二、他山之石

我国是世界上最大的发展中国家。伴随着改革开放和经济高速增长，环境污染问题日益严重。高耗能高污染粗放式增长导致环境问题愈演愈烈，传统的经济发展模式已经不再适应可持续发展理念。生态文明、节能减排已经上升到国家战略高度，碳达峰碳中和是大势所趋。

“他山之石，可以攻玉。”许多发达国家早在数十年前便认识到经济发展对环境的危害并试图创设行之有效的规则降低碳排放，碳排放权交易体系的建立便是一个重要尝试。

第二节　国际碳排放权交易市场概况

一、国际碳交易市场概况

随着全球气候变暖不断加剧，人类活动使地球生态环境持续恶化。从20世纪90年代开始，世界各国开始陆续重视生态环境问题，并共同制定了如《联合国气候变化框架合约》《京都协议书》《巴黎协定》等公约。其中，在《京都协议书》中，明确提出了国际排放权交易、清洁发展机制和联合履行机制相互补充、相互支撑的市场机制，并倡议各国利用市场机制、国际合作进行减排，这可以看做是碳市场的萌芽。

国际排放交易机制（International Emission Trade，IET）是指在规定的时限内，一个国家将其超额完成的减排义务指标，以交易方式直接转让给另外一个未能完成减排义务的国家，通过这种交易关系，使碳排放权的价值得以体现。

联合履约机制（Joint Implementation，JI）是指发达国家之间通过项目合作，转让其实现的减排单位（ERU）；

清洁发展机制（Clean Development Mechanism，CDM）是指发达国家通过提供资金支持和技术帮助等形式，与发展中国家开展清洁项目合作，换取投资项目所产生的部分或全部减排额度。

《联合国气候变化框架合约》中对碳交易单位的定义也使碳交易市场的设立有规可循。

表 5－1　《联合国气候变化框架合约》中对碳交易单位的定义

单位	英文全称	定义
AAU	Assigned Amount Unit	碳排放权配额的数量
RMU	Removal Unit	清除单位，通过土地利用、土地利用变化和森林（LULUCF）活动获得
ERU	Emission Reduction Unit	JI 机制下的减排单位
CER	Certified Emission Reduction	CDM 机制下核证的减排量
tCER	Temporary CER	临时经核证的减排量
lCER	Long－term CER	长期经核证的减排量

资料来源：《联合国气候变化框架公约》。

国际上，碳交易市场主要分为配额交易市场和自愿减排交易市场。配额交易市场是指由政府发放配额，企业接受配额并自行履约的碳交易市场；自愿减排交易市场是指政府为自愿减排的企业发放配额并进行交易的市场。在这两种市场中，配额交易市场是当今世界的主流，截至目前，全球范围内正在运行的配额交易市场超过 30 个，如欧盟碳排放交易体系（EU－ETS）、美国区域温室气体减排协议（RGGI）、新西兰碳排放交易体系（NZ－ETZ）以及中国碳排放权交易市场等。其中，欧盟碳排放交易体系自 2005 年设立，历经四个阶段已经逐步完善，在碳减排治理以及碳排放权交易方面颇有成效，成为世界范围内第一个多国联合参与且交易规模最大的碳交易市场。美国区域温室气体减排协议自 2009 年启动，通过制定法案、实行“总统行动计划”“清洁电力计划”等措施建设碳交易市场，目前也颇具成效。

二、欧盟碳交易市场概况

欧盟是世界上第一个建立碳交易体系的地区，经历了近二十年的发展，目前形成了较为完善的交易体系和配额分配规则。

（一）前期准备

经济发展具有自身规律。早期在环境能够承载的背景下，发达经济体为追求经济快速发展的各种工业化的确促进了经济和人民生活水平的提高。随着环境自身净化和承载能力达到饱和并进而发生不可逆的变化，即污染时，有良知和前瞻意识的政府往往会选择更科学更可持续的发展模式。正如甘地所言：“地球可以满足所有人的需要，却满足不了所有人的欲望。”

20 世纪 90 年代初期，气候问题引起欧盟各国的关注，一些欧盟国家开始以征收碳税等多种方式对环境污染、温室气体排放等行为进行管控。例如，德国等经济规模较大的欧盟成员国都采取了对应的环境政策。根据企业所属行业种类、能源燃料的含碳量、碳总排放量的差异，制定分层、逐级递进的碳税税率。一方面，碳税政策的实施对温室气体的排放起到了一定的抑制作用；另一方面，征收的税金依法用于环保项目以及低碳技术扶持项目，促进了低碳技术的发展。可以说，欧盟国家碳税政策的实施，起到了先锋模范作用，培养了企业的减排习惯，为后来欧盟碳排放权交易体系的建立奠定了良好的基础。

（二）正式建立

20 世纪 90 年代，经过各国多轮谈判磋商，达成了全球首个气候公约——《联合国气候变化框架公约》。公约作为全球气候纲领性文件，为国际减排合作确立并奠定了法律地位和基础。

公约明确国际减排合作的原则是："共同但有区别"。此后，通过各国不懈努力达成了具有里程碑意义的《京都议定书》。议定书在确定全球温室气体总管控额的基础上，首次明确发达国家的温室气体排放许可量和减排义务，强化确定的强制性减排义务。

议定书具体规定了各缔约国在 2008—2012 年协议期内的减排量。同时首次明确了碳交易市场机制在国际减排合作行动中的必要性和重要地位，并给出框架性指导意见。欧盟委员会为积极响应议定书，强化欧盟成员国减排，于 1998 年针对性地提出了欧盟应对气候变化的总体策略。

（三）发展历程

2005 年，根据《欧盟排放交易指令》（Directive 2003/87/EC），欧盟碳市场（EU - ETS）正式建立，纳入了 25 个成员国的 11500 个设施，这些设施的排放占欧盟 45% 的二氧化碳排放、30% 的温室气体排放。

EU - ETS 第一阶段（2005—2007 年），该阶段所限制的温室气体减排仅涉及二氧化碳，行业覆盖能源、石化、钢铁、水泥、玻璃、陶瓷、造纸，以及部分其他具有高耗能生产设备的行业，并设置了被纳入体系的企业门槛。

EU - ETS 第二阶段（2008—2011 年），排放限制扩大到其他温室气体（氧化亚氮、氟氯烷等）和其他行业（航空业）。

EU - ETS 的第一、第二阶段暴露出了大量问题，其原因在于前两个阶段是由各成员国自行制定配额分配方案。这就导致在第二阶段末期，由于配额多，加上 2008 年国际金融危机的影响，欧盟配额价格不到 8 欧元，有时甚至接近零欧元。为此，欧盟对 EU - ETS 的各项政策作出了大量调整。

EU - ETS 第三阶段（2013—2020 年），减排目标设定为总量减排 21%（2020 年相比 2005 年），年均减排 1.74%，所覆盖的行业也进一步扩大。在第三阶段，EU - ETS

的规则逐渐定型和成熟。

目前 EU－ETS 处于第四阶段（2021—2030 年），此阶段提出了一系列平衡配额市场供需的机制。

（四）配额分配机制

总体而言，在第一、第二阶段，EU－ETS 采用国家配额分配方案（NAP）。即欧盟各成员国按照《欧盟排放交易指令》中确定的标准和原则，在总量确定的前提下，自行确定本国的碳排放权总额、国家配额分配方案，以及向企业分配的具体方法，并向 EU－ETS 管理委员会上报。

此阶段存在的问题：

第一，各成员国往往（故意）高估经济增长与产能扩张速度，预留更多配额。欧盟委员会虽然形式上会对 NAP 进行审核，但总体上对各国的 NAP 均予接受，这导致配额远超实际需求。且随着 2008 年国际金融危机导致经济衰退，碳排放自然下降，配额价格因此不断下跌直至接近于零。

第二，各国各自为政确定的 NAP 无论是规则还是公布的信息及时间都不透明、不统一，核心是各国、各利益集团的博弈。这增加了欧盟推进碳减排的不确定性，降低了企业低碳投资的动力。

第三，欧盟各成员国经济发展、产业结构差异巨大，定义的减排运算方式不同，这增强了欧盟整体推进碳减排的复杂性。

有鉴于此，欧盟委员会在 EU－ETS 第三阶段（2013—2020 年）进行了改革，用国家履行措施（NIM）取代了 NAP。将设定排放配额总量的权力集中到欧盟委员会。第三阶段采取的方式是首先以 2013 年为初始总量，此后每年进行分配的配额总量线性递减 1.74%，以确保实现 2020 年温室气体排放比 1990 年降低 20% 以上的目标。

从微观来看，针对不同类型的设施，各国的碳排放权配额核定规则存在一定的差异，主要分为基准法和历史排放法，同时建立有“新设施配额储备库”（New Entrant Reserve），为新增设施发放免费配额。

第三节　我国碳市场概况

2011 年国家发展改革委同意在七个省市开展碳排放权交易试点；2016 年福建碳交易市场正式成立，为我国第八个碳排放权交易中心；2021 年 7 月 16 日，全国碳排放权交易市场正式开启，碳交易市场规模迅速扩大。回顾中国碳交易市场发展历程可以看出，虽然我国碳交易市场起步较晚，目前正处于碳交易市场建设初期，但国内产业丰富，大宗商品企业数量繁多，因此具有市场规模大，交易活跃的优势。同时，目前八个试点省市都出台了相关文件，使配额分配、交易规则有章可循，可进一步促进大宗商品企业参与碳交易，提高市场主体积极性。

2021 年 12 月 31 日，全国碳交易市场结束第一个履约周期，其间共运行 114 个交易日，累计配额交易量为 1.79 亿吨，交易额达到 76.61 亿元。

尽管全国碳交易市场运行顺利，但市场规模相比欧盟碳交易市场仍存在较大差距。随着运行时间的增加，欧盟碳交易市场的运行机制也日益完善，欧盟碳交易市场的规模出现明显提升。2022 年欧盟碳交易市场的累计交易额达到了 7514.59 亿欧元，约为我国碳交易市场交易量的 1500 倍；2022 年欧洲碳交易市场的碳价稳定在 80 ~ 95 欧元水平，是我国碳交易市场平均价格的 10 倍。2021 年第一个履约周期内，全国碳交易市场覆盖的碳排放量达到 40 亿吨水平，相较于累积配额交易量 1.79 亿吨，换手率约为 4.5%，远低于目前欧盟碳交易市场的换手率。

因此，相比于欧美成熟的碳交易市场，我国碳交易市场仍然处于发展初期，市场容量和市场规模在将来具有较大的提升空间。从各地出台的有关政策也可以看出，我国政府高度重视碳交易体系的发展，碳市场未来前景广阔，这对于碳市场上的交易主体，即大宗商品企业而言无疑是十分重要的。此外，随着碳排放权的标准化、商品化进程不断加快，其相关衍生品必将大量出现，届时利用金融为其赋能，将成为金融创新的新发力点。

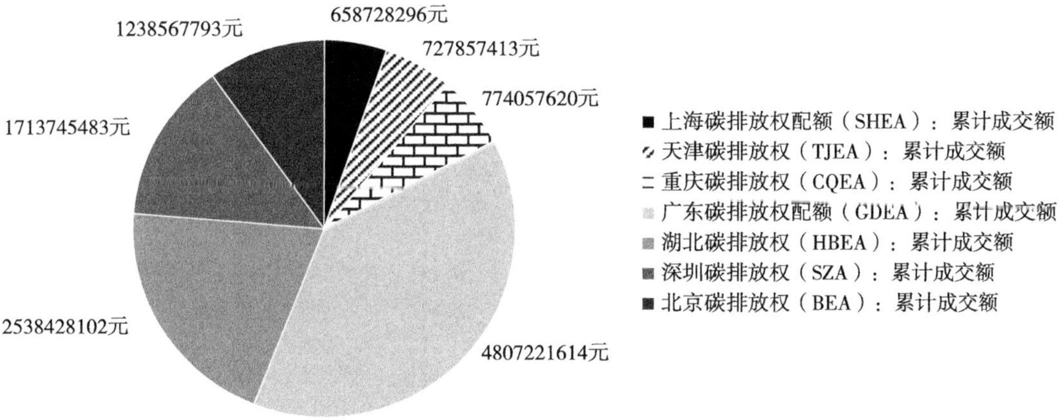

图 5－1　全国七个省市碳排放权累计成交额（截至 2023 年 4 月）

（资料来源：Wind）

一、我国碳排放权配额分配机制

由于我国引入碳交易时间不长，在碳交易市场尚未成熟的背景下，为了更好地推动碳交易市场的建设，目前主要以免费配额的分配机制为主，以有偿分配为辅助。在配额计算的具体方法上，中国碳交易市场与 EU－ETS 类似，选择了历史排放法、基准法和历史强度法。尽管方法固定，但由于各省市辖区内行业布局存在明显不同，各省市对于其辖区内不同行业的配额核定规则不尽相同。

表 5－2　　　　各试点省市碳排放权配额分配方法及实施细则

地区	初始配额分配方法	实施细则
北京	基准线法、历史强度法、历史排放法，初始配额免费分配	火力发电（热电联产）、热力、水泥制造行业采用基准法核定配额；电力供应、水的生产和供应以及其他发电行业采用历史强度法核定配额；石化、其他服务业、其他行业采用历史排放法，分为存量设施配额、新增设施配额、配额调整量三部分
天津	历史强度法、历史排放法，初始配额免费分配	电力热力行业（含发电、热电联产、供热企业）、建材行业、造纸行业采用历史强度法分配配额；钢铁、化工、石化、油气开采、航空业采用历史排放法分配配额
上海	基准线法、历史强度法、历史排放法，初始配额免费分配	发电、电网和供热等电力热力行业采用基准线法；主要可归为三类（及以下）、产品产量与碳排放量相关度高且计量完善的工业企业，以及航空、港口、水运、自来水生产行业采用历史强度法；商场、宾馆、商务办公、机场等难以采用基准线法或历史强度法的企业采用历史排放法
福建	基准线法、历史强度法，初始配额免费分配	电力（电网）、建材（水泥和平板玻璃）、有色（电解铝）、化工（以二氧化硅为主营产品）采用基准线法；有色（铜冶炼）、钢铁、化工（除主营产品为二氧化硅外）、石化（原油加工和乙烯）、造纸（纸浆制造、机制纸和纸板）、陶瓷（建筑陶瓷、园林陶瓷、日用陶瓷和卫生陶瓷）采用历史强度法
湖北	基准线法、历史强度法、历史排放法，初始配额免费分配	水泥（外购熟料型水泥企业除外）采用基准线法；热力生产和供应、造纸、玻璃及其他建材（不含自产熟料型水泥、陶瓷行业）、水的生产和供应行业、设备制造、化工、汽车制造、钢铁、食品饮料、有色金属、医药、石化、纺织业、陶瓷制造、其他行业采用历史强度法； 水泥（外购熟料型水泥企业）、热力生产和供应、造纸、玻璃及其他建材（不含自产熟料型水泥、陶瓷行业）、水的生产和供应行业、设备制造采用历史排放法
广东	基准线法、历史强度法、历史排放法，初始配额免费分配	水泥行业的熟料生产和水泥粉磨，钢铁行业的炼焦、石灰烧制、球团、烧结、炼铁、炼钢工序，普通造纸和纸制品生产企业采用基准线法；水泥行业其他粉磨产品、钢铁行业的外购化石燃料掺烧发电、石化行业煤制氢装置、特殊造纸和纸制品生产企业、有纸浆制造的企业采用历史强度法；水泥行业的矿山开采、钢铁行业的钢压延与加工工序、石化行业企业（煤制氢装置除外）采用历史排放法
深圳	变通的历史法和基准法结合，初始配额免费分配	对于电力、燃气、供水企业，其年度目标碳强度和预分配配额将结合企业所处行业基准碳排放强度和期望产量等确定；对于其他企业，其年度目标碳强度和预分配配额将结合企业历史排放量、在其所处行业中的排放水平、未来减排承诺和行业内其他企业减排承诺等因素，采取同一行业内企业竞争性博弈方式确定

资料来源：生态环境部。

二、我国碳市场交易规则

（一）碳市场交易方式

目前，我国碳市场交易方式主要有挂牌协议交易、大宗协议交易和单向竞价三种。

其中，大宗协议交易是指交易双方通过交易系统进行报价、询价并确认成交的交易方式。根据上海环境能源交易所《关于全国碳排放权交易相关事项的公告》（沪环境交〔2021〕34 号）的规定，通过大宗协议交易开展交易的，交易主体可发起买卖申报，或与已发起申报的交易对手方进行对话议价或直接与对手方成交。交易双方就交易价格与交易数量等要素协商一致后确认成交。大宗协议交易报价方可以与每一个询价方进行 5 轮洽谈，双方各自可以出价 5 次。目前大宗协议交易单笔买卖的最小申报数量应当不小于 10 万吨二氧化碳当量。根据《碳排放权交易管理规则（试行）》（生态环境部公告 2021 年第 21 号）的规定，交易机构可以根据市场风险状况对大宗协议交易单笔买卖最小申报数量进行调整。

对于报价方式，大宗协议交易的报价有定向和群组两种方式。定向报价需指定对手方后才能报价，且只有定向客户才能看到并加入询价；群组报价需指定群组后才能报价，群组内无成员时无法报价，报价后只有群组内成员才能看到该报价并进行询价。

挂牌协议交易的定义相对简单，根据上海环境能源交易所《关于全国碳排放权交易相关事项的公告》的规定，通过挂牌协议交易开展交易的，意向方查看实时挂单行情，以价格优先的原则，在对手方实时最优 5 个价位内以对手方价格为成交价依次选择，提交申报完成交易。同一价位有多个挂牌申报的，意向方可以选择任意对手方完成交易。成交数量为意向方申报数量。

根据《碳排放权交易管理规则（试行）》，单向竞价是指交易主体向交易机构提出卖出或买入申请，交易机构发布竞价公告，多个意向受让方或者出让方按照规定报价，在约定时间内通过交易系统成交的交易方式。

（二）碳市场交易主体

根据《碳排放权交易管理规则（试行）》，全国碳排放权交易主体包括重点排放单位以及符合国家有关交易规则的机构和个人。这意味着，参与碳市场交易的参与者主要有两类，一类是负有履约义务的排放主体，另一类是不负担履约义务的交易主体。不负担履约义务的交易主体又包括非履约机构、碳金融机构和自然人。事实上，这也是欧盟碳排放权交易体系中交易参与者的主要类型。非履约机构和中介组织一般担任履约主体代理人，在欧盟碳排放市场的初期，交易的买卖双方通常通过中介组织寻找交易对手，由中介机构在交易者的账户上买卖配额。

事实上，我国碳交易试点对于交易者参与范围的规定经历了一个谨慎扩展的过程。在试点初期，广东、上海在第一个履约期内都不允许非履约机构参与交易，直到2014年七个交易试点省市全部设立并启动，各试点才逐渐放宽了准入门槛，规定了非履约机构和个人可以参与碳排放权交易。

表5－3　各试点省市参与者类型与交易方式

试点	参与者类型	交易方式
北京	履约机构、非履约机构	公开交易、协议转让（场外交易）
上海	配额管理单位、其他组织、个人	公开竞价、协议转让
深圳	交易会员、投资机构、个人	电子竞单、定价点选、大宗交易
广东	减排企业、投资机构、其他组织、个人	挂牌竞价、挂牌点选、单向竞价、协议转让
湖北	减排企业、法人机构、其他组织、个人	公开竞价
重庆	减排企业、其他企业、个人	公开竞价、协议转让
天津	国外机构、企业、团体、个人	协议转让、拍卖

资料来源：各省市生态环境厅（局）。

（三）碳市场交易计价单位

碳排放权配额交易以“每吨二氧化碳当量价格”为计价单位，买卖申报量的最小变动计量为1吨二氧化碳当量，申报价格的最小变动计量为0.01元人民币。

三、我国碳市场结算规则

（一）相关概念

清算：清算是指按照确定的规则计算碳排放权和资金的应收应付数额的行为。

交收：交收是指根据确定的清算结果，通过变更碳排放权和资金履行相关债权债务的行为。

头寸：头寸是指银行当前所有可以运用的资金的总和，主要包括在中国人民银行的超额准备金、存放同业清算款项净额、银行存款以及现金等部分。

（二）结算账户管理

注册登记机构应当选择符合条件的商业银行作为结算银行，并在结算银行开立交易结算资金专用账户，用于存放各交易主体的交易资金和相关款项。

注册登记机构对各交易主体存入交易结算资金专用账户的交易资金实行分账管理。

注册登记机构与交易主体之间的业务资金往来，应当通过结算银行开设的专用账户办理。

（三）清算规则

在当日交易结束后，注册登记机构应当根据交易系统的成交结果，按照货银对付的原则，以每个交易主体为结算单位，通过注册登记系统进行碳排放权配额与资金的逐笔全额清算和统一交收。

（四）结算规则

当日完成清算后，注册登记机构应当将结果反馈给交易机构。经双方确认无误后，注册登记机构根据清算结果完成碳排放权配额和资金的交收。

第四节　碳中和

我国力争2030年前实现碳达峰、2060年前实现碳中和，这是以习近平同志为核心的党中央经过深思熟虑作出的重大战略决策，事关中华民族永续发展和构建人类命运共同体。

一、我国碳中和面临的机遇与挑战

我国是目前世界上最大的二氧化碳排放国，在缓解全球气候变化方面有着举足轻重作用。近些年来我国的二氧化碳减排成果显著，到2020年，碳排放强度比2005年下降48.4%，超额完成对国际社会的承诺。这些减排成就归功于我国“十二五”规划中制定的目标和计划的实现。然而，当前我国仍然面临着在2030年前实现碳达峰和在2060年之前实现碳中和的挑战。在后续实现碳中和的目标中有以下几个关键步骤：增加非化石能源、新能源份额，大规模部署负排放技术，促进区域低碳发展和建立全国性的“绿色（交易）市场”。

由于经济快速发展和城市化，截至2019年我国二氧化碳的排放占全球二氧化碳排放量的28%。2007年二氧化碳排放量超过了美国，2012年超过了美国、欧盟27国（EU27）和英国的总和，从2007年到2013年二氧化碳排放增长了45%。有专家认为我国的二氧化碳排放量已经达到峰值，然而此后排放量的反弹表明，长期减排仍是我国和世界面临的关键政策挑战。由于我国在稳定地球气候方面的重要地位，我国出台了许多减缓气候变化的政策。例如，在2007年成立了国家应对气候变化领导小组并提出《中国应对气候变化国家方案》，提出了降低能源强度、提高非化石能源比重的目标。2015 年，我国出台了国家自主贡献计划（INDCs），目标是到 2030 年实现碳强度在 2005 年的基础上降低 60% ~65%，并在 2030 年前后达到排放峰值。要想在 2060 年之前实现碳中和，就必须进行技术改进和社会经济转型。这些政策和措施包括增加非化石能源、新能源的比重，开发负排放技术，以及积极消减碳排放和增加碳汇。当然实施有效的政策也很关键，比如，启动低碳试点项目、推进建设“绿色市场”、建立碳排放权交易机制等。

二、我国实现碳中和目标的关键要素

（一）煤炭行业

为了抑制能源消耗的增长并实现本世纪中叶的碳中和目标，我国需要将经济从碳密集型制造业向低碳服务业转变，并提高电力终端能源使用的份额，实现脱碳发电。

能源转型的首要任务是尽早淘汰煤炭（及其他化石燃料）消费，同时扩大非化石能源供应。2013 年《大气污染防治行动计划》的出台促进了这一转变，在北京、天津和河北地区开始减少煤炭消耗，以改善空气质量。此外，2017 年，我国首次明确提出减少煤电产能，目标是淘汰、暂停和推迟燃煤发电产能 50GW（千兆瓦）以上。这一政策旨在防止产能过剩，并提高煤电的能源效率。如果这些政策目标能顺利实现，煤炭发电的碳排放预计将在 2027 年达到峰值。

然而，当下能源需求不断增长，煤电装机容量仍在继续增加。此外，新的煤炭项目还在继续审批通过，在新冠疫情后为了促进经济增长而批准的煤炭项目也在陆续出台。这些都为煤炭消费和排放达到峰值带来了额外的挑战。如果燃煤电厂继续这样发展下去，未来可能需要安装 CCUS（碳捕集、利用与封存技术）来实现目标。因此，为实现煤炭淘汰需要采取更加坚定的行动。

根据中国电力企业联合会的数据，我国仍努力在 2030 年达到煤炭装机容量峰值，产能约为 1300GW。尽管这符合 2030 年实现碳排放峰值的目标，但这一目标的实现将要求此后必须迅速淘汰煤炭。

（二）非化石能源开发

随着化石能源的减少，对可再生能源的需求不断增加，以此来满足日益增长的能源需求。事实上，到 2020 年，煤电装机容量占比首次降至 50% 以下。在“十三五”期间，非化石能源装机容量以年均 13. 1% 的速度增长，实现了非化石能源占比 15% 的目标。随着数量还在持续增长，我国有望到 2030 年实现非化石能源占比 25% 的目标。

实现碳中和意味着到2050年非化石燃料必须占能源结构的85%。鉴于可再生能源巨大的资源潜力及其实现低碳排放甚至零碳排放的低成本，可再生能源被认为是向碳中和过渡的核心。我国的目标是到2030年将风能和太阳能装机容量增加到超过1200GW，这需要大约10%的年复合增长率。此外，到2050年，需要1500GW～2600GW的风力发电能力和2200GW～2800GW的太阳能发电能力来帮助实现《巴黎协定》中的目标，大约是2020年装机容量的10倍。如此大规模的可再生能源扩张，需要对能源基础设施（如存储和传输）进行根本性的改变，并要求可再生能源和电网协调发展，因此电网是可再生资源、新能源参与系统平衡落地的关键。

2007年，我国发布了《核电中长期发展规划（2005—2020年）》，目标是到2020年将核电装机容量提高到58GW。尽管目前只实现了50GW，但是核能可能成为非化石能源发展的基础。根据“十四五”规划，我国将新增20GW核电装机容量，与2025年70GW的目标保持一致。到2050年，核能发电预计将贡献120GW～500GW产能。为填补巨大的产能缺口，需要在低核情况下用太阳能、风能或CCUS来进行补充。

在技术、资源、成本、政策和市场竞争的综合作用下，实现碳达峰和碳中和目标的途径变得明朗。例如，可再生能源和储能的成本已经显著下降，如果这一趋势继续下去，到2030年我国62%的电力将来自非化石能源。此外，不同的过渡途径带来的碳减排结果，也可能对能源经济、水和土地资源产生不同的影响，还有可能对环境污染和人类健康产生不同的影响。

消耗能源的部门，如建筑、运输和工业，在填补碳减排缺口方面也发挥着至关重要的作用。另外，在向清洁能源过渡时，采用技术、改变人类行为以及提高能源效率和抑制需求的政策措施同样重要。

（三）负排放技术

为了在2060年实现碳中和，除了扩大可再生能源和提高能源效率外，还需要负排放技术（从大气中去除二氧化碳）。具体而言，从2020年到2060年，负排放预计将贡献近25%的总减排。

1. 植树造林

植树造林是一项负排放技术，在我国得到了广泛应用。进一步的植树造林可以通过保护和扩大森林覆盖来实现，特别是在遭受荒漠化的地区。

然而，新种植的树木有生长周期，成熟的树木能否达到预期的减排量都有待商榷，因此这一战略具有很大的风险。在这种情况下，先进的水资源管理和处理技术，加上精准农业和土地使用管理，可以确保大部分或全部增加的生物量在造林地区得到无限期保存。通过这样做，到2050年森林生物量碳储量（生态系统中植物储存的碳元素总量）可能增加50%以上。

2. 蓝色的碳

我国的海洋也有巨大的碳汇潜力（所谓的“蓝碳”），为实施各种负排放技术提供了充足的机会。例如，在沿海地区，红树林、盐沼和海草床的有机碳储量为100万吨二氧化碳/年。在公海中，每年通过自然生态系统吸收的二氧化碳量要比人类工业活动产生的碳排放量大得多，初步估计表明，陆架边缘海的沉积有机碳储量为7510万吨二氧化碳/年。我国大规模培养藻类的初级生产力（初级生产力是指生物体利用光能或化学能合成有机物质的能力）约为1290万吨二氧化碳/年。此外，人工上涌工程（上涌工程是指通过向大气中喷洒肥料或其他物质，以增加植物的生长和二氧化碳的吸收量，从而达到减缓全球气候变化的目的）可使育种区碳固存量增加30万吨二氧化碳/年。我国每年通过海洋中储存和吸收的二氧化碳量超过3亿吨。需要更多的努力来增加这些海洋碳汇，例如通过减少陆地上无机肥料的使用来缓解近海富营养化，加强海洋碱化，以及通过人工上涌来改善海水养殖区。

3. 其他负排放技术

CCUS是提供负排放最重要的技术之一，潜在的二氧化碳储存能力估计为1800亿~3000亿吨二氧化碳，是目前二氧化碳年排放量（约10亿吨二氧化碳）的数百倍。因此，中国从“十二五”时期开始推进CCUS试点，其中包括3个正在运行的商业碳捕集和封存设施（全球共有26个），年最大捕集能力约为80万吨二氧化碳，约占全球CCS①储存量的2%；还有3个商业CCS设施也在建设中或处于早期开发阶段，预计将使捕集能力增加约180万吨二氧化碳/年，以及13个试点和示范CCS设施。

我们注意到，负排放只有通过使用CCS的生物能源燃烧而不是化石能源捕集二氧化碳排放的方法才能实现。在我国使用CCS的生物能源燃烧仍有一段路要走。因此，为了在我国的碳中和中发挥更重要的作用，CCUS技术必须迅速发展，CCS和CCS设施的生物能源燃烧都需要尽快大规模部署；否则CCUS对我国在2060年之前实现碳中和的贡献可能微乎其微。

4. 直接空气捕获技术

该技术被认为是最重要的负排放技术之一，具有大规模的二氧化碳去除潜力。这些物质以物理或化学的方式直接吸附空气中的二氧化碳。然而直接空气捕获技术还不成熟而且价格昂贵，因此在我国还没有任何官方文件将其列为一种有效的方法。

（四）低碳城市

城市一直是我国应对气候变化的主战场，特别是考虑到目前60%以上的人口居住

① CCS和CCUS都是指二氧化碳捕集、利用和封存技术，不同之处在于CCUS在CCS的基础上增加了二氧化碳利用的环节。

在城市。这些人口产生了85%的全国碳排放量，预计这一数字将随着人口和经济的增长而进一步增加。综观低碳发展全貌，制定长期的城市排放清单至关重要。能源统计数据不充分以及部门和能源类型信息不完整，给制定城市的碳减排政策带来了挑战。此外，一些城市可能严重依赖购买电力和其他相关的跨境能源，这意味着它们的排放只是转移到其他城市。例如，大城市市区70%的排放与从其他地区进口的产品和服务有关。

因此，区域二氧化碳减排目标可以在各省份和城市设立。例如，自2010年以来，在80个城市和七个省份启动了三批低碳发展试点项目，列出了碳强度降低目标和低碳发展计划，其中包括到2025年达到排放峰值。这些低碳试点取得了实质性进展，包括厦门在内的大部分城市碳强度下降。从2015年到2019年，在36个典型大城市中只有3个城市（昆明、深圳和武汉）的排放量达到峰值，而其中8个（北京、佛山、南京、南通、青岛、上海、无锡和厦门）的排放量趋于稳定。

（五）绿色市场

绿色市场在加速可再生能源的开发和部署方面发挥着至关重要的作用。考虑到我国“绿色市场”的规模和向高附加值经济结构转型的时机，与环境保护相关的市场改革可能会带来巨大的变化。截至2020年，我国绿色贷款余额达12万亿元人民币（1.9万亿美元），已发行绿色债券约1.2万亿元人民币。我国已成为世界第二大绿色债券市场。此外，预计从2020年到2050年，能源产业投资累计将达到99万亿~138万亿元。

我国自2013年起在北京、上海、天津、重庆、深圳、广东和湖北七个试点市场推出了以市场为基础的碳排放权交易机制。2013年，这七个试点碳市场交易了约11亿吨二氧化碳，我国的碳排放权交易体系规模全球第二（欧盟碳排放权交易体系规模第一）。2016年，福建为第八个试点碳市场。然而，目前的排放权交易配额相当少（不到总排放量的1%），这预示着未来的巨大潜力。

我国自2017年起启动了建立全国碳排放权交易机制的计划。该计划最初始于电力行业，并计划扩展到七个主要行业。2020年，生态环境部起草了全国碳排放权交易制度实施细则，进一步推动了碳排放权交易制度试点向全国其他地区扩展。到2030年，低碳项目的资金需求可能超过2万亿元。到目前为止，全球已经交易了超过4亿吨二氧化碳，就配额交易量而言，我国是世界第二大碳市场。然而，目前的限额与交易制度仅适用于电力公司。因此该方案需要进一步地发展和调整。例如“十四五”规划中提出的钢铁行业总量控制与交易制度目前正在讨论之中，作为一项国家环境战略，我国计划对其他主要的碳排放行业实施更多的限制，如有色金属、建筑、化工和航空。更重要的是，未来总量控制与交易体系应该考虑建立碳信用机制，比如为负碳排放授予的额度，从而增加更多碳吸收的项目。一个成功的总量控制与交易计划需要可靠的碳数据、透明的碳市场和公平的信用分配。自 2021 年 7 月起，全国范围内的碳交易市场已经启动，目前仍只涉及电力公司。

（六）强化天然气和氢能在低碳转型中的替代作用

天然气是低碳清洁能源。在碳中和的背景下，我国天然气需求增长强劲，预计到 2035 年，我国天然气需求量将可能快速增长至6500 亿～7000 亿立方米。因此应促进常规天然气增产，重点突破非常规天然气勘探开发，完善储气库布局建设、进口通道管线等产业布局与政策配套体系。

与此同时，还应大力发展“绿氢”工业及其产业链，推动实施“氢能中国”战略。尽管我国氢能需求旺盛，但仍以化石能源制氢（即“灰氢”）为主。利用“绿氢”替代“灰氢”可有效降低二氧化碳排放。根据中国氢能联盟的预测，2030 年中国将处于氢能市场发展中期，氢气年均需求量达 3500 万吨，在终端能源消费（指一个国家或地区在一定时间内所消耗的能源总量）中占 5%；2050 年氢气年均需求量达 6000 万吨，“绿氢”占氢气来源的 70%，在终端能源消费中占比至少达到 10%。与此同时，加快推进制氢、储氢、运氢、氢燃料电池及加氢站等产业链整体发展，与油气工业深入融合，利用现有天然气管网和加油气站等基础设施，在产氢、加氢等产业链节点发挥油气公司先天优势，实现“油、气、氢、电”四站合建，推进氢工业体系稳健发展和替代化石能源。

（七）加大二氧化碳埋藏及封存应用与推广

二氧化碳埋藏与封存能够实现二氧化碳大规模、快速减少，目前是使用化石能源清洁的配套技术之一。二氧化碳驱油、驱气不仅可以实现二氧化碳埋存，而且可以提高油气采收率。目前，已在吉林油田、新疆油田、大庆油田使用二氧化碳驱油等技术，形成年产近百万吨驱油产量，二氧化碳驱油技术取得新的突破。未来可利用开采油气后的枯竭油田、气田和地下“水田”，形成埋藏及封存二氧化碳的“人工二氧化碳气田”，将开采枯竭的油田、气田建设成为“人工二氧化碳气田”埋藏与封存示范基地。

三、林业碳汇

林业碳汇是指通过市场化手段参与林业碳资源交易，从而产生额外的经济价值，包括森林经营性碳汇和造林碳汇两个方面。近些年来，林业增汇凭借自身的成本优势被认为是应对全球气候变化挑战的重要途径，受到了广泛的关注，并已在一系列国际气候变化谈判法律框架中得到确认。

然而，目前在全球各碳市场的交易中林业碳汇的交易占比并不算大。据统计，

2016 年全球林业碳汇交易额仅为 6.621 亿美元，说明林业碳汇来的发展潜力还有待发掘。其中的原因主要有以下两方面：

一是根据不同碳市场的交易规则，需要有统一的项目开发方法学。这样才能创造出合格的可交易林业碳汇项目；在这一点上我国的发展比较完善，开发出了根据不同环境而使用的方法学，如碳汇造林项目方法学、森林经营碳汇项目方法学、竹子造林碳汇项目方法学、竹林经营碳汇项目方法学、可持续草地管理温室气体减排计量与监测方法学。

二是由于不同碳市场存在较大差异，对林业碳汇项目开发与交易的需求不同。开发主体对林业碳汇开发的相关要求与面临的风险、开发周期估计不足，失败的案例屡见不鲜，给林业碳汇项目带来了客观挑战。

在充分了解现有林业碳汇项目类型及特点的基础上，结合我国森林经营特点明确我国未来林业碳汇发展策略，对于加快推进我国林业碳汇市场的发展具有重要意义。

（一）国内林业碳汇项目

随着我国碳市场逐步建立与发展，将林业碳汇纳入碳交易，由此激发了面向国内碳市场的林业碳汇项目也不断涌现。

1. CCER 林业碳汇项目

CCER 林业碳汇项目有政府组织参与，具有一定的官方背景。这是我国自愿减排市场的重要组成部分。目前，CCER 林业碳汇项目主要包括碳汇造林项目、森林经营碳汇项目、竹子造林碳汇项目和竹林经营碳汇项目。其中碳汇造林项目受到较为广泛的支持，该项目的减排量名列榜首。

2. CGCF 林业碳汇项目

与 CCER 不同的是，CGCF 主体是企业和个人参与的植树造林、森林开发经营碳汇项目。

3. FFCER 和 PHCER 林业碳汇项目

FFCER 和 PHCER 林业碳汇项目是指仅服务于特定地区的林业碳汇项目，一般服务于本地碳交易市场。我国有一些省级层面交易的林业减排，比如，福建碳市场于 2016 年启动，核证自愿减排量达 141.19 万吨，其中 FFCER 林业碳汇项目产生的减排量在该省抵消比率可达 10%；2017 年，广东省发展改革委发布《关于碳普惠制核证减排量管理的暂行办法》，正式将 PHCER（碳普惠制核证减排量）纳入碳排放权交易市场补充机制，产生的减排量等同于该省的 CCER。但 FFCER 和 PHCER 一般局限于省内碳市场，本地化趋向较为明显。

（二）不同类型林业碳汇项目特征

不同类型的项目对土地的要求不同，其中森林经营项目对土地合格性的要求最低，适用性最广。我国在人工林面积上有着绝对的优势，因此在森林经营碳汇项目上有很大的发展空间。

不同类型项目开发流程不同，因此所需时间也不同，这就导致从项目立项到签发存在时间和成本的差异，耗时越长，项目面临的风险越大，资金成本越高。统计研究发现，国际性林业碳汇项目平均耗时要长于国内项目，因此交易成本也远高于国内项目。值得一提的是，不同类型项目的签发成本除受开发程序的复杂程度影响外，还与项目本身规模大小有关。

第五节　碳交易

一、碳排放交易成交量与交易额

2021 年 7 月 16 日，全国碳排放权交易市场启动上线交易。发电行业成为首个纳入全国碳市场的行业，纳入重点排放单位超过 2000 家。我国碳市场将成为全球覆盖温室气体排放量规模最大的市场。

2021 年 7 月 16 日 9 时 15 分，全国碳市场启动仪式于北京、上海、武汉三地同时举办，备受瞩目的全国碳市场正式开始上线交易。

截至 2023 年 3 月 3 日，碳排放权配额累计成交量为 2.33 亿吨，累计成交额为 106 亿元。

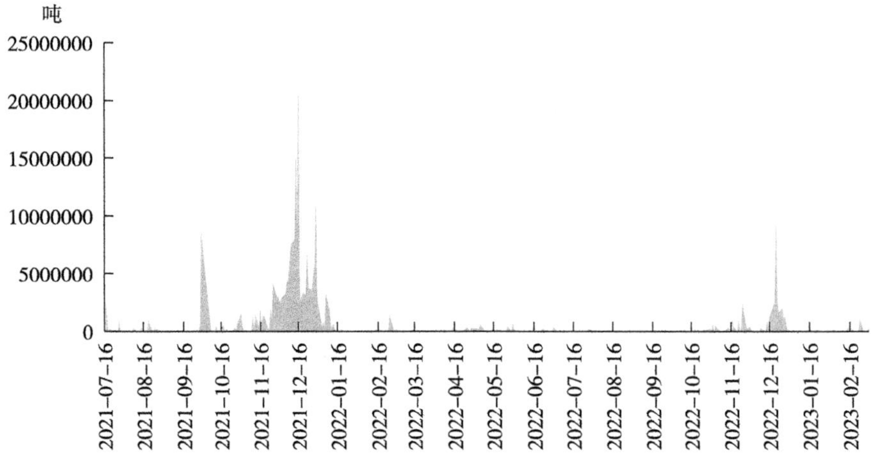

图 5－2　全国碳市场碳排放权配额成交量

（资料来源：Wind）

其中，挂牌交易成交量为3744万吨，累计成交额18.34亿元。大宗协议交易成交量为1.96亿吨，累计成交额87.72亿元。

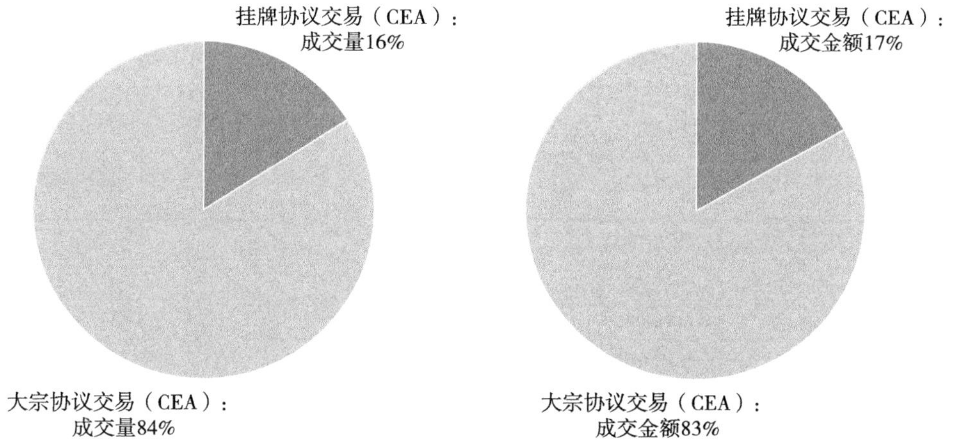

图5－3　大宗协议交易和挂牌协议交易成交量及成交金额所占份额

（资料来源：Wind）

截至2023年3月3日，各省市碳排放权配额累计成交量如表5－4所示。

表5－4　　各省市碳排放权配额累计成交量　　单位：吨

省市	累计成交量	省市	累计成交量
深圳碳排放权配额（SZA）	55757584	天津碳排放权配额（TJEA）	25180525
上海碳排放权配额（SHEA）	19453132	湖北碳排放权配额（HBEA）	85880580
北京碳排放权配额（BEA）	18190981	重庆碳排放权配额（CQEA）	10567171
广东碳排放权配额（GDEA）	19300371	福建碳排放权配额（FJEA）	21213494

资料来源：Wind。

截至2023年3月3日，各省市碳排放权配额累计成交额如表5－5所示。

表5－5　　各省市碳排放权配额累计成交额　　单位：万元

省市	累计成交额	省市	累计成交额
深圳碳排放权配额（SZA）	143848	天津碳排放配额（TJEA）	62985
上海碳排放权配额（SHEA）	63814	湖北碳排放配额（HBEA）	215668
北京碳排放权配额（BEA）	122934	重庆碳排放权配额（CQEA）	9907
广东碳排放权配额（GDEA）	479267	福建碳排放权配额（FJEA）	45426

资料来源：Wind。

二、按部门与能源划分的碳排放量统计

（一）各年度中国碳排放量

1997—2019 年中国碳排放量如表 5－6 所示。

表 5－6　各年度碳排放量　单位：千吨

年份	碳排放量	年份	碳排放量
1997	2923855.56	2009	7333675.09
1998	2886345.65	2010	7904547.46
1999	2878639.87	2011	8741562.05
2000	3003426.72	2012	9080548.39
2001	3250146.17	2013	9534235.13
2002	3472133.95	2014	9451281.63
2003	4084320.77	2015	9253502.80
2004	4695809.70	2016	9256251.07
2005	5398279.91	2017	9408170.80
2006	6008710.38	2018	9621119.88
2007	6546296.65	2019	9794756.40
2008	6761019.28		

资料来源：Wind。

（二）按部门划分的碳排放量

以 2019 年为例，中国按照部门划分的碳排放量如表 5－7 所示。

表 5－7　按部门划分的碳排放量　单位：千吨

部门	碳排放量	部门	碳排放量
生产和供应的电力和热水	4641959.32	批发、零售贸易	67597.48
非金属矿产	1111843.00	有色金属冶炼	64509.44
运输、仓储、邮电服务	732479.32	煤炭开采和选矿	55289.47
造纸和纸制品	12938.15	建设	44094.25
石油加工、炼焦	171605.54	石油、天然气开采	39635.93
化学原料和化学制品	163745.77	金属制品	24684.66
农村	154478.89	食品加工	22319.13
城市	271686.21	粮食生产	17868.99
农业、林业、畜牧业、水利	91451.17	其他	153299.00

资料来源：Wind。

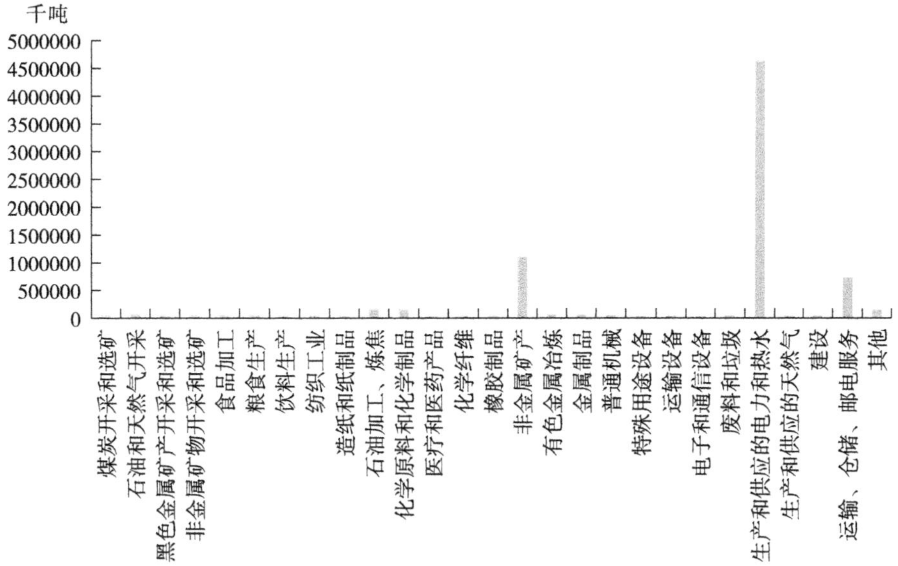

图 5－4　2019 年各部门碳排放量

（资料来源：Wind）

从 2019 年的数据来看，碳排放较高的部门分别是生产和供应的电力和热水部门、非金属矿产部门以及运输、仓储、邮电服务部门。

（三）按能源划分的碳排放量

以 2019 年为例，中国按照能源划分的碳排放量如表 5－8 所示。

表 5－8　　按能源划分碳排放量　　单位：千吨

能源	碳排放量	能源	碳排放量
原煤	4911851.61	原油	10286.08
煤球	63507.37	其他石油产品	18526.96
其他洗煤	241795.23	天然气	426616.49
焦炭	1292586.08	液化石油气	155282.89
其他焦化产品	17235.22	焦炉气	113123.68
柴油	458432.57	炼厂气	67053.59
汽油	397957.55	其他气体	745607.26
煤油	119556.14	加工过程	681255.38
燃油	74082.31		

同样从 2019 年的数据来看，碳排放量较高的能源分别是原煤、焦炭、柴油等。

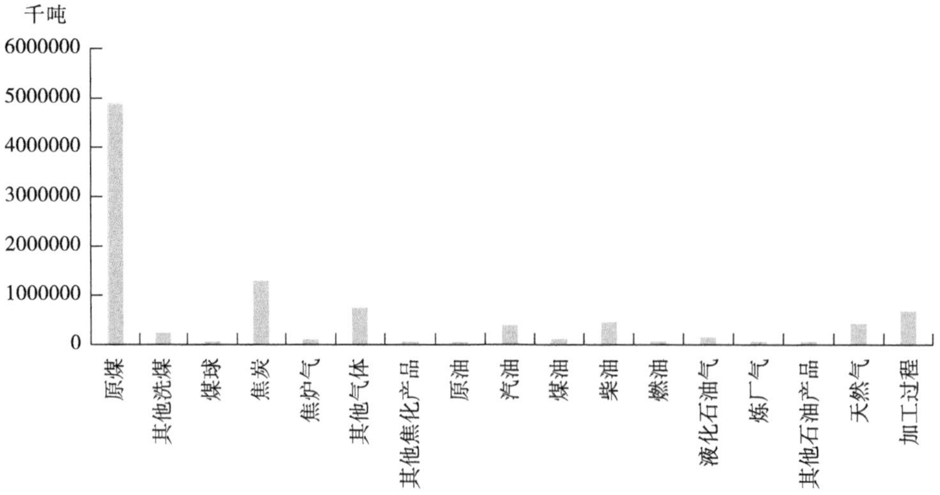

图 5－5　2019 年不同能源碳排放量

（资料来源：Wind）

三、碳交易报价数据

2021 年 7 月 16 日至 2023 年 3 月 3 日，全国碳市场碳排放权配额（CEA）价格走势如图 5－6 所示。

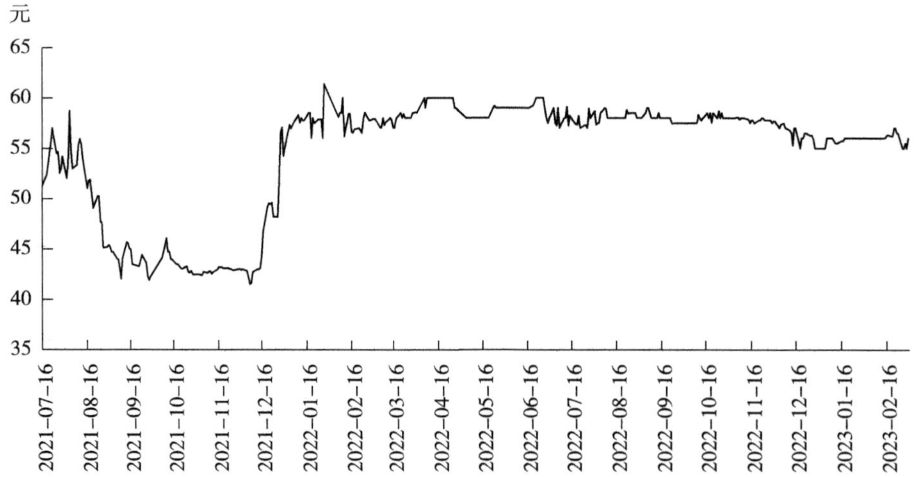

图 5－6　2021—2023 年碳排放权配额价格走势

（资料来源：Wind）

2013 年 6 月 18 日至 2023 年 3 月 3 日，深圳碳排放权配额（SZA）、上海碳排放权配额、北京碳排放权配额（BEA）、广东碳排放权配额（GDEA）、天津碳排放权配额

（TJEA）、湖北碳排放权配额（HBEA）、重庆碳排放权配额（CQEA）、福建碳排放权配额（FJEA）的成交均价走势大致相仿。以深圳碳市场为例，深圳碳排放权配额成交均价走势如图5－7所示。

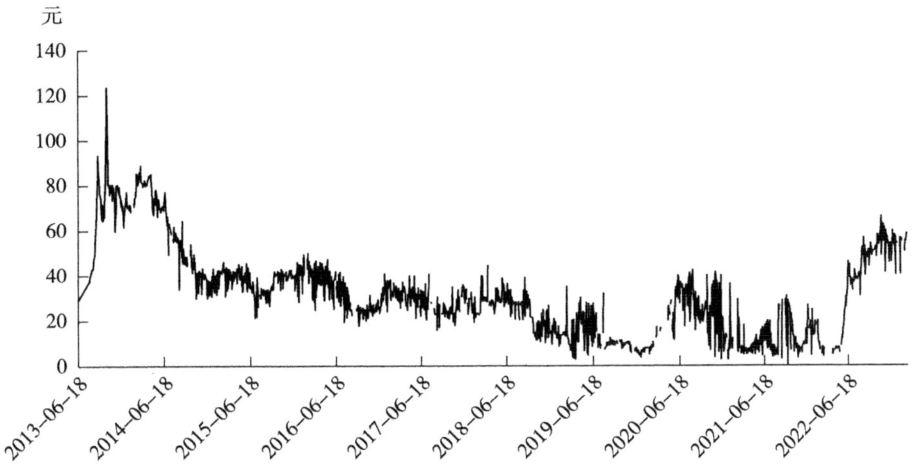

图5－7　2013—2023年深圳碳排放权配额成交均价走势

（资料来源：Wind）

第六节　碳市场对大宗商品行业的影响

一、前言

碳排放权兼具商品和金融属性，同时本质上还具有政府创设性。

随着碳市场的发展和公众对环境保护意识的增强，以碳排放权配额为标的的各种金融服务和衍生品不断丰富，这使碳市场与实体经济及金融市场的联系更加紧密，碳排放权价格受到的影响因素也日益增多，定价机制愈发复杂，同时金融市场的资产价格也受到碳排放权价格的影响，因为本质上碳排放权是一种新型的能源消费税。

随着碳交易市场金融功能的不断完备，碳排放权的定价机制也发生着积极变化，供需关系已不是决定价格的唯一因素，政府政策、技术创新、资本、参与主体等市场因素都将成为影响价格波动的因素。

尽管对于碳是否能放入大宗商品范畴还有争议，但是碳市场上的碳排放权具有类似能源消费税的性质，深入研究碳市场与大宗商品企业及大宗商品价格的关系具有重要的意义。

二、碳交易市场的金融性

（一）碳排放权交易的理论基础

气候变化关乎人类生存。长期以来，企业因为工业生产排放二氧化碳等温室气体，而不需要为其排放行为给社会环境造成的负面效应负责，这是经济理论中探讨比较多的负外部性问题，经济学中解决外部性的方式是将外部成本内部化。基于这一思路，又形成了两大观点：一是向排污者征税的庇古理论；二是排放权可交易的科斯产权理论。

庇古理论主张通过国家征税的方式使企业为其负外部性买单；而科斯定理则强调明确产权，通过交易的方式实现私人决策的最优化。科斯定理认为在交易成本很小的情况下，如果产权是明确的，那么市场配置的结果可以达到帕累托最优。外部性之所以存在就是因为没有明确的产权界定，市场无法对制造外部性的经济体进行惩罚或补偿。因此只要明确产权，且当事人之间的交易成本足够低廉，市场就可以实现资源的有效配置。碳排放权交易就是科斯定理在治理大气污染领域的应用，通过明确碳排放权的产权归属，利用市场本身的交易机制来达到温室气体减排的目标。

为了应对气候变化与经济增长辩证发展导致的系列环境问题，政府亟需一种有效的解决方案，为此，国际社会提出碳排放权的概念，并试图利用这一经济手段来遏制气候恶化，碳排放权交易市场就是排放权制度在该领域的应用。

（二）碳排放权的特殊属性

1. 政府创设性

政府通过建立碳排放权机制、建立交易市场从而赋予碳排放权价值。因此，碳排放权首要的特殊性是政府创设性。

首先，政府根据要实现的减排目标确定碳排放权总量，并由此创造碳排放权的供给与需求实质；其次，政府根据特定的分配方法将配额分配给不同的企业，确定配额数量分配机制；最后，政府制定碳交易市场的规则，让碳市场供需双方根据市场因素决定各自行为。显然，政府创设性是碳排放权的首要特殊属性。需要指出的是，这一特性是普通大宗商品乃至商品不具备的。这也是是否把碳列入大宗商品范畴最重要的争议所在。

2. 商品属性

不能否认的是，碳具有鲜明的商品属性。同时，也与大宗商品企业及大宗商品价格有着密切联系。这又是主张把碳列入大宗商品的一个重要理由。

因为碳排放权具有资源属性，如同资本、劳动力等生产资料一样是制约企业生产经营的稀缺资源。政府通过制定碳减排总体目标，要求企业强制完成减排目标，使原先没有实质限制的污染物排放受到限制；而且它的价值也如同其他商品一样是通过市场交换体现的，因此碳排放权的价格形成机制也同普通商品一样主要由供求决定，并随供求而波动。

3. 金融属性

随着碳市场的发展以及实体企业需求，逐渐衍生出碳期权、碳期货、碳远期等碳金融衍生品，为规避碳市场的价格风险提供了可增值保值的有效手段，大大促进了碳市场金融化的发展。碳市场金融化程度的不断提高使得碳排放权的定价机制发生了变化，即其价格不再仅由供求决定，更受到其他金融市场的影响，资金、信息、技术指标等的跨市场流动也对碳价格造成影响。

三、碳交易市场对大宗商品企业的影响

（一）碳市场对大宗商品企业的影响路径

碳交易市场主要通过以下两种路径影响大宗商品企业的企业估值。

1. 影响实体经济及实体企业的传导路径

企业生产和制造商品需要消耗相应的资源，因此资源是制约企业生产的重要因素。

现实中，对于二氧化碳排放大的大宗商品生产企业而言，碳排放权配额作为一种制约企业生产经营活动的资源，直接影响企业的生产成本、产品价格和利润，进而影响企业的现金流和生存能力，因此碳排放权配额价格的波动会对高碳排放企业的生产经营状况和未来现金流产生影响。

由经典金融学理论可知，企业的理论价格为企业未来现金流的折现值。因此，碳交易市场的碳价格变化会影响高碳排放企业未来现金流，进而影响高碳排放企业的估值。

在经济理论中，根据理性人假设，企业追求利润最大化或成本最小化，为了完成政府规定的碳排放指标，企业需要在降低二氧化碳排放量还是购买碳排放权之间作出抉择。企业通过比较减排成本与购买配额的价格作出有利于自身的选择，当减排成本低于购买配额需要付出的成本时，企业会通过技术创新等手段降低企业碳排放；当减排成本高于购买配额的成本时，企业会作出继续排放的决策，并从碳市场上购买配额以完成履约责任。由此，所有企业相继作出购买或出售配额的决策使碳市场达到实际均衡，并形成均衡状态下的碳价格。因此，碳交易市场将影响企业的生产成本，这将影响企业未来的现金流，进而影响企业价值，并最终影响企业的股票价格或估值。

2. 基于碳风险的传导路径

碳风险是指由于碳排放权配额价格的波动对大宗商品企业生产经营所带来的风险。相较于其他行业，碳排放量较大的大宗商品企业面临更高的碳风险，这是因为碳排放量大可能意味着更高的配额需求量，因此碳排放权配额价格的波动就会对其产生更大的影响。碳排放权配额价格的变化会影响市场所有参与者的预期。碳价越高，高碳排放企业面临的碳风险就越高，即可能面临更高的生产成本和更低的经营利润。

对于投资者而言，高风险企业的股票意味着高溢价，高碳排放风险也是高风险之一。因此，在整体愈发崇尚绿色生产和节能减排的大环境下，银行等金融机构会更崇尚贷款支持绿色发展企业，高碳排放乃至高污染企业的投资和估值会受到较多不确定因素的影响，限制买入乃至减持高碳排放企业的股票或许会成为未来投资市场的一种理念。由此，碳风险就确定地增加了。

相应地，当预期未来碳价格较低或经济疲弱低迷时，政府可能为了就业和稳定经济，暂时放松环境保护目标，此时高碳排放大宗商品企业面临的碳风险可能有所下降，投资者因此会作出继续持有或买入企业股票的决策。

与此同时，更为重要的是，高碳排放大宗商品企业自身基于对上述两大风险的深刻认识，从长期发展的角度考虑，会逐步投入提高自身绿色发展的能力，比如引进或自行研发节能减排设备和仪器，或与拥有林业碳汇企业协同发展等，由此从本质上降低上述两大传导路径带来的影响。

（二）碳市场对大宗商品企业的影响（以欧盟钢铁企业为例）

在众多大宗商品企业中，钢铁行业占全国碳排放总量约 15%，是碳排放量最高的制造业行业之一。生态环境部曾多次表示，“十四五”期间将逐步扩大碳市场覆盖行业范围，有序纳入水泥、有色、钢铁、石化和化工等高排放行业。钢铁行业大概率将是第二批被纳入全国碳市场的重点排放行业之一，因此，选取欧盟碳市场对钢铁行业的影响进行分析具有典型的表征意义。

欧盟碳市场对钢铁行业的影响可以分成两个阶段，分别是 2005—2020 年和 2021 年后。

1. 2005—2020 年（“放水养鱼期”）

2005—2020 年，欧盟为了推动碳排放权市场发展，早先关于发放配额的政策较为宽松。对高能耗行业，如钢铁、水泥行业等发放的配额一般超过企业正常生产所需的碳排放额。据了解，在欧洲钢铁联盟的大力呼吁下，大多数钢铁企业普遍获得了超量的碳排放权配额。这使得它们可以在满足原有碳排放需求的前提下，将这些配额出售以获取额外收入，增加营业利润，并成为欧盟碳市场上主要的配额供给方。以安赛乐米塔尔公司和塔塔公司为例，从 2015 年到 2019 年，二者的配额始终保持盈余状态。

表 5－9　　　　安赛乐米塔尔公司和塔塔公司配额　　　　单位：吨

项目	2015 年	2016 年	2017 年	2018 年	2019 年
安赛乐米塔尔公司					
免费配额	62.0	59.5	67.8	58.9	59.2
核证量	55.0	51.0	62.2	51.8	55.3
盈余量	7.0	8.5	5.6	7.1	3.9
塔塔公司					
免费配额	18.2	17.1	16.7	16.4	25.4
核证量	14.2	14.2	12.9	13.3	21.0
盈余量	4.0	2.9	3.8	3.1	4.4

资料来源：EU ETS Company Rankings。

2. 2021 年后（规范提升期）

通过 15 年的努力，碳排放各项规范和规则已经普遍为市场所接受，为了执行更加严格的碳减排目标，欧盟逐渐取消免费配额，缩减配额总量，并推动碳交易市场在减排方面发挥积极作用，这无疑对高碳排放行业企业，例如钢铁行业企业产生负面影响。据报道，欧洲钢铁协会表示，如果按照最新欧盟碳政策，欧盟钢铁企业将产生 20% 的配额缺口，以 55 欧元/吨碳价格计算，最终钢材每吨成本将上升 15～20 欧元，若 2027 年（预计）完全取消免费配额，成本将持续上升。

（三）我国碳达峰、碳中和对大宗商品企业的影响

1. 碳达峰、碳中和将形成倒逼机制，促进大宗商品企业绿色发展

我国改革开放取得巨大成就，但早期的依赖高能源、资源消耗的粗放型发展模式难以为继，因此，我国推动碳达峰和碳中和是具有远见卓识的战略布局。通过碳交易市场分配原则，有力促进企业自发进行设备升级和节能减排，通过市场化机制调动企业绿色制造的主动性和积极性，加速推动产业升级和能源结构改革，促进企业高质量、低碳绿色发展。

当碳价上涨时，企业从成本出发会减少对碳排放权的购买和使用。同时，企业会通过技术更新、提高能源的利用率、寻找绿色替代能源等方式来减少碳排放。使用石油的企业压低对原油的需求从而抑制原油期货价格。

当政府对碳交易市场进行干预时，碳排放权价格的变化能够影响企业对原油（或清洁能源及新能源）的消费，或提高原油利用效率，进而控制温室气体排放。碳排放权交易价格与原油价格之间，理论上应该是碳排放权交易价格可显著影响原油价格。

当然，鉴于目前世界碳排放市场的特殊性，碳排放权价格的变化，相比市场自身而言，受政府政策影响更大。因此，我们有理由相信碳减排政策是政府促进节能减排、

推动企业绿色健康发展的有力抓手。

2. 碳交易市场为大宗商品企业提供更多投融资机会

随着我国碳市场的不断发展和成熟，高耗能和高碳排放的大宗商品企业以及涉及碳汇的林业企业，对于碳市场的理解和应用需要不断提升。因此，相应地，企业需要设立专门部门对当前碳市场进行研究，制定参与碳金融、碳资产管理的规章制度并密切关注碳市场变化，以便采取适当的应对措施。

由于碳市场对碳排放量赋予了价格，企业可以用碳资产灵活完成履约。对于减排成本较高的企业而言，其可以从碳市场购买碳排放权配额以完成履约；而对于能产生碳汇的林业企业而言，按一定方法论尽快获取碳汇资产就有了积极动力。

碳资产将成为继现金资产、实物资产、无形资产后的一种新型资产形态。以大型钢铁企业为例，如果按照目前的政策将获得对应的碳排放权配额，以 45 元/吨的碳价进行计算，每年约带来 45 亿元碳资产。当然，其中很大一部分会因为日常碳排放而使用，但如果企业通过技术改造和革新具有较好的减排能力，就可以将多余的配额出售，从而获得碳收益。同时，钢铁企业还可以利用碳市场将手中的碳资产盘活，结合碳金融进行融资活动，为企业提供额外的融资渠道，有助于企业长期发展。目前企业利用碳汇资产投融资在金融产业链的程序已经打通。

3. 我国碳达峰、碳中和绿色发展理念直接推动新能源高速发展，相应的制造产业链、金融服务链整体配套发展将全面提升国家核心竞争力

近年来，以“风光储”为标志的新能源发展如火如荼。目前我国已经形成了世界领先的“风光储”生产核心能力和产能，相应的装机及并网发电的容量产生了质的飞跃。大宗商品企业生产用的电能很多已经源于新能源，这是绿色发展良性循环的一个里程碑。

发展绿色低碳经济是构建人类命运共同体的经济基础和必由之路。我国是全球最大的工业硅生产国、消费国和出口国，广州期货交易所推出工业硅期货和期权，对于完善工业硅价格形成机制、提升市场主体风险管理能力和助力我国低碳经济发展具有积极意义，同时也符合广州期货交易所服务绿色发展的定位。

我们期待更多绿色低碳的大宗商品产业链良性发展，并逐步成为世界定价中心，因为定价能力的本质是核心竞争能力。由点及面突破和发展，最后形成大面积的超越就是必然。具体到大宗商品产业链，如果我国在低碳绿色发展和新能源发展上取得决定性成就，在世界大的竞争格局中确立领先绿色制造优势，那么整个社会的制造成本就具有全球竞争力。同时，我国碳交易定价能力及类似工业硅等绿色大宗商品不断发展，最终将全面提升整个制造业的核心竞争力。这对于构建人类命运共同体和促进全球绿色发展具有极其重要的作用。

参考文献

[1] 梁钰．欧盟碳市场与高碳企业股票市场的价格联动性研究［D］．中国石油大学（北京），2019.

[2] Zhang YJ, Wei YM. An Overview of Current Research on EU – ETS; Evidence from Its Operating Mechanism and Economic Effect:［J］. Applied Energy, 2010, 87（6）: 1804 – 1814.

[3] 陈庆华，李道青．欧盟碳配额市场与原油市场的相关性研究［J］．福建师大福清分校学报，2017（5）：93 – 98.

[4] Zhu Liu, Zhu Deng, Gang He, Hailin Wang, Xian Zhang, Jiang Lin, Ye Qi and Xi Liang. Challenges and Opportunities for Carbon Neutrality in China［J］. Nature Reviews Earth & Environment , Volume 3, 2022: 141 – 155.

[5] 高沁怡，金婷，顾光同，吴伟光．林业碳汇项目类型及开发策略分析［J］．世界林业研究，2019（6）.

[6] 吴雪莲，王彩云，万迎峰．国内外低碳产业园发展模式研究［J］．工业安全与环保，2018，44（5）：91 – 94.

[7] 刘建和，梁佳丽，陈霞．我国碳市场与国内焦煤市场、欧盟碳市场的溢出效应研究［J］．工业技术经济，2020，39（9）：88 – 95.

[8] 曲余玲，黄维，邢娜，等．欧盟碳市场运行情况及对钢铁企业的影响和思考［J］．冶金管理，2021，432（22）：30 – 34.

[9] 李泽俊．欧盟碳排放权交易体系对产业结构升级的溢出效应［D］．中国科学技术大学，2020.

[10] 管志贵．中国碳排放权交易机制的作用机理及优化路径研究［D］．深圳大学，2019.

[11] 李言．中国碳交易市场规模对碳排放的影响研究［D］．兰州大学，2022.

[12] 许权耀．我国碳排放权交易规则研究［D］．西南政法大学，2017.

[13] 周小惠．碳交易市场背景下区域碳排放权配额动态分配机制及方法研究［D］．西华大学，2022.

（撰稿人：青岛碳途碳源科技有限公司 孙 静，
上海对外经贸大学 杨晨光 叶子青 武 涛 陆炳帆 吴仲楠 陈纪纲）